本书获国家社会科学基金项目"城镇化进程中农地非农化问题研究"(10BJY071)、河南省高等学校哲学社会科学创新团队支持计划项目"乡村振兴与农村区域经济发展"(2021-CXTD-01)资助。

国家社科基金丛书
GUOJIA SHEKE JIJIN CONGSHU

城镇化进程中
农地非农化问题研究

Research on Agricultural Land Conversion
in the Process of Urbanization

张良悦 著

人民出版社

目　　录

导　　论

第一节　研究的背景

城镇化是指人类社会发展由乡村形态向城镇形态转变的过程,这种转变包括空间形态、自然景观、社会形态和经济结构。其中最基本和支撑性的因素是土地资源,即城镇化必然伴随农地的非农化,我们称之为"刚性用地"。改革开放以来,中国城镇化获得快速发展,"1978—2013 年,城镇常住人口从1.7 亿人增加到 7.3 亿人,城镇化率从 17.9% 提升到 53.7%,年均提高1.02 个百分点;城市数量从 193 个增加到 658 个,建制镇数量从 2173 个增加到 20113 个"①。依据城市发展的一般规律(S 型理论),我国目前正处于快速城镇化阶段,而且在未来一段时期内,城镇化将作为增长引擎加以推进。因此,快速的城镇化必然会出现大量的农地非农化。但另一方面,快速的农地非农化也同时意味着乡村形态向城镇形态的转换,包括经济、人口、生活与环境等各个方面。如果这一转换不能顺畅进行,那么,在这一过程中必然会出现大量的问题。这些问题都成为城镇化进程中农地非农化所应研究的内容。

_____

① 《国家新型城镇化规划(2014—2020 年)》,《人民日报》2014 年 3 月 17 日。

一、研究的出发点

城镇是人口、经济集聚的区域。随着经济社会的发展,城镇的集聚效应越来越明显,城镇规模不断扩大,相应地,对城镇提供空间支持的土地也不断地由农地变为非农用地。所以,城镇化与农地非农化是一个自然发展的因果关系。这是一个基本的理论认识和判断,但在各国具体的实践过程中却会出现各种不一致的情况。本书研究城镇化进程中的农地非农化问题,是指中国在改革开放之后尤其是市场化改革之后,农地非农化所发生的变异问题以及快速大量的农地非农化所带来的累积负面效应问题。所谓变异主要是指在城镇化的发展内容上发生了偏差,导致农地非农化的不同"功能附加"与目的变异,反过来,变异之后的农地非农化又被作为一种工具理性,进一步促使了城镇化发展内容的偏离,二者互为因果,导致现阶段中国农地的快速非农化。所谓累积的负面效应,是指大量的农地非农化后产生的之前并未引起重视的生态和粮食安全问题,以及粗放的发展方式,尤其是粗放的发展方式可能会成为一种"陷阱"。

要解决上述问题,首先必须从根源上对城镇化的发展内容进行全面的认识,从发展内容上来逻辑地认识农地非农化的"刚性"需求以及自然的配置过程。因为,土地是一种不可再生的自然资源,随着经济社会的发展,其稀缺性愈加凸显。其次,从现实中分析农地非农化工具理性的诱因,或者说制度性根源。因为,城镇化的推进必然伴随着农地的非农化,但哪些是必要的,哪些是并不必然要发生的,这就需要从发展的实际内容和土地不同功能的权衡选择中去评判。例如,追求城市空间规模,依赖土地财政融资模式,约束人口城乡流动,无视粮食安全问题,忽略土地生态功能,这些都是在经济增长这一主导目标下被掩盖的问题。但这些问题具有累积效应,一旦达到积累的"门槛",就会突然爆发出来,造成严重的负面结果。第三,从制度上提出解决这些问题的理论思考和政策建议。要解决这些问题,必须从根源上加以更正,正确理解和把握城镇化的发展内容与城镇化的发展规律,正确认识发展过程中的制度约束与资源约束。这些问题的解决并非是某一单一政策的修补,而是一个综合性的发展规划。例如,对于房地产开发问题的解决,城市集聚必然引起人口向城镇区域的流动,这就需要增加城市住宅,而住宅并非只是一个建筑框架,需要一系列的城市基础设施和公共服务的消费加以配套。要提供这些公共产品,就需要找到一个稳定的有财源基础的融资渠道和机制,这就需要相应的财税体制配套改革。同时,人口流动并非只是城乡劳动力的转移,在转移背后一定是就业机会的提供与相应的资产置换。这就需要一系列制度的供给来解决这些问题。

二、城镇化的发展内容

从现代化的概念上看,城镇是与乡村相对应的一种经济社会组织形态,是工业化的产物,并反过来为工业化的发展提供支撑。城镇化则是指各种生产要素和人口不断地由乡村向城市集聚和扩散的过程,并由此推动着城市的发展,以及生产和生活方式的改变。

城镇的发展首先是由要素的集聚效应引起的,当位于城市区域的厂商共享作为一种生产性投入的公共财物时,就形成了集聚经济。这是城镇化发展的内在动力,无论城镇化是起步阶段,还是快速发展时期,都必须遵循这一基本规律。理论上一般把集聚经济分为三类:内部规模经济、外部规模经济、城市化经济。企业内部规模经济来源于分工与市场规模;企业外部经济则归功于外部经济效应所带来的行业成本的降低,特别是由于劳动力市场的集中所带来的交易成本的节约;城市经济则归功于城市公共产品的共享。[1]　就公共产品而言,城市一方面起到"仓储系统"的作用,因而,小型企业即使不具备所必需的服务部门也可以从事专业化生产;另一方面城市提供的道路、公用事

---

[1]　Panne Gerben Van Der:"Agglomeration Externalities:Marshall Versus Jacobs", *Jouanal of Evolutionary Economics*,Vol.14,2004,pp.593-604.

业、信息设备等有效地降低了城市内所有企业的成本。不仅如此,在鼓励创业和企业投资方面,城市规模经济实际上提供了一定风险补贴。"银行对不同的投资项目提供信贷,有些项目成功了,有些失败了。当项目失败时,银行获得了质押资产的所有权,但这些资产的价值是它的残值,残值的大小根据该资产的次优使用价值所决定。这种次优使用价值,在大城市是比较高的"①。在城市区域,随着要素的集聚,资源的生产力以两种方式得到提供:一种是初始的配置,一种是有效地再配置,即被使用过的资产(由于破产不得不转为他用)能够得到更好的匹配,从而降低了风险。在这一意义上,城市规模给借款人提供了债务的外部担保。

规模经济和集聚效应降低了企业的成本,促进城市产业的繁荣。但是,我们必须清楚,这种集聚效应的产生离不开公共产品和劳动力市场,相应地,区域间的人口流动与城市公共产品的提供就成为城市化发展的基本内容。

人口流动主要是指乡村人口向城镇的迁移。然而,这种迁移既是劳动力要素的配置所需,也提出了对劳动力人力资本提升的要求。就后者而言,劳动力的人口流动必然是家庭的迁移,必然要进行资产的置换,必然要对城市住房、教育、卫生等公共(或准公共)产品提出要求。在这里,住宅既可以看成是私人消费,又可以看成是公共产品的消费,因为,住宅的消费不是单一的建筑物,而是要与之相应的公共产品匹配消费的。

在考虑劳动力人力资本的保持与提升的情况下,城市公共产品的提供不仅是生产所必需,也是城市生活方式所不可或缺的内容。但是,由于公共产品的外在性,这些产品必须由政府来提供。而政府如何提供这些公共产品,如何获得财政来源来保证这些产品源源不断地得到有效的供给,这就需要从制度上找到一种科学合理的机制加以解决。所以,城镇化的融资来源与融资机制就成为不可回避的问题,关系到城镇化的持续与健康发展问题。

---

① [英]保罗·切希尔、[美]埃德温·S.米尔斯主编:《区域和城市经济学手册》第3卷《应用城市经济学》,安虎森等译,经济科学出版社2003年版,第130页。

简而言之,城镇化并非仅仅是城市空间的扩张,相反,城市空间的扩张是由于城市经济和产业发展以及由此所引起的人口集聚的结果;城市化既是城市空间的扩张,也是人口的城市化。这是城市化发展的基本逻辑与主要内容,包括土地在内的所有城乡要素的配置必须遵循这一基本规律。

三、农地非农化与土地的多功能性

农地非农化简单地看,就是由于城镇空间扩张的需要,土地由农业用途转换为非农业用途。但是,从土地所承担的功能来看,农地非农化除了显性的要素资源配置之外,还承担着原有农地上所依附的农民的就业转换与退出问题、农产品的供给问题(粮食安全)、生态环境问题。之所以会产生这些问题,主要是由于土地是一种不可再生的耗竭性资源,由农地转化为非农地非常容易,但由建设用地转化为农业用地成本非常昂贵,几乎是不可逆的。所以,对农地非农化的转换,不能仅仅从经济资源配置的角度去分析,还必须从农地所承担的社会功能与生态功能等方面去综合地评估。

土地是一种自然禀赋,本身并没有价值。之所以有价值,主要来源于其稀缺性;之所以作为财富的象征,主要是源于制度安排。首先,人们对土地的占有和使用并不像劳动产品一样是完全的,即在土地这一物品上不可能有完全的所有权,而只能是一系列产权集合中的一部分,如所有权、使用权、地役权、生态权、发展权等。其次,无论是对土地的占有还是使用,都具有很大的“残缺性”,这就是说,人们对土地的使用受到“他权”和“共有产权”的约束。例如,如果某一物主对其所占有的土地不加使用,而是任其闲置,则会受到惩罚性的经济制裁(税收);某业主在使用土地或开发土地时,必须考虑地役权(即对他人的影响);在特殊情况下,如果为了公共利益,政府可以行使警察权,对土地的使用加以控制,或者直接进行征收。再次,土地的价值是地租资本化的产物,其最终来源是社会经济发展的产物,因此,对土地价值“增值”的分配主要取决于制度安排或者增值全部归公,或者全部归私(但要对其征税进行调节),或者亦公亦私①。土地产权更多的"公共领域"决定了在土地的使用和开发上必须保持人类共同体对土地依赖的持续性,绝不能仅仅看成是某一权利所有者个人的事情,应是一种公权与私权相互制约的经济行为。

土地作为一种不可再生的资源对人类社会来说具有多种功能。第一是生存的功能,包括居住和农产品的提供,这是最基本的功能,尤其是粮食生产。即使在现代技术条件下,土地仍然是粮食生产最基本的投入要素,可以说,离开土地这一起支配性的要素,农业生产就不可能进行。第二,财富积累功能。因为土地可以给人们提供居住与农业生产,所以,在稀缺的情况下,土地就具有了价值,就成为社会财富的象征。这种财富积累主要是农耕时代的财富,是土地地租的体现。在现代社会,财产功能主要来源于土地的开发,是土地资本化的产物。从理论上说,任何土地都具有被开发的可能,称之为土地的发展权。但是,在现实中,土地的开发主要取决于社会经济发展的需要与结果。如果某一宗地不具有开发的环境和时机,那么,其开发价值就很低,财富的积累功能就很弱。第三,生态功能。土地的生态功能主要是指,土地提供给人们地上及地下整个空间的生态环境,包括清新的空气、愉悦的景观、洁净的河流与地下水源。生态功能与经济发展和土地的开发相关联。随着经济社会的发展,人民生活水平的提高,社会对生态产品的需求从一种潜在的需求变为一种现实的需求。随着人们对土地的不断开发,土地的生态修复功能受到越来越多的约束,生态逐渐由自由享用的物品变为一种有价值的产品。第四,土地自身涵养的功能,包括土壤的质量、水资源的保护等内容。② 在中国目前的发展阶段,土地除了上述功能外,还具有部分农民的就业功能与社会保障功能。土地的多功能特征表明,对土地的开发利用,特别是农地的非农化,必须在各种

① 周诚:《我国农地转非自然增值分配的"私公兼顾"论》,《中国发展观察》2006 年第9 期。

② B.Braden,John:"Some Emerging Right in Agricultural Land",*American Journal of Agricultral Economics*,Vol.64,No.1,1982,pp.19-27.

功能之间进行取舍平衡,不能单纯为了某一功能而忽略其他功能,要在决策时进行综合的评估。

四、目前城镇化过程中的农地非农化及其偏离

目前中国城镇化进入一个快速发展的阶段,或者说是"全面开花"阶段,因而,农地非农化也表现为快速的、过度的特征(以下称之为"过速化")。这种特征,从根本上说是偏离了城镇化内生的自然过程,表现为人为(地方政府)主导的发展特征;从表征上看,带来了失地农民、土地财政、粮食安全、生态退化乃至粗放生产方式固化的负面结果。为了说明这一问题,我们先分析农地非农化一般的、规范的内容,然后对比分析中国目前农地非农化的偏离问题。

(一)内生的城镇化与农地非农化

我们这里所界定的内生的城镇化是指城镇化在经济发展基础上的要素集聚与人口集聚,以及与此相应的城市管理和制度服务(如图1)。首先,要素集聚与人口集聚提出了对城市空间的需求,提出了农地非农化的需求。因为这种需求是城市集聚经济所必不可少的,因而称之为"刚性需求",包括工业用地、住宅用地与公共设施用地以及必要的绿化用地等。其次,要素集聚与人口集聚带来集聚效应,提高了产出效率,能够支付农地非农化开发所带来的土地增值,从而使土地的利用更为集约化。再次,在城市管理方面逐步形成合理的管理制度,能够保证集聚效应的形成与扩散。这些制度包括合理的财税制度、人口流动制度、公共产品的供给制度与城市的运营制度等。

(二)地方政府主导的城镇化与农地过速非农化

地方政府主导的城镇化是指,在目前中国事实上的"赶超战略"以及地方"政府竞争锦标赛"的发展背景下,地方政府对城镇化的"发展引擎"不正确理

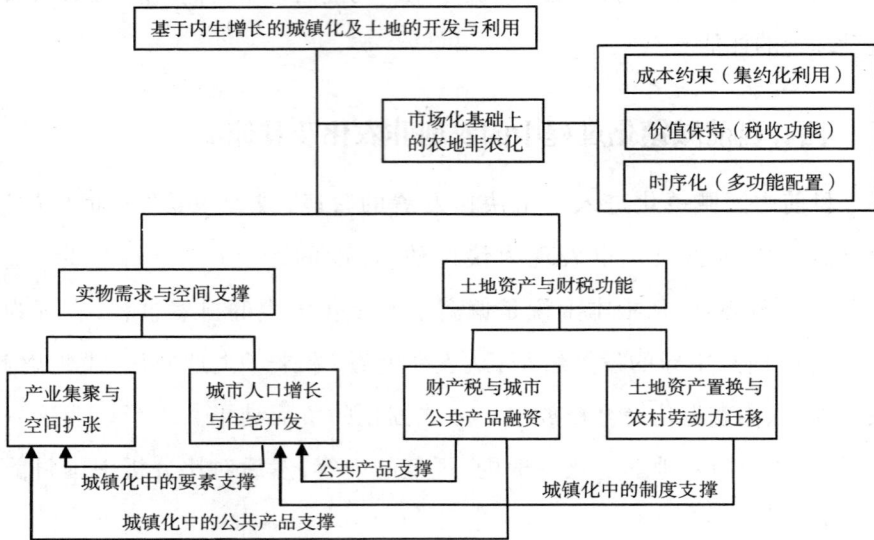

图1 基于内生增长基础上的城镇化及其农地非农化

解与实施的结果(如图2)。这种城镇化更多地表现为政绩工程与"土地财政"的驱动,导致了农地的过速非农化。农地的过速非农化主要是指,非农化的城市用地并不是刚性需求,而是政府的政绩和收入需求。首先,政绩工程是城镇化的一个主要驱动力。在这一模式下,在城镇化的因果关系和内在动力上出现了颠倒,不是因为产业的集聚发展而导致城市空间的扩张;相反是为了进行大规模的园区建设而进行招商引资,其结果是园区建设得很好,但产业没有集聚起来,造成了土地的粗放利用;没有形成应有的要素集聚效应,无法弥补土地开发成本;没有形成更多的就业岗位,人口集聚能力较弱。其次,没有形成持续稳定的城市公共产品供给的财税来源与融资机制,城市公共产品的供给主要依赖"土地增量出让收入"(或者说"土地财政"),其后果,要么是进一步通过城市空间蔓延(土地出让收入)供给必需的公共产品,要么是减少公共产品的供给(缺少财税来源)。再次,形成了特有的"半城镇化"或"伪城镇化",即只是城市空间的扩张,而没有相应的人口城镇化。这种现象除了户籍原因外,主要是城市不能为新增的城镇人口提供应有的公共产品。总之,由于地方政府主导的快速城镇化,造成了产业集聚、公共产品供给与人口集聚的不匹配。

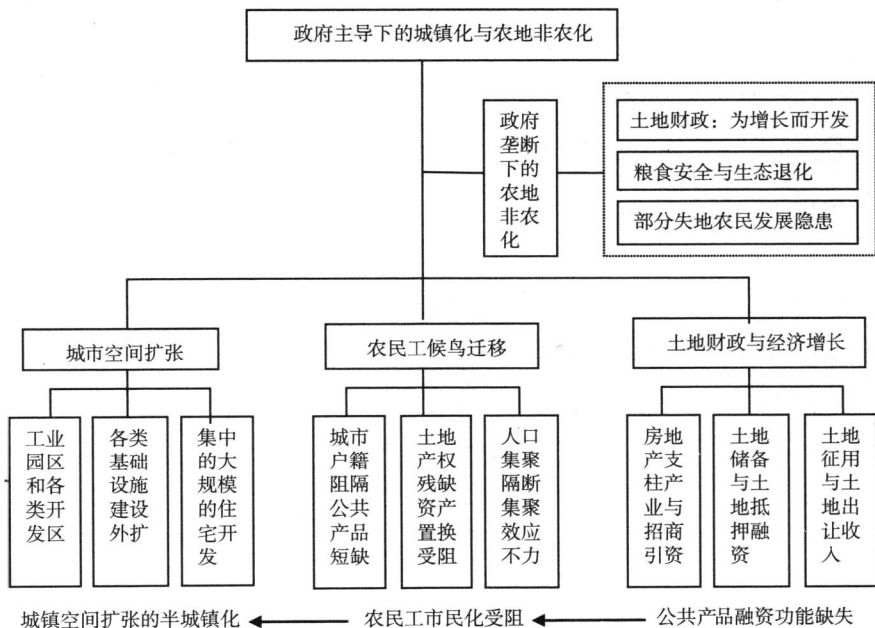

图2　地方政府主导增长导向下的城镇化及农地非农化

(三)过速非农化所积累的负面结果

在"赶超战略"驱动与"政府竞争锦标赛"的激励下,地方政府主导的城镇化必然要导致农地的过速非农化,而过速非农化目前已经显现出累积的负面效果(如图3)。首先,过速非农化加剧了粮食安全的压力,带来生态环境的急剧退化。由于在城镇化过程中,建设用地主要来自于农地非农化①,导致耕地

————————

① 例如,2001年至2011年,通过征用农村土地,满足了大约90%的城市建设用地需求,而只有10%是通过未开发城市建设用地的现有存量来供应。国务院发展研究中心和世界银行联合课题组:《中国:推进高效、包容、可持续的城镇化》,《管理世界》2014年第4期。

快速消失。尽管在土地征用中实施"占补平衡",但是,由于通常情况下是"占优补劣""占近补远",所以,短期内耕地的数量和质量必然会受到影响。尽管近十多年来我国粮食生产连续获得丰收,突破了6亿吨,但是粮食进口的逐年增加与粮食需求紧平衡表明,我国的粮食安全压力并未减轻,而是在逐步增加。在对环境的影响方面,耕地的快速消失一方面加大了对现有耕地利用强度,另一方面加大了对后备耕地的大量开发,结果导致生态环境急剧退化。其次,过速非农化与土地财政依赖形成一种恶性循环。地方政府主导的城镇化将经济增长作为主要目标,为此,将扩建工业园区招商引资作为基本途径,将商业住宅用地的出让收入与土地抵押贷款作为财税的主要来源。在这种模式下,城市扩张越大,需要提供的公共基础设施就越多,提供的公共产品越多,越需要出让更多的土地,储备更多的土地,由此形成恶性循环。最后,空间城镇化与人口城镇化不匹配,形成"半城镇化"。半城镇化带来了"失地农民"、粗

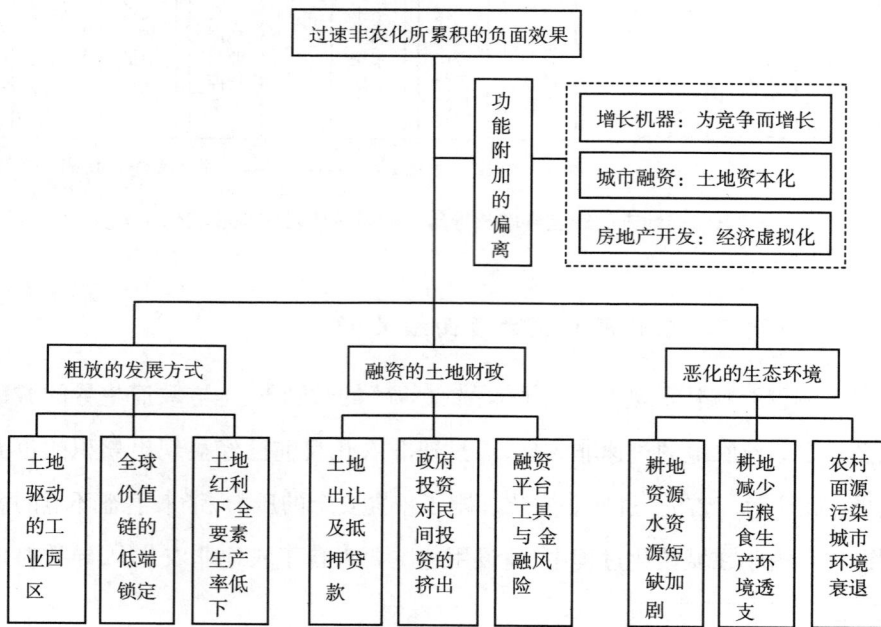

图3　过速农地非农化所导致的经济社会问题

放的发展方式固化等问题。失地农民问题并非仅仅是一个补偿问题,而是一个就业、社会保障与劳动力素质问题。部分老龄农民在失去土地之后,不能在城镇轻易地找到工作,出现了其就业与社会保障问题;年轻一代的农民虽然在城镇扩张中能够找到正式工作或非正式工作,甚至由于农地的非农化而获取了土地增值收益,改善了生活状况。但是,其人力资本并没有得到明显的提高,不利于整个经济竞争力的提升;在大都市,不少城郊农民生活水平的改善主要来源于土地增值收入,实际上催生出部分"土地食利者"。粗放的发展方式固化是指,在半城镇化模式下,一方面城镇化产业的盈利不少是来自于城市土地资本化的收益,并不是核心技术的提升;另一方面农民工成为产业工人的主力,人力资本没有显著的提升,而且竞争力受到影响;此外,还有不少城市将房地产业作为支柱产业,实际上形成了依赖土地资源资本化作为盈利模式的"荷兰病"现象,阻碍了产业技术的进步。

总之,城镇化进程中农地非农化看似是一个简单的土地使用转换问题,但在本质上却是一个涉及政治、经济、社会、生态等诸多方面的制度设计问题,既包括法治建设、产权交易、人口流动、环境保护等具体环节方面的问题,也包括生产方式和生活方式的转换以及与此相应的社会意识(共识)的形成。因此,对农地非农化的深刻认识及其制度规则的制定,对于我国城镇化的健康发展乃至"四化"同步发展具有重要的现实意义。

第二节　国内外相关文献综述

一、国外农地非农化研究聚焦及其解决措施

国外发达的城市化国家对农地非农化的研究主要聚焦于农地保护,农地保护的目的在于农业生产与生态环境。国外发达国家的城市化率一般在70%—80%之间,有的国家甚至达到90%以上。按照城市化的发展规律,在

城市化率超过 50% 之后,就会出现逆城市化现象和趋势,即会出现郊区化、乡村化的特征。特别是在"二战"之后,西方国家,尤其是美国在冷战思维的影响下,还有意地促使城市分散发展,再加之通信和交通的迅猛发展,结果导致城市蔓延。城市蔓延发展的后果是导致耕地的快速消失,生态用地被大规模挤占,环境问题日益突出。这样,发达国家便主要从土地开发的外部性角度进行分析,提出了耕地和开阔空间的保护、精明增长、土地整治、乡村更新发展等方面的内容。我们在这里仅就农地保护问题进行相应的文献综述。

(一)农地的非农开发引起高度重视

英国作为工业革命的发源地和领导者,其城镇化发展也自然走在前面,并对农地非农化的负面认识最早。自 20 世纪初期开始,英国就逐步探索对土地的开发利用问题。从 1932 年的规划方案到之后的《巴尔罗方案》直至《1947 年城乡规划法案》,英国一直在探讨解决对土地投资(机)的控制和平衡土地开发带来的财产分配不均的问题,意在确保土地对公众的福利最大化。[①]《1947 年城乡规划法案》是一个集中的体现,该法案的主要内容包括:公共利益土地使用的规划;新城镇发展的特殊情况;基于公共利益由官方机构指导的私人土地开发。按法案条例,在没有地方计划权威的许可下,任何土地不准开发。这样,政府就取得了土地开发的权利和土地发展的价值。[②]

"二战"之后,美国城市发展的郊区化是发达国家城市蔓延的"典范"。人口增长、住房开发、汽车消费和高速公路、中心城市的去工业化、城郊享乐生活

---

① Fogg Alan.S.:"Development Value and the Law:The United Kingdom and Australian Experience",*The International and Comparative Law Quarterly*,Vol.27,No.4,1978,pp.794-819.

② George G.Sause,Jr.:"Land Development-value Problems and the Town and County Planning Act of 1947",*The Journal of Finance*,Vol.10,No.4,1955,pp.518-519.

的追求等因素促成了城市蔓延。在这一过程中，土地不仅以惊人的速度消失，而且呈现出无序、散乱的开发状态①。在城镇化发展政策上，政府税收和津贴的激励促使了城郊化、交通和基础设施的改善，例如，美国《州际高速公路法》通过燃油税为高速公路筹集资金。而这些政策对农村土地的发展产生了深远的影响，造成用于支撑野生动物居住区、农业和开敞空间利用的土地大量流失。作为对这些教训认识的回应，用于居住、农业和开敞空间保护的土地已经变成了完备的公共目标②。法律和规制已经从程序和本质上对这些追求制度化，如20世纪70年代政府颁布了一系列新的法律和规则对湿地和濒绝动物加以保护。③

在加拿大，传统上，私有土地一直被作为商品自由买卖，或者与资本和其他要素组合投入来获得最大回报。然而，人们越来越认识到土地并不是一种普通消费品，而是有限的自然资源。农地作为自然资源，不仅是事关经济发展的重要决定因素，而且是生活本身。例如，目前对土地使用的决策将会对未来世界增加人口所需粮食产生重要影响。如果对土地这样基础性的自然资源进行浪费和劫掠，一段时间过后，很难对其所有者进行事后追溯，这样，个人或者公司对土地无效利用的成本必须由社会部门来管理和承担。所以，潜在的高社会成本表明对土地及其使用的规划十分必要，在土地的利用开发上需要将土地的控制权从私人手中转移到公共领域。④

欧盟在其2006年的环境发展报告中重点分析了城市蔓延问题，惊呼"欧洲城市扩张是被忽视的挑战"。城市蔓延的内在原因在于交通网络、住宅的

---

① Pfeffer M.J.and Lapping M.B.："Farmland Preservation, Development Rights and the Theory of Growth Machine:The Views of Planner", *Journal of rural studies*, Vol.10, No.3, 1994, pp.233-284.

② Guenzler, Darla Lynn:"Using Conservation Easement to Achieve Regulatory Objectives", *Ph. D of University of California, Berkeley*, 2004.

③ Keith D.Wiebe and Ruth Meinzen-Dick："Property rights as policy tools for sustainable development", *Land Use Policy*, Vol.15, No.3, 1998, pp.203-215.

④ Bray C.E.："Agricultural Land Regulation in Several Canadian Provinces", *Canadian Public Policy*, Vol.6, No.4, 1980, pp.591-604.

增加和经济发展。城市中心吸引力下降,追求高质量的生活水平吸引了城市居民向乡村和郊区(主要获取自然环境)的转移。另外,相比于城市化或之前的工业区,农业用地的极低价格也是城市扩张潜在的重要因素。①

(二)农地非农化的动力与原因

农地非农化的动力和原因主要在于经济的增长和对生活质量的追求。"城市蔓延、中心城市的'去工业化'和交通网络形成了对土地空间扩张的发展压力"②,持续的投资和居民住宅的开发更是形成了对农地的直接需求。在1945年至1954年被城镇和交通占用的土地每年大约有83.1万英亩。在现代美国生活中,一些最重要的动力,包括汽车、对拥有家庭财产的愿望、注重非正式的户外生活,以及传统的对空间和流动性的奢侈占用等因素,共同作用形成了对土地使用的有力竞争。③

Daniels 认为城市融资缺陷是城市郊区化的一个主要原因。长期以来,美国城乡一直采用由亨利·乔治设计的单一土地税制作为土地综合使用规划和分区的方法来规制土地使用。在19世纪,由于交通和公共水务设施的限制,土地租金模型十分有效:城市的中心地带租金最高,随着离城市中心的距离增加而逐渐减少。在这种情形下,土地增值税,特别是单一的土地税情况下,使离中心城市越远的土地,越缺少开发的吸引力,而越接近中心地带的土地越具有吸引力。但这一模型现在不再适用,并出现了这样的情况,即郊区的土地租金高于部分城市中心的租金(在美国的体制中,中心城区和郊区的税收各自独立)。因为郊区能够更好地获得交通、城市风景、公共投资的学校和城市水务,进入权具有了价值。反过来,公共投资的道路、学校和城市水务导致了靠

① European Environment Agency: *The European Environment: state and outlook 2005*, http://ww.eea.eu.int/enquiries.

② 张良悦:《美国的农地发展权与农地保护》,《经济问题探索》2008年第7期。

③ Raup P.M.: "Economic Development and Competition for Land Use in the United States", *Journal of Farm Economics*, Vol.39, No.5, 1957, pp.1514-1526.

近城郊的土地价值的增值,所以土地价值税收的单独使用已经不能限制城郊的蔓延。①

Molotch(1976)提出了城市"增长机器"的概念来描述城市郊区化现象,认为增长机器能够使财产所有者通过对土地资产的开发不断地积累财富。② 对不动产市场感兴趣的各类精英被地方社会建立的组织统一起来鼓励这种增长,最重要的统一体包括政治组织、新闻媒体、公众和私人事业,以及像大学、艺术体育事业、工会、自我雇用的个体从业者、公司经理人员对这种持续的增长也提供了广泛的、理想化的支持。③

土地使用规划为这种增长机器提供了一个关键的制度支持,Logan and Molotch 认为,美国事实上从一开始就是主要为经济增长服务的,同样地,国内的规则无论是城市还是郊区范围内,都是采取围绕经济增长动力的方式实施。④ 张庭伟也认为在美国的决策体系中,住房和城市发展部的地位不及国会、财政部和商务部等决策部门,城市政策被非城市因素所绑架。城市政策取决于更高层、宏观的国家发展政策。⑤

(三)农地保护的目的及其方式

土地保护规划能够为农业经济提供一个持续的土地基础,提供空间风景,减缓城市蔓延,提供野生动植物保护区,减少城市郊区的污染。Gardner

① Daniels Thomas L.:"Coordinating Opposite Approaches to Managing Urban Growth and Curbing Sprawl:A synthesis",*American Journal of Economics and Sociology*,Vol.60,No.1,2001,pp.229–243.

② Molotch Harvey:"The City as a Growth Machine:Toward a Political Economy of Place",*The Amercian Journal of Sociology*, Vol.82,No.2,1976,pp.309–332.

③ Pfeffer M.J.and Lapping M.B.:"Farmland Preservation,Development Rights and the Theory of Growth Machine:The Views of Planner",*Journal of rural studies*,Vol.10,No.3,1994,pp.233–284.

④ Logan,J.R.and Molotch,H.L.:"*Urban fortunes:The Political Economy of Place*",University of California Press,Berkeley,1987.

⑤ 张庭伟:《1950—2050 年美国城市变化的因素分析及借鉴》(上),《城市规划》2010 年第8 期。

认为,社会从事农地保护至少可以获得四个方面的收益:(1)满足国内和世界人口不断增长的营养需求所需的充足的食品和纤维;(2)来自于能够生存的农业产业的地方经济利益;(3)主要是城市居民需要的开阔空间和其他生态环境;(4)更有效的、有秩序的和能满足城市发展对土地的需要。[1]

在保护方式上提出了两种思路:一种是通过"边界"的设置直接限制农地的非农化开发,另一种方式是通过对"地役权"的保护或"发展权"的购买来限制农地非农化的开发。

政府通过法令的形式限制城市边界,每个限定的边界在20年的范围内给予充分的土地支撑、人口增长和经济的发展。经济增长的基础设施,如城市排污管道、供水等设施必须在边界之内发展。通过这样的方法,就可形成密集型的增长方式,使公共设施服务价格降低;就可以减少耕地、牧场和林地因开发而造成的消失。当然,增长边界是有弹性的,随着人口的增长和经济发展的需要而改变。这种方法可以说,是地方政府用"有形的增长"取代了城市无计划的蔓延。[2]

土地产权是一组权利束,地役权的保护和环境保护是随着经济发展而在现代社会中显现出来的土地权利,是产权公共领域的内容。随着环境运动的关注,地役权被证实为一种用于保护与土地相关的各种外部价值的产权工具,如自然资源、农业使用、空间景观、愉悦享受、历史和文化资源等。虽然他们不可能替代环境法律或者管制规则,但是,在提供公共产品的同时,可被土地所有者用来作为保护其财产的工具。地役权保护是用来保护环境或者文化价值的公共目的,对土地所有者施加了活动的约束,对其价值起到负面的影响。例

---

① Gardner,B.Delworth:"The Economics of Agricultural Land Preservation",*American Journal of Agriculture Economics*,Vol.59,No.5,1977,pp.1027-1036.

② Daniels Thomas L.:"Coordinating Opposite Approaches to Managing Urban Growth and Curbing Sprawl:A synthesis",*American Journal of Economics and Sociology*,Vol.60,No.1,2001,pp.229-243.

如,一个农场主可能给予非盈利的地役权的限制:(1)土地财产不能用于居住和商业性的开发;(2)在小溪 100 英尺之内不准对任何绿色植被进行清理;(3)用于获取财产利益的任何水权不准出售。这些约束条件将起到如下作用:保持土地的农业使用,保持溪流的地质风貌,保留水资源对农业耕作的现场使用。地役权保护创设的基本途径有三种:政府购买;捐赠和规制的实施;公共代理机构持有。①

　　土地的开发过程是一种市场化的行为,是以个体对市场信号的回应为特征的,政府对土地开发的规制主要通过分区来实施。而分区政策的最大弱点是"暴利—暴损"的困境:被允许开发的区域将会通过开发获得"暴利",而未被分区的土地所有者,由于不能开发将会遭受利益的"暴损"。这样,地方政府可能会屈从于这样的政治压力去扩大分区。土地发展权转让(Transfer of Development Rights,TDR)被认为是一种用来克服"暴利—暴损"困境的政策性工具。在 TDR(机制下),地方政府必须对发展和保持的区域进行认定。被限制的土地所有者将给定发展权单位,而发展区域的土地所有者在超出规定的密度之后将被禁止开发,除非从保护区域内被限制的土地所有者那里购买发展权②。这样,便可以通过一种市场调节的方式,使保护区的土地所有者通过土地发展权的交易来获得因被限制开发而造成损失的补偿。因此,作为一种替代措施,对在增长边界之外的耕地、牧场和林地的所有者的发展权的购买,可以迫使城市边界只能在一定的区域内发展。③

　　①　Guenzler,Darla Lynn:"Using Conservation Easement to Achieve Regulatory Objectives",*Ph. D of University of California*,Berkeley,2004.

　　②　Barrows,Richard L.,and Bruce A.Prenguber:"Transfer of development rights:an analysis of a new land use policy tool",*American Journal Agricultural Economics*,No.57,1975,pp.59-57.

　　③　Daniels Thomas L.:"Coordinating Opposite Approaches to Managing Urban Growth and Curbing Sprawl:A synthesis",*American Journal of Economics and Sociology*,Vol.60,No.1,2001,pp.229-243.

二、国内关于农地非农化的主要内容及其进展

(一)农地非农化的一般机制

1. 农地非农化的基本内涵

理论上讲,所谓农地非农化,就是土地从农业部门向非农业部门的转移,是土地资源的再配置与开发利用的过程。随着经济发展和产业结构调整,农地非农化是一个必然趋势。改革开放之后,特别是在市场经济取向之后,城市化的加速发展导致大量的农地非农化以及始料未及的诸多问题,使学者对这一问题的认识逐步深化与丰富。

从资源配置的效率标准看,土地资源的均衡配置包括土地资源在部门间均衡配置和土地资源在区域间均衡配置。土地资源合理配置必须达到两个相互关联的目标:一是合理地在各种竞争性用地之间分配土地资源;二是提高土地资源的利用效益。[1] 但实际上,土地要素不是一般的生产要素,具有空间特性,所以,在配置的过程中还要考虑经济效率之外的其他因素。从要素空间转移的角度来看,非农化是指农业人口向非农业人口转化,农村人口向城市人口转化,农业用地向非农业用地转化的过程。[2] 如果不能将这三个方面协调起来进行空间转化,就不能从完整的角度评价非农化的转化效率。胡伟艳等认为,由于长期以来中国只注重人口的空间转换而不是职业转换,导致不完全的城市化现象,这种现象严重影响耕地资源的合理配置。

中国的农地非农化主要是通过各级政府土地征用的方式实施的,实际上是一种政府主导的农地非农化。如果这一配置方式不能很好地置于市场机制的基础上,将会使空间化的土地要素转移被分割或者是"筛选",例如,黄祖辉

---

[1] 王万茂:《市场经济条件下土地资源配置的目标、原则和评价标准》,《资源科学》1996年第1期。

[2] 胡伟艳、张安录、渠丽萍:《人口、就业与土地非农化的相互关系研究》,《中国人口资源与环境》2009年第5期。

等认为中国的农地非农化只是土地经济资源的非农化。城镇化进程中存在"要地不要人""要劳不要人"的现象,致使农村人口进城速度慢于城市空间扩张速度,进城农民身份转变速度慢于其职业转变速度,农村非农人口的减少速度慢于农村土地的非农化速度。① 叶裕民也认为中国目前城镇化的根本特征是以城市为核心、以增长为导向的劳动力非农化,"中国 30 年的城市化过程犹如一个庞大的筛子,把就业、健康、年轻、创造、活力和财富都留在了城市,而把失业、孤独、疾病、年老、犯罪都留在了农村。"②这一偏离表明,农地非农化的本质是利益的重新分配与调整的过程,只不过是制度设计导致了土地开发利益的城镇化偏向。因此,在农地非农化中,对农民利益的维护就成为核心问题。③

为什么会出现这一问题? 这就需要从理论和制度的深层次原因进行分析。从理论上讲,"农地产权具有私权和公权的双重属性,农地非农化问题的本质是一个属于产权保护的问题……就是将农地产权所具有的经济价值、社会价值和生态价值进行转移的权利再配置过程"。④ 尽管土地资源在农业部门和非农业部门之间、城市和乡村之间的配置,可以由自发的市场来完成。然而,因为农地具有多重属性,对应着多种价值,具有很强的外部性,且对每种属性进行产权界定成本收益的不对称,结果就导致了利益分配的失衡问题。例如,"农地的生态与景观价值、粮食安全社会价值具有很强的外部性,产权界定成本很高……结果将这一属性置于公共领域,不予考虑。"⑤正是因为没有充分考虑这一社会价值,才导致了失地农民财产诉求权的不充分和农地产权

---

① 黄祖辉、邵峰、朋文欢:《推进工业化、城镇化和农业现代化协调发展》,《中国农村经济》2013 年第 1 期。

② 叶裕民:《中国统筹城乡发展的系统架构与实施路径》,《城市规划学刊》2013 年第 1 期。

③ 史大平、王定祥:《城镇化中的农地适度非农化:制度障碍与政策研究》,《农业经济问题》2006 年第 3 期。

④ 王忠、揭俐:《农地非农化有效实现的法律保障机制》,《中国国土资源经济》2011 年第 6 期。

⑤ 周立群、张红星:《农地适度非农化:寻求合理的实现机制》,《学术月刊》2011 年第 2 期。

的"弱保护"①。

当然,也可以说,对失地农民保护不力是农地过速非农化的一个原因。为了加速推进城镇化,地方政府只考虑到了城市空间的扩张,或者说土地的城镇化,没有充分考虑产业集聚和人口吸纳问题。结果,未能使城市空间、产业发展和人口转移同步发展,出现了农地非农化的反时序化的配置②,或者土地的城镇化与人口的城镇化不相匹配的问题③。王定祥④提出了一个适度非农化的概念来进一步丰富这一认识。

农地适度非农化试图提出一个判断标准,既包括土地的集约使用,也包括土地的社会福利目标。从规模上看,在现有技术与管理水平约束下,城镇化消耗的农地客观上存在一个适度的经济规模,如果超过这个规模,土地资源就会被极大浪费。从社会福利目标看,农地适度非农化则是指在不危及国家粮食安全的情况下,要尽可能地满足城镇化和工业化中的高质量用地需求,最大限度地提高整个社会经济福利水平。⑤ 当然,这背后的发展内容一定是集聚的产业与人口,产业的充分发展与人口集聚,既提高土地利用效率,又解决失地农民的就业和生活品质升级。所以,用工业化推进城镇化和农地非农化,才能构筑起农地适度非农化的物质技术基础。

2. 农地非农化的外部性与政府干预

农地非农化的配置方式基本上可以分为两种,即市场化的方式与政府主导的方式,但在实际实施中无不是两种方式的不同组合:或者以市场为基础,以政府规则为辅助;或者是以政府指导为主,以市场价值评判为参照。这是因为,土

---

① 张良悦:《城镇化进程中土地利用与农地保护》,经济科学出版社2009年版,第116—119页。

② 张良悦、刘东:《城市化进程中的若干节点及制度解构》,《改革》2010年第7期。

③ 陶然、曹广忠:《"空间城镇化"、"人口城镇化"的不匹配与政策组合应对》,《改革》2008年第10期。

④ 王定祥:《农地适度非农化进程中的政府与市场分工》,《改革》2009年第10期。

⑤ 王定祥:《农地适度非农化进程中的政府与市场分工》,《改革》2009年第10期。

地是不可再生的资源,具有多功能性,相应地,农地利用的效益不仅包括土地的产出效益,还包括粮食安全、就业保障、生态净化、物种多样性、水资源涵养等外部效益。同样,在农地非农化过程中,损失的不仅是其经济价值,而且还有重要的社会价值和生态价值。农地的经济价值是指农地作为基本的资源和基本的生产资料所产生的经济收益,农地的社会价值即为农民提供生存保障和为国家提供粮食安全的价值,农地的生态价值就是使生态恢复涵养而支付的代价。① 市场机制的配置主要反映的是经济价值,因而,需要对其外部性加以规制与调节。

在具体的开发利用上,针对不同的负外部性,土地用途管制分为三类:一是按功能分区,即根据功能不同而将城市及其周围的土地分为住宅、商住两用、工业、农业等功能区域,减少各区域之间的干扰;二是对建筑的密度和高度加以限制,防止人口过密,预防贫民窟的出现;三是人文历史传统和保值,要求所有建筑无论新旧,都要维持原貌,以防已有房屋价值的贬损。② 通过这种规制,能够保证土地的时序化(timing development)开发,从而使土地价值提升,社会财富增加。

当然,政府在对市场进行干预时也会出现失灵问题。比如,分区制有可能导致"暴损""暴利"问题。特别是在我国的农地非农化模式下,由于土地产权制度不完整,政府在土地一级市场居于"垄断"地位,为政府追逐自身利益最大化提供了契机的时候,更容易产生对原所有者和利用者的利益侵害现象。如果土地征用与配置权集中于地方政府,在追求政绩的利益驱使下,各地为了吸引外资,竞相以更多的优惠政策,以更低的价格甚至无偿划拨,就会强制地从农地所有者手中大规模地以低价格统一征用土地③。事实上,由政府干预

① 王佳丽、於忠祥:《基于农地非农化理论的农地保护》,《安徽农业大学学报》2008年第1期。
② 文贯中:《用途管制要过滤的是市场失灵还是非国有土地的入市权——与陈锡文先生商榷如何破除城乡二元结构》,《学术月刊》2014年第8期。
③ 史大平、王定祥:《城镇化中的农地适度非农化:制度障碍与政策研究》,《农业经济问题》2006年第3期。

导致的农地过度非农化和社会福利损失远远超过市场作用的结果。①

所以,政府对土地开发市场的干预要适度:需要保护的面积有多少? 保护区域在哪儿? 如何提供非农用地? 所有这些问题都要有个总体规划和实施目标。中国台湾学者金家禾认为,有效利用土地资源是土地管理的首要目标,也是政府干预土地市场的立足点:第一,农地保护包含农地数量与质量的维护与提升,农地保护主要应保护优良耕地用于农业生产。第二,非农化土地在开发时应以公平和规划的方式进行,使得肥沃的土地用于农业,肥力较差但土地开发价值较高的区域进行开发。既涉及数量,又涉及详细的区位。第三,在管理体制上应进行管理体制的完善,如单元开发、浮动分区、开发许可、发展权转移。②

3. 市场与政府的边界及其运行环境

在农地非农化配置中,外部性与政府的干预实际上提出了市场与政府在土地资源交易治理上的"边界"问题,因为,市场和政府在对土地这一特殊资源进行配置时都有缺陷。谭荣和曲福田认为,现实中的市场和政府,就是两种市场治理结构,按照交易费用经济学的观点,治理结构包括市场制、混合制和层级制三种类型。市场制和层级制只是两种极端情况,现实中更多的是混合制,不同的农地非农化治理结构都处于这条"波谱"上,不同的是偏向于"层级制"一端,还是偏向于"市场制"的一端。③ 问题是,在这种混合制中,哪一个更为基础,哪一个更为主导?

文贯中认为,构建既有深度又有广度的土地市场是非常有必要的,因为,配置的有效性取决于竞争的充分性。土地用途的管制必须基于土地的机会成本,并通过价格市场的信息传递,才能形成全国城乡统一的土地市场。这样,市场调节才会引导土地由低价值使用向高价值使用转变。其实,发达市场国家规划

---

① 金晶、曲福田:《农地非农化的政策演进:1949~2007》,《改革》2010 年第 9 期。
② 金家禾:《土地开发与农地保护》,《中国土地科学》1996 年第 11 期。
③ 谭荣、曲福田:《市场与政府的边界:土地非农化治理结构的选择》,《管理世界》2009 年第 12 期。

和管制的基础正是以下的市场机制:(1)土地私有及高度分散的地权和发达的土地市场,为每块宗地的交易提供了基于用途的均衡价格,可以作为规划和管制的参照;(2)司法独立并保护私有财产,使规划和用途管制在干预市场失灵时必须兼顾所有业主的利益;(3)共同的社会治理要求规划和管制变得公开、透明,社区选民积极参与;(4)规划置于市场基础之上。规划和管制理念兴起之前,一些最有活力的城市核心区早由土地市场的引导形成。① 也是基于这一认识,谭荣和曲福田认为,对于中国的土地非农化,单纯的市场并不是适宜的治理结构。当然另一方面,主张简化现有土地非农化程序,允许农地可以不经过国家征用直接进入城市土地市场,也不符合现阶段土地非农化交易的特征。②

那么,实际情况究竟如何? 在我国,农地非农化实行"征用制+批租制"的制度安排,或者说"强制交易+低价补偿"的非农化模式(周立群和张红星,2011)。"农地非农化过程首先是从国家征用农村集体土地开始,主要途径是国家征用农村集体所有的土地,将土地所有权转为国家所有,然后再由地方政府代表国家以划拨或出让的方式将土地使用权转给用地者,同时完成农地向建设用地的转化过程"。③ 因此,从上述混合形式上看,我国的农地非农化机制更需要在市场运行基础以及土地产权制度的完善上去努力。

周立群和张红星认为,我国在市场和政府的边界组合上,不仅要注重市场的建设,更要注重对政府运行机制的规范与约束。按照市场理论的观点,市场失灵仅存在于生态、粮食安全等外部性层面,除此之外,市场仍可以发挥作用。因此,政府只需要解决生态、粮食安全等外部性问题,其余留给市场。这就是政府与市场的边界。④ 沿着这一思路进一步分析,只要交易成本为零,市场治

① 文贯中:《用途管制要过滤的是市场失灵还是非国有土地的入市权——与陈锡文先生商榷如何破除城乡二元结构》,《学术月刊》2014 年第 8 期。
② 谭荣、曲福田:《市场与政府的边界:土地非农化治理结构的选择》,《管理世界》2009 年第 12 期。
③ 金晶、曲福田:《农地非农化的政策演进:1949~2007》,《改革》2010 年第 9 期。
④ 周立群、张红星:《农地适度非农化:寻求合理的实现机制》,《学术月刊》2011 年第 2 期。

理与政府治理是没有区别的,所以,这也就不会有征地制度下的强制交易所带来的交易成本。之所以有问题,主要是价格管制(即土地用途的倍数补偿)带来的资源配置的损失,并不是政府干预本身。因此,政府所"主导"的强制交易(即价格管制)才是问题的症结所在。

据此,不少学者①通过案例研究提出了赋予农村集体建设用地直接入市的主张,试图打破政府对土地一级市场的垄断。然而,这里面最根本的问题是,农村集体建设用地开发是否需要通过政府部门的规划?如果需要服从规划,则农村集体土地的开发就必须服从政府的分区原则,就不存在直接入市的问题;如果不需要服从规划,则农村集体可以随意对土地进行开发,必将形成建设用地的过度供给与开发。所以,问题并不在于打破政府对土地一级市场的垄断,而在于将政府规制置于市场运行的基础上,并形成对政府的有效约束,以及土地增值收益在不同相关主体之间的分配。

同样需要强调的是,不考虑政府规制下的土地市场的培育也是不可行的。因为,现行土地管理制度下,中央政府和地方政府是一种委托代理关系,由于目标函数的不一致、信息的不对称,使得中央和地方政府在土地开发利用上出现了矛盾和偏差。集体建设用地入市同样无法考虑中央政府所关注的耕地粮食安全价值,同样会出现农地的过度非农化倾向。在面临土地增值的情况下,甚至会出现地方政府与集体合谋的行为,共同违反中央政府的土地管理规定。② 所以,在市场与政府的边界上,政府应通过土地规划来总体控制农地非

---

① 例如,刘守英、党国英、蔡继明、张红宇、周其仁等学者主张实施集体建设用地直接入市。虽然目前这一政策已被政府认可并实施,但这并不能否认对这一观点的讨论。

② "在现实中,中央政府除了经济发展外,更加注重农地的粮食安全、生态价值等。而这些价值并不在地方政府的目标函数中,因此,委托人与代理人的目标函数并不一致。随着耕地的逐渐减少,耕地的粮食安全价值日益凸显,这种不一致表现得尤其严重。如果地方政府不存在私人信息,中央政府就可以提供一个完全的合约来控制地方政府的行为,实现经济发展与生态环境、粮食安全的平衡。但是,中国幅员辽阔,各地自然环境差异很大,就当地的经济发展、用地需求、粮食产量、耕地情况而言,地方政府显然掌握着大量的私人信息。所以,一个完全的合约是不可企及的。"参见周立群、张红星:《农地适度非农化:寻求合理的实现机制》,《学术月刊》2011 年第 2 期。

农化,而具体的实施与开发则由市场来调节。

(二)我国农地非农化的驱动力及其主要问题

1. 农地非农化的动力机制

按照市场化资源配置的思路,农地非农化是经济发展的一种正常现象和行为。如果有驱动力的话,正常的经济发展是其驱动力。这种情况称之为农地的时序化配置。在城市化进程中,农地非农化受制于土地的资源禀赋,随着经济的发展应呈现出一种时序化的配置;农地非农化的时序配置由城市化水平、劳动力转移规模、现代农业发展状况以及生态环境质量共同决定。[①] 但实际情况却是,受制于经济转轨和制度短缺的环境约束,出现了城市空间过度扩张、劳动力转移极其滞缓、传统农业现代化改造人为低估的非平衡发展现象。这就需要对其动力机制加以研究。

土地资源开发中个体理性与集体非理性表明,以收益最大化为决策基础的私人配置行为,并不能实现土地利用的社会帕累托最优。因为,在没有有效制度约束下,边际收益较低的土地利用类型必然向边际收益较高的土地利用类型转化,且只要这种转化是有利可图的,农地就必然不断转化为非农地[②],而且,现实状况也表明,较低的农业比较利益与较高的农地非农化回报是土地利用私人决策倾向于土地资源配置的非农化。[③] 然而,现实情况远非这些,存在着更为直接的农地非农化的政府驱动。地方政府作为一个利益主体,具有目标的多重性,如政绩需要、财政收入、城市地位等级等,在政府拥有土地垄断购买权和土地发展权缺失的制度下,土地成为实现上述目标的工具,导致土地征用的过度激励[④]。

---

① 张良悦、刘东:《城市化进程中的若干节点及制度解构》,《改革》2010 年第 7 期。
② 陈思远、曲福田、刘友兆:《农地非农化与人类活动的动力学演化分析》,《中国土地科学》2006 年第 2 期。
③ 钱忠好:《中国农地保护政策的理性反思》,《中国土地科学》2003 年第 5 期。
④ 刘东、张良悦:《土地征用的过度激励》,《江苏社会科学》2007 年第 1 期。

杨志荣和吴次芳将农地非农化分为发展驱动型和制度驱动型两种类型并进行实证分析。发展推动型的动力源于发展收益,目的是满足经济发展的需求。如果存在农地过度非农化现象,则可能表现为土地的粗放利用;制度驱动型的动力来源于制度收益,即土地财政和土地的资本积累功能,如果存在农地过度非农化现象,则必然是地方政府的过度推进。[①] 其实证分析结论表明:加快农地非农化进程的主要因素是短期巨大的制度收益。

周立群和张红星从运作机制上进行了深刻的分析,认为指标平均分配与地区差异矛盾为农地过度非农化提供了宏观框架,低价补偿的征地制度为农地过度非农化提供了微观激励。农民低价补偿极大地激发了政府的征地需求,而强制交易则用来保障过度的农地转用量。[②]

2. 农地过速非农化的主要问题

农地过速非农化的主要问题可以概括为土地利用效率低下、半城镇化与高城市化成本。

农地过速非农化的问题首先表现在土地的低效率上。关于这一方面的研究,曲福田及其研究团队做出了显著的贡献。曲福田等(2004)首先将农地非农化区分为"刚性需求"和"过度性需求",并用"代价性损失"和"过度性损失"加以界定。"'代价性损失'是指在市场功能完整的条件下,区域经济增长中所必不可少的农地非农化数量,'过度性损失'是指由于市场失灵和政府失灵引起的本可以避免的农地资源。"[③]随后,金晶和曲福田将配置低效的原因归结为:一是国土市场价格多元化及其结构缺陷引起的市场失灵;二是农地非农化配置过程中政府经济动力机制导致的政府失灵。[④] 曲福田和谭荣通过对

---

① 杨志荣、吴次芳:《制度收益与发展收益对农地非农化进程的影响差异及其对政策调整的启示》,《中国土地科学》2008 年第 2 期。

② 周立群、张红星:《农地适度非农化:寻求合理的实现机制》,《学术月刊》2011 年第 2 期。

③ 曲福田、冯淑怡、诸培新、陈志刚:《制度安排、价格机制与农地非农化研究》,《经济学》(季刊)2004 年第 1 期。

④ 金晶、曲福田:《农地非农化的政策演进:1949～2007》,《改革》2010 年第 9 期。

1989—2003 年中国农地非农化进程的检验，"发现过度性损失为 66.6%，代价性损失仅有 33.4%。在过度性损失中，未考虑农地生态价值造成的农地损失占 44.9%，政府失灵造成的农地资源损失则占 21.7%"。① 李效顺等人的补充研究也得出了同样的结果，"1989—2006 年中国农地非农化的数量中，经济高速增长所必需的刚性需求仅占 33.4%，而过度需求却占 66.56%，其间的过度性损失高达 193.07 万公顷。"②

农地过速非农化带来的第二个问题是"半城镇化"与失地农民问题。所谓"半城镇化"主要是指城镇空间扩张、产业集聚与人口迁移发展的不一致。这又可以从两方面来说明，一个是粗放的城市化，熊小林概括为这样几点：城市建设用地过度扩张，人口集聚相对不足，土地城镇化快于人口城镇化；人口与产业集聚不协调，产业城镇化快于人口城镇化；城乡发展不协调，城乡居民收入差距呈扩大趋势；区域发展不协调，东部地区的城镇化率明显高于西部地区，城市发展的极化效应明显，各种资源向大城市和行政中心集聚。"③另一个是"伪城镇化"，即大量的农民工"被城市化"，由城市扩建、拆建、行政区划变动所引起的"被城市化"，他们虽然到城市里就业，但其身份、社保、住房等生活方式没有发生根本性的变化。"目前我国常住人口城镇化率为 53.7%，户籍人口城镇化率只有 36% 左右。"④概言之，完整的人口城市化过程可以划分为三个阶段，即迁移、定居和市民化。稳定的城市化包括迁移和定居两个阶段。对于迁移者来说，稳定城市化意味着能在城市充分就业，其家庭能在城市稳定地生活。不稳定城市化将使那些受影响的迁移者付出大量的经济和非经

① 谭荣、曲福田：《中国农地非农化与农地资源保护：从两难到双赢》，《管理世界》2006 年第 12 期。
② 李效顺、曲福田、郧文聚：《中国建设用地增量时空配置分析——基于耕地资源损失计量反演下的考察》，《中国农村经济》2009 年第 4 期。
③ 熊小林：《统筹城乡发展：调整城乡利益格局的交点、难点及城镇化路径——"中国城乡统筹发展：现状与展望研讨会暨第五届中国经济论坛"综述》，《中国农村经济》2010 年第 11 期。
④ 《国家新型城镇化规划（2014—2020 年）》，《人民日报》2014 年 3 月 17 日。

济代价。①

　　失地农民问题应该说是中国特有的问题,这与中国的农地非农化实施机制、土地产权结构以及中国发展阶段性相关联。最初的问题主要表现在农民补偿的不充分,但随后的研究发现最主要的问题是农民就业问题,失地农民不能获得稳定的就业预期是最大的隐患。多数学者认为土地征用问题的关键是土地收益的分配问题,政府在对土地一级市场的垄断购买中,拿走了土地级差地租的绝大部分,而对失地农民的补偿很少。从而造成了失地农民的三无问题(无地、无业和无社会保障)②。例如,孔祥智等人的调查表明,农户不愿意被征地的原因按重要性排序依次为:补偿太低;今后生活无保障;耕地太少;很难找到非农就业工作;土地还会增值。③ 另据王小映等人的调查,发现不仅补偿低,还有严重的城市偏向问题。"无论工业性用地,还是经营性用地,政府获取的增值收益都在 70% 以上;其中地方政府的支配又在 90% 以上,用于城市建设和土地开发在 80% 以上,而用于农村和农业土地开发的比例不足20%"④。在具体的补偿政策上也存在着不同的认识,例如,有的主张对农民的补偿不应依据土地使用的性质(营利性与公益地)而有差别,而应通过国家调整机制一视同仁⑤;在补偿的受益主体上,应进行产权制度改革,减少中间环节,增加农民的收入。⑥ 而另一些学者则认为,由于补偿方面表现出极大的区域差异性,城区周边的失地农民反而因农地非农化提高了收入水平。例如,

---

　　① 檀文学:《稳定城市化——一个人口迁移角度的城市化质量概念》,《中国农村观察》2012 年第 1 期。

　　② 钱忠好、曲福田:《中国土地征用制度:反思与改革》,《中国土地科学》2004 年第 5 期。

　　③ 孔祥智等:《我国失地农民状况及受偿意愿调查报告》,《经济理论与经济管理》2006 年第 7 期。

　　④ 王小映等:《我国农地转用中的土地收益分配实证研究——基于昆山、桐城、新都三地的抽样调查分析》,《管理世界》2006 年第 5 期。

　　⑤ 中国土地政策改革课题组:《中国土地政策改革:一个整体性行动框架》,《改革》2006 年第 2 期。

　　⑥ 周其仁:《农地产权与征地制度——中国城市化面临的重大选择》,《经济学》(季刊)2004 年第 4 卷第 1 期。

史清华等对上海城郊的研究表明失地农民的收入不仅没有降低,反而由于多元的就业途径和土地资产的开发而有所提高①。更有甚者,部分失地农民可能成为新的土地食利阶层。

第三个问题是城镇化的高成本及其金融风险。中国的城镇化由于没有形成良性的融资机制而导致城市建设资金主要依靠土地出让收入,同时,由于城市等级的划分,人为设置的福利"差异"及其"刚性",导致城市人口流动不是基于效率标准,而是基于福利追求。这实际上给城市的发展造成了制度刚性。其主要表现为:(1)基础设施的高投入和高价的房地产开发,土地批租成为地方政府"筹资"的手段;(2)农民工的市民化,农民一旦变成市民,社会保障就成为必需。大量的公共支出如住房、教育、环保和城市公共交通与运营等都需要政府财政的支持。对于许多地方政府,城市化过程中的资金约束是一个现实的障碍。②

这一问题的形成既与农地非农化的供给机制有关,又与城市公共产品的融资机制有关。土地出让收入并不是所有的土地,而主要是商住用地,即工业用地的"低地价"与商住用地的"高地价"。工业用地通过协议方式提供,商住用地则以"招拍挂"的方式出让。为了弥补协议出让工业用地带来的亏空,地方政府便通过商住用地出让获得的土地收入进行横向补贴。③ 这样的结果必然是"高房价带来高工资,高工资带来企业的高成本",从而削弱城市的集聚效应。城市基础设施建设主要通过土地出让和土地抵押来获得,是基于土地"增量"批租上,而不是存量的税收上,就很有可能形成"土地财政收入—农地非农

① 史清华、晋洪涛、卓建伟:《征地一定降低农民收入吗:上海7村调查——兼论现行征地制度的缺陷与改革》,《管理世界》2011年第3期。

② 中国经济增长与宏观稳定课题组:《城市化、产业效率与经济增长》,《经济研究》2009年第10期。

③ 陶然等:《地区竞争格局演变下的中国转轨:财政激励与发展模式反思》,《经济研究》2009年第7期。

化—城市空间扩张—基础设施提供—土地财政收入"的恶性循环①。在一些城市，由政府牵头开发的"新城"变成了与需求脱节而出现浪费的"空城"，在另外一些城市，有限的地方财力难以支撑过度的基础设施投资。② 基础设施建设不仅来源于土地出让收入，更来源于融资平台的贷款。土地一头连着财政，一头连着金融，成为撬动银行资金的重要工具……潜藏着巨大的金融风险。③

3. 土地财政与地方政府融资平台

农地非农化的另一个重大问题就是"土地财政"。土地财政是指地方政府在城镇化过程中对土地出让和抵押收入的高度依赖，以及由此导致的一系列问题。

土地财政是政府财政收支对土地相关财政收入依赖程度较高的财政运行形态，是以政府为主体、围绕土地所进行的财政收支活动和利益分配关系，包括政府与土地相关的租税费组织、土地财政收入分配及相应的支出安排。④ 这一现象最初由刘守英和蒋省三概括提出：预算内靠城市扩张带来的产业税收效应，预算外靠土地出让获取收入⑤。之后，引起人们高度关注。

对于土地财政的理解，首先必须理解中国的发展战略与政府的主导作用。政府投资是我国经济增长高度依赖的原因之一；地方政府热衷于扩大投资，或者直接投资于基础设施建设，或者给予企业部门投资补助以招商引资。⑥ 政府对土地资源的控制以及农地非农化的方式"成就"了土地财政的形成。中国地方政府拥有大量可以出手变现的公有资源和资产，而且快速的城市化和

---

① 张良悦、刘东、刘伟：《土地贴现、资本深化与经济增长》，《财经科学》2013 年第 3 期。
② 国务院发展研究中心和世界银行联合课题组：《中国：推进高效、包容、可持续的城镇化》，《管理世界》2014 年第 4 期。
③ 张曙光：《城市化背景下土地产权的实施和保护》，《管理世界》2007 年第 12 期。
④ 中国土地财政研究课题组（苏明、唐在富、满燕云、颜燕执笔）：《中国土地财政研究》，《经济研究参考》2014 年第 34 期。
⑤ 刘守英、蒋省三：《土地融资与财政和金融风险——来自东部一个发达地区的个案》，《中国土地科学》2005 年第 5 期。
⑥ 汪德华：《推进财政支出领域的改革》，《经济研究参考》2014 年第 22 期。

工业化为这些资产价格的快速上涨提供了契机。① 如果没有土地实质上的地方所有制,我们很难想象,地方基础设施建设和公共服务的资金来源问题是否能够得到解决。②

土地财政主要通过如下几种途径来实现:(1)通过招、拍、挂的方式直接出让土地获取预算外收入;(2)扶持本地房地产开发,通过房地产业的税收收入来增加本地预算内财政收入;(3)将土地作为廉价的资源诱使境外资金的流入,增加本地的投资和GDP产值,获取增值税收入;(4)通过土地抵押从银行获取贷款融资。③

关于土地财政的规模。满燕云通过核算发现,"1999年全国土地财政收入和支出的比例分别是9.3%和5.8%,而2007年底则分别上升至19.4%和11.9%,其中,2002年这一比例曾经分别达到28.8%和16.1%。"④李尚蒲和罗必良将其界定为三类:土地财政Ⅰ(正常的土地税收收入)、土地财政Ⅱ(正常的土地税收收入+土地非税收入)、土地财政Ⅲ(正常的土地税收收入+土地非税收入+土地抵押收入+其他收入)。根据他们的测算,1999—2007年,土地财政收入Ⅰ占各地财政收入的30%左右;高收入地区(主要是东部地区)土地财政Ⅱ为86.7%,土地财政Ⅲ为232.3%;中等收入地区土地财政Ⅱ平均为48.1%,土地财政Ⅲ为97.6%;低收入地区土地财政Ⅱ平均为51.5%,土地财政Ⅲ为115.6%。从1999年到2007年期间,全国土地出让金总额从514.33亿元上升至4541.42亿元,年均增长率为31.29%。⑤

---

① 赵全厚:《中国地方政府融资及其融资平台问题研究》,《经济研究参考》2011年第10期。

② 杨志勇:《推进政府间财政关系调整》,《经济研究参考》2014年第22期。

③ 张良悦:《财产税、税源替代与耕地保护》,《财经科学》2009年第6期。

④ 满燕云:《中国地方土地财政概况》,北京大学林肯土地研究院城市发展与土地政策研究中心,2010年工作论文。

⑤ 此处土地财政收入为广义土地财政收入,既包括预算外收入,也包括制度外收入,如土地抵押贷款的隐性财政收入,所以会出现土地财政收入大于地方政府财政收入的现象。李尚蒲、罗必良:《我国土地财政规模估算》,《中央财经大学学报》2010年第5期。

对于土地财政应该从两方面进行评价,其积极作用就是扩大了政府的财政空间,增加了政府的财政能力,加速了中国的工业化和城市化进程,可以看成是政府主导的,通过土地资源贴现进行资本积累所推进的现代化。城镇化以充足的劳动力、低价的土地和良好的基础设施为经济高速发展创造了有利的环境。① 但其负面影响不可忽视,"土地财政风险主要集中在土地出让收入和土地抵押贷款上,有可能导致未来出现政府收支矛盾和债务风险。"②

各地政府通过建立土地储备、"土地批租"融资,实施政府担保贷款等,大大提高了地方政府投融资能力。土地储备制度为地方政府进入资本市场融资提供了前提条件。预算外收入很大部分来自土地储备部门农地非农化的利润,在许多情况下,这一来源的预算外收入可能等于甚至超过地方政府的总预算收入。③

地方政府融资平台主要是指地方政府,为了获得银行资金,通过划拨土地等方式而组建的不同类型的投融资公司。④ 从本质上看,地方政府融资平台是土地财政的延伸,是在财政资金不能满足地方政府经济发展需要的情况下,对银行资金的"攫取"。

土地财政和地方融资平台的负面效应逐渐凸显:其一,正常的预算管理制度无法管理这类体外循环资金,进而导致城市建设行为缺乏必要的公共约束,浪费、腐败,以及好大喜功的市政建设难以避免。其二,土地出让收入是地方融资平台运转的基础,但地价、房价不断攀高的现实极度恶化了收入分配,高

---

① 国务院发展研究中心和世界银行联合课题组:《中国:推进高效、包容、可持续的城镇化》,《管理世界》2014年第4期。
② 中国土地财政研究课题组(苏明、唐在富、满燕云、颜燕执笔):《中国土地财政研究》,《经济研究参考》2014年第34期。
③ 中国土地政策改革课题组:《中国土地政策改革:一个整体性行动框架》,《改革》2005年第2期。
④ 赵全厚:《中国地方政府融资及其融资平台问题研究》,《经济研究参考》2011年第10期。

收入人群的投机性或投资性购房更是加剧了社会分裂。①

(三)我国农地非农化的制度性因素

1.“二元”的土地性质与土地利用的管理体制

理论上说,农地保护与城镇化是一对矛盾,实施城镇化必须以农地非农化为代价。但中国的现实问题却是一面是大量农村耕地破坏的累积,一面是大量城市建设用地闲置的累积,这其中存在着深层次的制度问题。② 这一制度缺陷突出地表现在“二元”的土地性质与管理制度上。

中国的土地制度有一个非常明显的两极特征,这就是土地转用的国家垄断、政府管制和二元体系。同是土地,仅仅由于农用和非农用的用途不同,其所蕴含的权益完全不同,其运作的规则也完全两样。③ 同样,中国的土地管理政策在实施中也表现为利益的两极化,在一极,中央政府关注国家的粮食安全,并不断地颁布新的管理规则来控制土地开发和保护耕地;在另一极,则是这些管理规则随着时间和地域的变化,一再被各级地方政府在讨价还价甚至抵制中发生扭曲。④ 周立群和张红星认为,政府间的委托代理在目标函数上具有很大的差异,不可能订立一个完全的契约。

要解决这一问题,就必须对所有土地一视同仁,做到“同地、同权、同价”,防止和避免集体和农民土地财产权益的丧失。事实上,土地具有地域性特征,既不能同地,也不能同权,更不能同价。此处的“同地、同权、同价”的含义是说,在对农民土地财产的保护上要平等地对待⑤。在对这一问题的解决上,主要有两种观点,即所有权改革与产权改革。

---

① 汪德华:《推进财政支出领域的改革》,《经济研究参考》2014 年第 22 期。
② 周立群、张红星:《农地适度非农化:寻求合理的实现机制》,《学术月刊》2011 年第 2 期。
③ 张曙光:《城市化背景下土地产权的实施和保护》,《管理世界》2007 年第 12 期。
④ 张良悦:《农地非农化的困境与出路:基于经济学的分析》,《世界经济文汇》2008 年第 6 期。
⑤ 杨继瑞:《正确处理农村土地流转中的十大关系》,《马克思主义研究》2010 年第 5 期。

所有权改革主张对土地进行私有化,认为农地的集体所有制是一种虚置的产权形式,不具有交易的能力,应该具体界定给农户个体,赋予农民土地开发转让权①。其核心观点是,如果不进行土地所有权改革,则无法形成土地市场化的运行基础,不能真正保护农民的利益。

产权改革者认为,土地制度无论采取何种所有制形式,产权的实施能力是主要的。在农地非农化上,赋予农民和集体同等的财产诉求权,是解决的基本路径,因此,他们主张农村集体建设用地直接入市,打破政府对土地一级市场的垄断权,来限制土地的低成本征用,提高失地农民的补偿和土地的利用效率。②

然而,这一主张由于没有考虑以下问题,并不具有可行性。(1)土地非农化作为一种交易还不具有产权制度和法律保障,而且完全的市场配置不能解决土地的环境、生态和社会外部性成本;(2)目前的农地非农化已经超过了经济发展的"刚性需求",出现了农地的过速非农化。③ 例如,2003年全国清理各类开发区,规划面积由原来的3.86万平方公里压缩到0.99万平方公里。但这些被核减掉的大多数只是摘掉名称而已,原有的开发区功能几乎没有任何改变;④(3)没有考虑中国的农地非农化深深地扎根于制度、财政和行政管理的框架中,⑤一旦放开,将会更加混乱。

由此可见,农地非农化是由经济发展的内生因素所决定的,并不是简单地由农地转化为建设用地,也不是明晰土地产权的主体,引入市场化的运作机制

① 例如,周其仁(2004)、蔡继明(2005)、张琦(2005)、文贯中(2014)等都认为,不实行土地私有制改革,不足以保护农民作为土地使用者的利益,也不可能有真正的市场运作机制。
② 蒋省三和刘守英(2002,2008)、北京天则经济研究所《中国土地问题课题组》(2007)、蔡继明(2006)等认为,通过农村集体建设用地直接入市,可以减少中间环节,形成充分的竞争机制。
③ 刘东、张良悦:《土地征用的过度激励》,《江苏社会科学》2007年第1期。
④ 陶然等:《地区竞争格局演变下的中国转轨:财政激励与发展模式反思》,《经济研究》2009年第7期。
⑤ Lichtenberg Erik,Ding Chengri:"Assessing Farmland Protection Policy in China",*Land Use Policy*,No.25,2008,pp.59-68.

就自然而然地改变了土地的利用效率,还需要一系列的制度规则加以制约与保护。从理论上说,土地应具有同权同利的原则,国有土地和集体土地都可以用于非农建设,进行有偿转让。但由于土地的区位垄断、正外部效应等特征,仍然会不可避免地出现"土地二元分割"的现象,所以在实际运作中仍需要政府规制。此处的关键是在土地利用上微观效益与宏观效益的矛盾。从微观上看,微观主体的最大化是对土地利用的理性追求……但当所有的土地主体都追求土地的非农化开发价值时,从宏观上看对一个经济体还是否是理性的追求和选择?①

2. 农地非农化指标上的政府间博弈

中国农地非农化实行计划管理,即土地利用总体规划和年度土地利用规划;划定基本农田保护区;规划期内耕地总量动态平衡……将指标层层分解,最终耕地总量动态平衡战略变成了以县甚至乡为单位的小区域平衡。② 周立群与张红星认为这一管理机制有如下的矛盾现象:(1)建设用地规划指标在各地区的分解难以与各地区的实际建设用地需求相一致;(2)逐年下达的计划指标难以与各地经济发展周期相一致;(3)实行用途管制,规划的新增建设用地必须落实到具体地块,必须与规划建成区相一致;(4)耕地总量动态平衡、占补平衡,意味着建设占用耕地与补充耕地相挂钩;(5)简单地划定基本农田带来极大的社会不公。③ 陈江龙等进一步分析认为,建设占用耕地指标分解的依据一般是各地区既有的经济总量、人口总数和耕地数量,这种划分的办法是一种静态的思维,没有考虑到区域间发展潜力和人口的动态变化。实际上发达地区承担着更大的经济发展和人口压力,采用这种指标等于变相缩

① 张良悦:《农地非农化的困境与出路:基于经济学的分析》,《世界经济文汇》2008年第6期。
② 陈江龙、曲福田、陈雯:《农地非农化效率的空间差异及其对土地利用政策调整的启示》,《管理世界》2004年第8期。
③ 周立群、张红星:《农地适度非农化:寻求合理的实现机制》,《学术月刊》2011年第2期。

小了经济发达地区的建设占用耕地指标,进一步加剧土地供给和需求的矛盾。[①]

在中国的大部分地区,如果没有农地非农化就没有经济增长。换句话说,中央政府的政策给地方政府发送了一个混合的信号机制,鼓励地方政府利用他们可以支配的各种方式促进经济增长。中央政府需要地方政府推动经济增长,为增加的人口提供基础设施和公共服务,而且财政状况良好。在目前的土地配置制度下,农地非农化是推进上述所有目标最有吸引力的方法。[②]

对这一问题的解决,一是消除农地非农化的套利机制;二是按照区域的比较利益进行制度与基础设施的投资与建设(包括增加农业基础设施,以使农民更好地利用农地)。

按照现有的管理规则,保持耕地总量动态平衡有两条必然途径:一是控制非农建设占用耕地,二是开发耕地后备资源。但这实际上存在悖论。经济发达地区一般都是处于自然条件比较好,土地利用率高的区域,土地后备资源已十分有限,而且对于土地的需求旺盛。[③] 解决这一问题基本的思路应该是实施主体功能区战略,要么重新调整建设用地指标,要么实施区域间的指标交易。前者如陈江龙等主张东部地区增加建设占用耕地的指标;同时调整基本农田保护的空间格局,将基本农田调整到具有农业土地利用比较优势的中西部地区;耕地总量动态平衡也要调整空间格局,由中西部地区数量增加和质量改善来实现全国的平衡。[④] 后者如汪晖和陶然提出的土地跨区域交易,认为这样不仅实现了建设用地资源的跨区域有效配置,同时也为欠发达地区补充

---

① 陈江龙、曲福田、陈雯:《农地非农化效率的空间差异及其对土地利用政策调整的启示》,《管理世界》2004 年第 8 期。

② Lichtenberg Erik,Ding Chengri:"Assessing Farmland Protection Policy in China",*Land Use Policy*,No.25,2008,pp,59-68.

③ 陈江龙、曲福田、陈雯:《农地非农化效率的空间差异及其对土地利用政策调整的启示》,《管理世界》2004 年第 8 期。

④ 陈江龙、曲福田、陈雯:《农地非农化效率的空间差异及其对土地利用政策调整的启示》,《管理世界》2004 年第 8 期。

了宝贵的财政资源。①

三、农地非农化需进一步研究的问题

总体上看,中国土地征用制度改革近年来并没有重大的实质性突破,表现为极强的路径依赖,以及受粗放的生产方式的相互影响。征地补偿仍局限于简单的"倍数补偿"原则,国家征地的"公共利益"概念模糊和泛化,强制性征地范围过宽,非公益性用地占比过高,城乡建设用地增减挂钩,城乡统筹发展仍然表现为对"建设用地"的强烈需求。虽然在实践中也探索出一些"集体建设用地直接入市""城乡一体化示范区"的案例,但是,对于大量的农地非农化、农地非粮化、粮食安全、生态问题、农村衰落问题仍没有从根本上引起重视。城镇化、农地非农化没有从根本上与发展方式转变联系起来。

在对农地非农化的研究中,虽然近年来出现了大量的研究成果,但是,重大的理论突破却鲜见,大量的研究集中在农地非农化的"市场准入与开发""土地开发价值分割""土地财政"等问题上。比如,是应该政府开发,还是应该市场化开发?是政府获取绝大多数的土地增值收益,还是应该由村集体和农民获取更多的土地收益?土地财政与土地抵押的形成及其危害,以及这一发展模式是否可持续?城乡建设用地增减挂钩,农村集体建设用地直接入市等问题。事实上,应该更多地关注土地开发上的规划与运作、开发过程中的公权与私权的相互制衡、土地使用效率、粮食安全与耕地保护、城镇化的融资机制、城市驱动的动力与发展方式转变等问题,这些是更具有根本性、规范性的问题。

首先,主体功能区与农地保护问题。我国的土地管理法规和制度,应该说是世界上最严格的耕地保护制度,但是,在实际执行过程中却十分不理想,以

---

① 汪晖、陶然:《论土地发展权转移与交易的"浙江模式"——制度起源、操作模式及其重要含义》,《管理世界》2009年第8期。

至于粮食安全成为重大的隐患,生态环境成为生活质量的重大制约。实际上,在土地的利用管理上,由于将经济赶超、经济增长以及区域之间的竞争作为潜在的前提,所以,土地资源处于一种无序的开发状态。资源的动员能力压过了资源的利用效率,土地的价值开发压过了土地的利用开发。这种混乱状态表现为:有开发价值的区域大规模开发,没有开发价值的区域也大规模开发;工业化区域进行大规模开发,粮食主产区也进行大规模开发;适宜开发的地区大规模开发,不适宜开发的地区也大规模开发。这样的开发,不是因为产权的不明晰导致的"公地悲剧",而是因为产权的明晰导致的"租金耗散"①。所以,在城镇化的发展和农地非农化的开发上,应该实施以规划为最基本原则的土地综合利用,按照经济发展主体功能区,对土地进行更加理性的开发,对耕地和后备耕地实施切实的保护。

其次,发展方式转变与新型城镇化问题。发展方式的转变是说,城镇化应是资源的最有效利用,应该以城市化的集聚效应、知识创造与外溢、人力资本提升、公共产品的高效供给与利用为基本特征。发展方式的转变更应该考虑一国的资源禀赋,应该解决城镇化的发展动力问题。固然,人口的城镇化是目前的主要问题,应该通过人口流动、农民工市民化来提高城镇土地的利用效率,解决城乡之间土地资源的浪费问题。但是,还要考虑生产方式和生活方式对城市化的内在驱动。比如,汽车工业与住宅产业是我国经济的两大支柱产业,而且也逐渐成为人们"理性"追求的生活方式,但是,这两个经济增长点恰恰是"城市蔓延"的主要推手。如果说我们目前将经济增长和土地财政看成是城市扩张和农地非农化的主要驱动力,那么,在未来一段时间,随着我国全面小康社会建成之后,汽车和住宅消费将会成为重要的内在驱动。怎样去提前预测和改变这一问题,就需要从生产方式和生活方式的转变上去思考。

---

① 在宏观上,我们可以将地方政府以区域发展进行的土地开发看成是非常明确的"土地发展权",相对于中央政府和国家全局,各个地方政府都是一个追求本地域土地开发最大化的产权主体。

第三,城市发展的融资机制问题。目前,在农地非农化的驱动上,地方政府土地资本积累是一个主要的动力,即利用土地资源资本化来促进城市发展成为其中一个貌似合理的需求,但这种发展模式是不可持续的。中国现行发展模式因对资本、劳动力和土地的低效利用正在失去动力。① 所以,未来的城镇化亟须建立一个合理的政府融资机制。这需要转变政府职能与重建财政体制:政府必须放弃以政府为投资主导的经济发展模式,适当放缓城镇化步伐,要根据经济发展和财力量力而行;地方政府基础设施建设和公共服务的提供必须实行居民付费制度,通过财产税和付费制度来拓宽地方政府资金来源;根据区域的经济特征构建地方财税来源。

第四,土地开发上的公权与私权的制衡。农地非农化与土地的开发是资源的配置过程,是土地产权的具体交易。土地的财富和价值在现代社会更取决于制度的安排。任何一个社会和经济体,从来没有把土地作为包括所有权利束的单一所有权的资产去对待。特别是在现代社会,土地利用的公共利益越来越凸显出来,从而要求在土地的利用上更多地介入公权。我国目前在土地资产开发中的主要问题是,一方面公权介入过度,私权没有彰显和保护;另一方面,公权发生变异,转化为私权,地方政府成为私权的代表。同时,还有一种不正确的认识导向:只强调私权的权利,忽视私权的义务。例如,只强调应该将土地开发收益分配给原土地所有者,而没有强调已有的获取开发利益的房产所有者向社会纳税的责任。应该在这一方面加以平衡。

固然,一个好的产权交易的起点是相当重要的,例如,多数学者主张土地确权或者私有化,但是,如果只考虑土地确权,不考虑土地开发运作规则,土地资产能否得到很好的开发,土地资源能否做到综合利用最大化? 这就是说,应该在确权上发力,还是在运作规则上用功。另外,在确权上也要考虑其实施成本。从发达市场经济的发展来看,在土地资源的配置和土地资产的开发上,公

---

① 国务院发展研究中心和世界银行联合课题组:《中国:推进高效、包容、可持续的城镇化》,《管理世界》2014 年第 4 期。

权的比重越来越大,这是现代化的发展趋势。如果我们能够在开发规则上,通过公权的严格限定与实施,并在实施过程中做到权力的再界定,可能要比单纯的土地确权更有意义和价值。

第三节　研究的视角方法与内容

一、研究的视角

本书在前人研究的基础上,着重于对农地过速非农化的内在机理进行分析。从表象上看,农地非农化主要是在既定的资源禀赋约束下,对土地资源配置、土地资源开发以及由此带来的相关者的收益分配的问题。然而,在其背后的每一因素都有自然的、经济的、社会的问题,需要分析其中的逻辑关系,进行相应的制度设计与规范。因此,本书的研究主要基于制度分析的视角,对农地非农化的主要问题及其原因进行分析,并在分析的基础上提出相应的政策建议。

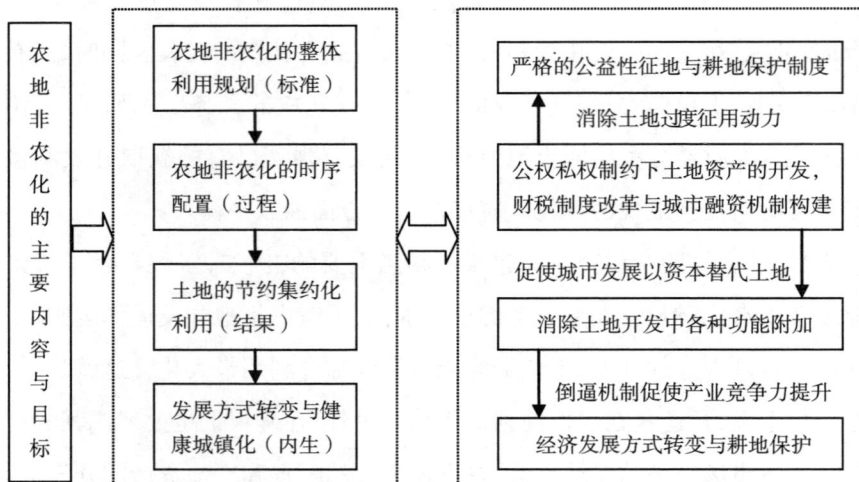

图4　本书研究的基本思路与框架

　　研究的基本思路是:首先对近年来加速的城镇化对农地的过速非农化进行一个特征事实的描述性分析,并着重强调粮食安全和生态环境必须成为高度关注的问题。在此基础上,主要从土地资源的资产化、地方政府融资平台、地方政府土地违规违法、房地产支柱产业等方面对农地非农化的"功能附加"进行制度分析。之后,围绕公权与私权的平衡对农地非农化的制度建设进行产权分析,并在分析的基础上对农地非农化的完善提出相应的政策建议(如图4)。

　　如图4所示,农地非农化既需要效率,又需要公平;既需要置于市场配置的基础上,又需要政府总体控制,所以,农地非农化的最高标准是全社会整体利用规划。规划既是土地配置的标准,也是实施的基本原则,具有最高的权力效力。在规划的基础上,政府再进行具体的分区,然后在分区内,由市场机制按照经济发展的需要对农地进行时序化的非农开发。这是农地非农化正常的开发过程。如果能够做到这两个方面,那么,就会达到土地的节约集约化的利用效果,实现农地非农化的根本目的。而且在这一过程中,农地非农化的规模由经济社会发展的自然过程所决定,回归为发展的内生因素,与发展方式、城镇化有机地结合在一起。这是规范化的农地非农化的内容与目标。中国目前现实中的问题主要是,农地过速非农化,农地非农化承载了"附加功能",农地非农化与粗放的发展方式互为助推。我们提出解决问题的视角是,以土地利用管理的制度建设和严格执行为突破,实施公权私权制衡下的土地资产开发,构建城市发展融资机制,从制度上消除农地的过速非农化,为城市发展构建投资资金来源,消除功能附加,以资本替代土地,倒逼发展方式转型,从而使中国的农地非农化、城镇化的发展向规范化的方向靠近。

二、研究的基本方法

　　研究主要采用实证分析与规范分析相结合的方法,具体说来,包括实地调研、基于统计数据的整理分析、计量分析、制度分析与产权分析。

在实际调研过程中,既注重数据的收集与整理,更注重村庄、家庭、个人的访谈,从而增加感性认识。尽管在实际调研中,可能得到的多是"碎片化"的信息,但是,往往可以从中发现许多矛盾性的问题,能够发现从统计中和规范研究中不能得到的事实和感悟。所以,我们非常重视实地调研的研究方法。

如果说实际调研主要增加对现实问题的感性认识,那么,对统计数据的挖掘与整理分析能够从宏观上给予整体的把握和认识,本书研究的一个重要特征是对统计数据的挖掘整理,并在统计整理中发现问题。

在规范分析中,主要采用制度分析与产权分析,包括宏观的经济发展与经济转型,微观的地方政府主体与企业个人的行为方式。规范分析的目的在于从经济发展的现实中找出问题的制度根源、内在逻辑关系,并针对这些问题提出一个理性的解决方案。在规范分析中,主要是运用制度经济学、区域经济学、城市经济学、发展经济学等基本观点和分析方法。

制度经济学是研究关于经济运行规则的一门经济学分支科学,其目的在于通过对经济运行规则的发现、制定、规范以及变迁,抑制各种机会主义,减少经济运行的成本,提高资源配置效率。产权与交易规则是制度经济学中的重要内容,我们在对农地非农化的分析中,主要运用这两个基本概念和范畴,对土地资源开发中导致成本增加的各种制度因素进行剖析。

区域经济学是对空间经济布局的分析,对空间经济组织的定位、区域资源的配置与流动以及区域经济政策进行研究。因为土地是最基本的空间基础,所以,对土地资源的研究不可能不涉及空间经济布局问题。我们在研究中,主要从宏观上借鉴区域资源禀赋理论与比较优势理论、主体功能区理论、区域政策理论等相关内容。

城市经济学是在 20 世纪 50 年代以后,在西方国家兴起的一门新兴学科,该学科运用基本的新古典经济学的内容和方法,尤其是产业组织理论、经济模型和计量分析,对城市经济社会的发展及其运行进行综合分析。城市经济学主要基于集聚效应和城市通勤成本等基本概念,分析城市产业集聚、人力资本提升、积聚与扩散效应、城市基础设施和公共产品供给的经济政策、住房政策以及劳动力迁移等问题。我们在项目分析中,主要借鉴其基本的概念进行相关的分析。

发展经济学是关于发展中经济如何发展的新兴经济学分支体系,也是在"二战"之后新兴起的学科。发展经济学的根本在于农业国家如何走向工业国家,乡村国家如何转为城市国家。发展战略、工业化、城市化、人口流动等是其主要内容。我们在分析中,将会借鉴其基本的概念与理论。

当然,在研究中还要大量运用到基本的经济学理论,如马克思主义的政治经济学、新古典经济学,以及有关的经济发展政策、土地问题方面的法规和条例等内容。所有这些都构成了本书分析的基本理论工具和分析素材。

全书内容包括两部分,即主体部分和附录部分。主体部分包括八章内容,是基于规范分析的研究报告,附录部分为调研报告。之所以这样安排,主要是考虑报告的逻辑关系。

本 章 小 结

(1)城镇化进程中农地非农化不仅仅是土地使用转换问题,而是一个涉及政治、经济、社会、生态等诸多方面的制度设计问题,既包括法治建设、产权交易、人口流动、环境保护等具体环节方面的问题,也包括生产方式和生活方式的转换以及与此相应的社会意识(共识)的形成。因此,对农地非农化的深刻认识及其制度规则的制定就成为本书研究的基本目标。

(2)本书所研究的城镇化进程中农地非农化问题,是指中国在改革开放之后农地非农化所发生的变异问题,以及快速大量的农地非农化所带来的累积负面效应问题。变异主要是指农地非农化过程中的不同"功能附加"以及工具理性,促使了城镇化发展内容的偏离,导致现阶段中国农地的快速非农化。累积的负面效应,是指大量的农地非农化后产生的之前并未引起重视的生态和粮食安全以及粗放的发展方式问题。

（3）文献综述表明，国外农地非农化的研究主要聚焦于耕地保护与生态环境，分析耕地与开阔空间快速消失的原因以及解决的措施。国内农地非农化的研究主要集中于农地非农化过程中出现的问题、土地管理制度、土地资源与经济发展、制度与产权改革等方面的问题。在耕地与生态保护、发展方式转变、城市发展融资机制、土地资产开发中公权与私权的相互制约方面仍有进一步的研究空间。

（4）本书研究的基本思路是：首先对近年来农地过速非农化进行特征事实的描述，提出粮食安全和生态环境是高度关注的问题。在此基础上，对农地非农化的功能附加进行制度分析，并围绕公权与私权的平衡对农地非农化的制度建设进行产权剖析。最后，在综合分析的基础上，对我国农地非农化的完善提出相应的政策建议。

第一章 农地非农化与粮食
安全及生态环境

　　农地非农化是城镇化的基础和必然要求,是社会发展的一种自然现象。然而,由于资源禀赋、制度因素及其发展方式等因素交织在一起,使中国城镇化进程中农地非农化问题成为一个重大的理论和现实问题。

　　1996年前后,中国进入快速城镇化以来,农地过速非农化就成为一个不争的事实,耕地的快速减少导致的粮食安全和生态环境问题引起社会的高度关注。但是,由于地方政府主导的经济增长是其主要因素,且农地的大规模消失所产生的负面效应需要一定的时限,所以,对快速的农地非农化熟视无睹就成为"情理中"的事情,农地通过合法和非法的方式仍不断地遵循既有的轨迹在快速消失。

　　在经济转轨初期,土地要素相对丰富,资本要素相对稀缺。为了快速地启动和发展经济,土地要素的价格被严重低估,起到了对资本要素的替代作用。但是,由于要素市场的改革、财税制度的改革严重滞后,结果使得这种粗放的发展方式加以延续,并在一系列的政策刺激下扭曲走样。1992年、2003年两次大规模的工业园区圈地,1998年住房货币化改革之后土地要素的资产化导致土地大规模"贴现",2008年前后土地抵押所形成的空前的地方政府债务,使得粗放的发展方式达到极致。

本章的目的主要是对农地非农化的特征事实进行实证分析,并指出粮食安全与生态退化是农地快速非农化的必然结果和最大隐患,需要我们从农地保护的视角引起高度的重视。

第一节　中国农地非农化的阶段性特征及其主要问题

一、新中国成立以来中国城镇化发展的基本状况

城镇化是人类社会发展的自然过程和趋势,是现代社会的一种标志和基本形态,既是一种生产方式,又是一种生活方式。城镇化发展的根本动力是经济驱动,"社会分工—市场交易—规模经济—要素集聚—形态变迁"可以看成是一种基本的发展路径。其中,工业化的生产方式加速和主导了城市化的进程,工业化的生产方式使城市的集聚效应充分地显现出来,有力地促使了包括人口在内的要素向城市的快速集中。可以说,没有工业化,就没有城市化。但是,当城市发展到一定的规模之后,城市的外部负效应就会超过集聚效应,城市化就会由集聚走向扩散,"逆城市化"就会成为一种必然的趋势。20世纪下半叶,随着交通技术的发展与改善,随着通信技术的日益进步,在发达国家城市出现了大规模的"城郊化"现象。所以,城市化就是在工业化生产方式推动下要素的集聚与扩散过程。

新中国成立以来,中国的经济建设经历了计划经济时代和市场经济发展时期,与此相对应,城镇化的发展也经历了压抑发展和驱动发展两个显著的阶段。在这一发展过程中,既具有一般规律性的特征,也具有人为主导的因素;既具有城市集聚的趋势,也具有城郊蔓延的现象。例如,何鹤鸣和张京祥从政府对城市发展主导的角度,将新中国成立以来的城市化分为三个阶段:压抑型城镇化、恢复型城镇化和扩张型城镇化。他们认为,在政府的主导作用下,城镇化的发展和演变从来不囿于城镇化问题自身,而是遵循"宏观社会经济的

主要任务—城镇化责任—政府作为—城镇化表现"的主要逻辑线索。①

　　新中国成立后至改革开放前,城市发展走的是一条"重生产、轻生活"的道路。工业用地对城市形态结构的形成起主导作用,城市功能混杂,单位集体住房成为居住区的基本模式,社会空间分化消失,住宅建设没有形成产业化。尽管在这一时期试图利用计划手段,利用工业化的方式来加速城市集聚,但是由于经济发展总体上动力还不太强,城镇化的效果并不理想。例如,在经历了1949—1957 年的快速发展之后(城镇化率从 10.6%提高到 16.3%,年均提高0.63 个百分点),1958—1977 年,城镇化率 20 年只提高 1.6 个百分点,年均增长 0.08 个百分点,甚至有时出现负增长。②

　　改革开放之后,特别是社会主义市场经济体制的改革取向确立之后,中国城镇化发展出现了空前的局面,大中小城市和小城镇全面发展。在这一段时间内,出现了县改市、乡改镇的高潮。统计显示,城镇化率由 1980 年的 19%上升到 2011 年的 51.07%;城市数目由 1978 年的 381 个增加到 1997 年的 668个③。尽管这一时期城市的发展朝着兼顾生产与生活方式相一致的好方向发展,城市功能更加完善,城市用地结构进一步调整;但是,城市土地利用效率低下,城市化的人为主导和超前发展比较突出。例如,"不少地方将城镇化和经济发展的因果关系混淆,认为城市人口增多了,城镇化水平提高了,自然而然就会刺激需求,拉动内需,促进产业发展。"④

二、中国农地非农化的经济发展驱动

　　与上述城镇化发展相对应,中国农地非农化也出现了相应的发展过程和

---

　　①　何鹤鸣、张京祥:《转型环境与政府主导的城镇化转型》,《城市规划学刊》2011 年第6 期。

　　②　邹德慈:《中国特色的城镇化》,《小城镇建设》2012 年第 12 期。

　　③　为了控制地方政府由县变市的冲动,1997 年之后控制了"县变市"的节奏,并对不符合条件的几个县级市进行了更改,之后,我国城市数目基本稳定在 660 个上下。

　　④　郭培章:《中国城市可持续发展研究》,经济科学出版社 2004 年版,第 37 页。

不同阶段。尽管从理论上讲,农地非农化的客观需求是城镇化的发展,但是其根本动力更在于经济发展本身,或者说,政府经济发展的主导是农地非农化最根本的驱动力。1978年中国改革开放之后,经济建设提上日程,各种建设用地自然而然成为第一因素,开启了以土地要素为主要投入的经济发展方式。由于实施家庭承包责任制之后,农村经济首先复苏和繁荣起来,此时,农民个人建房、乡镇企业为主要动力的建设用地,导致了第一轮的建设用地高潮,并带来农村建设用地的蔓延。为了解决这一问题,1986年成立了国土资源局,相应地进行对口管理,从而使1986—1991年建设用地呈现逐年减少的趋势。1992年市场经济体制改革之后,国内建设再上台阶,又呈现出新一轮建设用地高潮。1997年冻结土地审批;1998年房产改革之后,重新掀起新一轮的土地使用高潮。2003年实施土地宏观调控;2004—2008年建设用地基本稳定。但在2008年全球经济危机之后,为了应对危机所实施的政府投资刺激计划又使土地开发呈增加之势。

图1-1是1985—2017年中国耕地非农化的一个基本情况,从中可以看出,农地非农化与我国的经济发展极为吻合,大致可以分为这样几个波动阶段:1978—1985年、1986—1990年、1991—1996年、1998—2003年、2004—2007年、2008—2017年。

依据各个阶段经济发展的主要特征和农地非农化的主要驱动力,我们可以将改革开放后的农地非农化划分为五个阶段①。

第一,乡村经济发展阶段(1978—1991年)。主要驱动力是乡镇企业的发展和农村居民住房的更新改造,这一阶段农地非农化除了国家大规模的建设用地占用外,主要表现为农村建设用地的快速增加。

第二,城镇化快速发展阶段和产业园区建设(1992—1996年)。这一阶段的特征是,农地非农化通过大规模的农地征用获得,园区建设成为农地非农化

① 这五个阶段划分的主要依据是农地非农化的驱动因素,既具有明显的政策因素特征,也具有典型的事实特征。

（单位：千公顷）

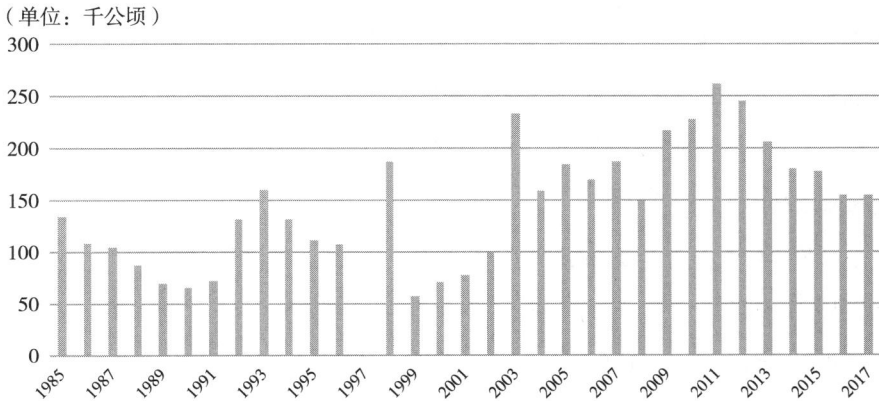

图 1-1　1985—2017 年中国耕地非农化

注：数据为耕地数量减少，不包含其他非农地，耕地减少数量既包括合法的土地征用，也包括非法的土地使用。1985—1995 年为建设用地占用面积，1996—2002 年为实际建设用地面积，2003—2017 年为耕地征用和当年违法占用耕地面积之和。
资料来源：1985—1995 年数据来自《中国统计年鉴（1996）》，1996 年为《中国土地年鉴》，1998—2017 年为《中国国土资源年鉴》。

的主要驱动力。

第三，房地产支柱产业和土地财政的依赖（1997—2003 年）。这一阶段的特征是，房地产大规模开发开始成为主要驱动力，农地非农化不仅通过大规模的征用获得，而且，农地非农化成为地方政府财政来源，土地财政成为其明显的特征。

第四，城乡一体化阶段（2004—2007 年）。在城乡统筹发展的政策下，出现了以城乡建设用地"增减挂钩"为特征的农地非农化。

第五，土地资源资产化的全面展开阶段（2008 年以来）。为了应对 2008 年全球经济危机对中国经济的严重冲击，中央政府出台了以政府投资为主要措施的反危机政策，导致了农地非农化的进一步加速，其中包括房地产开发、产业园区的建设。

为什么建设用地会如此周期性波动，且一轮比一轮增幅更大更严重？这主要与我国工业化的主导战略以及与此相伴的粗放的发展方式有关，并由此形成了中国特色的城镇化模式。其中,较为明显的几个拐点和制度特征是:(1)农村承包经营制改革及其温饱问题的解决;(2)乡镇企业的发展与农村劳动力的就地转移;(3)市场化经济体制改革的取向及其产业园区建设;(4)住房制度改革及其房地产支柱产业的发展;(5)2008年反危机与经济刺激计划。

1985年之前为全面的经济复苏时期,重点是农村经济改革和农业经济的发展。1986—1991年为乡镇企业大发展的年代,城镇化建设用地还没有明显的启动。1992—1996年的大规模非农化,主要是开发区的建设。1998年住房制度改革之后,中国以城市为主体的城镇化大规模兴起,此时的发展方式表现为:房地产成为经济发展的支柱产业,土地财政成为城市化发展的财政来源。2008年之后在反危机的大背景下,仍延续"城乡建设用地增减挂钩""城乡一体化"的策略,大力实施土地资源的资本化,农地非农化进一步膨胀。

三、中国农地非农化的阶段性特征

(一)乡镇企业的发展与乡村城镇化

从农地非农化的转换过程来看,中国在大规模的城镇化开始之前,有一个大规模的乡村城镇化过程。

中国的城镇化过程实际上是伴随着农村经济的发展而进行的。当时,由于计划经济体制,特别是户籍制度方面的原因,城镇化在已有城镇地区的发展是停滞的。在这样的情况下,城镇化表现为乡村的城镇化,其主要的做法就是乡镇企业的大力发展及其农民的"离土不离乡"。相应地,城镇化的土地开发也主要表现为乡村土地的大规模农地非农化,包括农民住宅用地与乡镇企业建设用地。如表1-1所示,在1985—1995年期间,除个别年份外,乡村集体和个人所占建设用地略高于或者与国家建设用地持平。

表1-1　1985—1995年耕地减少及建设用地使用情况

	年内耕地减少	国家建设占地		乡村集体占地		农民个人占地	
	绝对量（千公顷）	绝对量（千公顷）	占比（%）	绝对量（千公顷）	占比（%）	绝对量（千公顷）	占比（%）
1985	1597.90	134.30	8.40	92.30	5.78	97.00	6.07
1986	1108.30	109.60	9.89	58.50	5.28	84.50	7.62
1987	817.50	104.60	12.80	52.00	6.36	57.50	7.03
1988	644.70	87.80	13.62	57.40	8.90	37.60	5.83
1989	517.50	70.10	13.55	34.60	6.69	27.40	5.29
1990	676.40	66.30	9.80	30.30	4.48	36.70	5.43
1991	488.00	71.90	14.73	44.40	9.10	20.50	4.20
1992	738.70	131.70	17.82	64.10	8.68	23.90	3.24
1993	732.30	161.00	21.99	86.00	11.74	24.00	3.28
1994	708.70	132.60	18.71	80.20	11.32	33.00	4.66
1995	621.10	111.90	18.02	84.90	13.67	31.60	5.09

资料来源：《中国统计年鉴（1996）》。

按照计划体制下的土地征用办法，对于被征收的土地，不仅要给予经济补偿，而且还要给予人员身份转换，所以成本是相当高的，既需要货币成本，也需要就业岗位提供的社会成本。这在当时经济刚刚恢复的情况下，按照传统的计划经济的城镇化模式是不可能启动的，所以，有了就地城镇化的新途径。相比较而言，这种途径具有这样几个优势：第一，土地成本较低，主要是使用集体土地，不需要进行货币补偿；第二，部分农民就地非农化，不需要或者暂不需要提供相应的公共产品；第三，农民富裕之后就地进行大规模的房屋建设，也不需要为劳动力迁移提供安置成本。但是，其主要的问题则是对土地的大规模占用，没有考虑土地使用的机会成本，特别是耕地和生态成本。从事后的角度看，不仅造成了大量的农地非农化，甚至造成了大量的空心村，形成农村建设的蔓延态势。

在此期间，耕地从1978年的14.9亿亩减少到1986年的14.5亿亩，以每年 600 万亩的速度减少。

（二）城镇扩建与开发园区驱动的农地非农化

首先，城市数目激增，从 1978 年的 381 个增加到 1997 年的 668 个，城市建设用地由 1987 年的 0.98 万平方公里增加到 1995 年的 2.21 万平方公里，增加了一倍多。在此期间，城镇建设占用耕地总数约为 900 万亩，城镇建设占用耕地的数量占城市建设用地增量的 48.9%。

其次，以开发园区建设为目标的四次"圈地运动"高潮。第一次开始于 1987 年，在 1992—1993 年达到高潮。1989 年，全国人大修改了《宪法》，提出了"土地可以依法转让"①，开始了国有土地的有偿使用制度，成为城市第一轮扩张的最主要因素，在此刺激下，各地纷纷进行了土地开发。1992 年市场经济体制改革之后，对外开放力度加大，出口导向战略及引进外资形成了全国开发区热。经清查，"截至 1992 年底，全国有开发区 1951 个，规划面积 1.53 万平方公里，已开工建设面积为 307 平方公里。"②在这 1951 个开发区中，绝大多数是违规设立的。③ 第二次出现在 1998 年，即住房制度改革的有力推动。当时，住房实物分配制度被停止，货币化分房制度开始确立，房地产业的地位获得肯定。于是，新一轮开发区热涌现。"当时全国共有各类开发区 4210 个，规划面积 1.24 万平方公里，实际占地面积 2322.5 平方公里。4210 个开发区绝大部分也是省级以下政府违规设立的。"④第三次开始于 2002 年下半年，其主要特点是地方政府违规，且主要是开发区圈地。经清查，"截至 2003 年 7 月底，全国各类开发区 6866 个，规划面积 3.86 万平方公里。经清理整顿，开发

---

① 张良悦：《中国土地利用管理制度的困境》，《现代经济探讨》2009 年第 1 期。

② 张璞、李晓文：《防止开发区违法圈地新思考》，《中国土地》2007 年第 2 期。

③ 据建设部公布的资料，截至 1993 年 3 月，中国内地县级以上的开发区达六千多个，占地 1.5 万平方公里，比当时城镇城区用地面积总量 1.34 万平方公里还多出 0.16 平方公里。见刘正山：《"沦陷"与拯救——"圈地运动"与治理整顿搏击记事》，《中国土地》2004 年第 3 期。

④ 张璞、李晓文：《防止开发区违法圈地新思考》，《中国土地》2007 年第 2 期。

区由 6866 个减少为 1568 个,规划面积由 3.86 万平方公里减少为 9949 平方
公里。"①第四次始于 2008 年反危机的政府投资,地方政府又开发建设了大规
模的经济开发区与产业集聚区。2013 年《国家土地督察公告(第 6 号)》"发
现 460 个园区实际规划土地面积 1144.8 万亩,其中不符合土地利用总体规划
面积为 361.95 万亩。未纳入《中国开发区四至范围公告目录(2006 年版)》的
园区有 255 个,实际规划土地面积 776.25 万亩,其中不符合土地利用总体规
划面积为 305.55 万亩。"②

(三)房地产的支柱产业与土地财政

1994 年分税制改革后,由于财权与事权的不对称,地方政府预算外收
入对经济的发展起到重要作用,先后经历了国有企业利润分成、行政事业收
费与土地出让收入等方式。1998 年我国住房制度货币化改革为土地财政
的大规模形成和实施提供了契机,在此情况下,农地非农化又赋予了地方财
政收入和建设资本积累的重要功能。其主要途径是通过土地的出让和抵押
收入,土地出让主要是通过"招拍挂"出让商住用地,土地抵押主要是通过
土地储备和城建投资公司以及各类开发园区进行,但是必须有未来的收入
作保证。这样,房地产业便成为"土地财政"实施的基础支撑。表 1-2 显
示,1998—2013 年我国房地产投资占城镇固定资产投资总额的比重呈逐年
上升趋势。

近年来有关"土地财政"的研究内容很多,且已经形成了基本的看法,即
地方政府主要依靠土地出让和土地抵押来获得财政支配能力,形成了预算内
财政满足民生需求,预算外土地出让收入搞建设的格局,并总结出"土地财
政+政府性投资公司(融资平台)+政策性银行打捆贷款组合"的基本模式。③

---

① 张璞、李晓文:《防止开发区违法圈地新思考》,《中国土地》2007 年第 2 期。
② 参见《国家土地督察公告(第 6 号)》,中华人民共和国国土资源部网站。
③ 刘立峰等:《地方政府融资研究》,《宏观经济研究》2010 年第 6 期。

但在具体的测算上,由于研究所采用的数据与角度不一样而各有差异,我们在此以北京大学林肯土地研究院城市发展与土地政策研究中心满燕云教授的研究结论为例加以说明。

表1-2　房地产投资占全社会投资总额的比重

年份	城镇固定资产投资总额（亿元）	房地产投资总额（亿元）	房地产投资占全社会投资比重（%）
1998	22491.40	3614.21	16.07
1999	23732.00	4103.20	17.29
2000	26221.80	4984.05	19.01
2001	30001.20	6344.12	21.15
2002	35488.80	7790.90	21.95
2003	45811.70	10153.80	22.16
2004	59028.20	13158.25	22.29
2005	75095.10	15909.20	21.19
2006	93368.70	19422.92	20.80
2007	117464.50	25288.84	21.53
2008	148738.30	31203.20	20.98
2009	193920.40	36241.80	18.69
2010	241430.90	48259.40	19.99
2011	302396.10	61796.90	20.44
2012	364854.10	71803.80	19.68
2013	435747.40	86013.40	19.74

资料来源:《中国统计年鉴》相关年份,参见张良悦等:《房地产的健康发展与耕地保护》,《管理学刊》2013年第5期。

首先,从总体情况来看,土地出让呈现出快速增长的势头。中国城市土地出让宗数从1999年的99017宗上升到2007年的160404宗,增加将近一倍,年均增长率为6.2%左右,并在2002年曾达到最高值242763宗。土地出让面积从1999年的68.09万亩上升至2007年的352.44万亩,上升约6倍,年均增长率为22.8%。与此同时,全国土地出让金总额从514.33亿元上升至4541.42亿元,增加约8.8倍,年均增长率高达31.29%。[①]

其次,不同类型的供地功能定位不同,经济发展和土地出让收入都要兼顾。就总体土地供给来看,制造业所占比重最高,为57.72%,住宅用途和商业用途分列第二、第三位,分别为28.33%和11.48%[②]。说明地方政府将经济发展放在首要位置,仍在延续土地对资本的替代。但从土地出让所获得的租金收入来看,则以住宅用途最高,商业用途次之,制造业用途再次之。例如,2007年土地出让价格"制造业10.37万元/亩,商业58.07万元/亩,住宅75.41万元/亩"。降低制造业用地价格是为了更好地招商引资。

第三,从市场化的交易形式上看,房地产业的财政收入功能更为显著。土地供给分为协议出让和"招拍挂"的市场出让两种方式,市场化的出让更能体现出土地租金收入的性质。在市场化的出让中,住宅类用途所占面积在总出让面积中最高,为49.99%,制造业次之,为30.09%,商业用地较低,仅为18.85%。总的来看,在土地出让总额和土地出让价格中,住宅类用途土地成交价款及纯收益总额最高。这也是为什么地方政府在实施土地"招拍挂"市场出让方式之后,希望出现更多的"地王"的原因。需要说明的是,虽然制造业用地也按照要求实行市场化的竞争购买,但当企业投资落地之后,地方政府往往会用税收返还的形式来抵消部分出让收入。所以,"堤内损失堤外补"的办法更加重了地方政府对房地产业的倚重。

---

① 满燕云:《中国地方土地财政概况》,北京大学林肯土地研究院城市发展与土地政策研究中心,2010年工作论文。

② 满燕云:《中国地方土地财政概况》,北京大学林肯土地研究院城市发展与土地政策研究中心,2010年工作论文。

（四）城乡一体化与"城乡建设用地增减挂钩"

改革开放以来的农地非农化越来越表明,土地是城市化的发动机,争取更多的土地利用指标就成为地方政府的一个主要任务。于是,在建设用地指标紧缺的情况下,地方政府便利用"城市建设用地增加与农村建设用地减少挂钩"的政策,将农村地区建设用地减少所节约的建设用地指标用于城市发展,形成了"城乡一体化"模式下的农地非农化。

2004 年国土资源部出台"增减挂钩"政策,其目的在于以此为工具,解决城市化进程中城乡建设用地"双蔓延"问题,即中国城镇化的发展,不仅表现为城市空间扩张的蔓延,而且农村也呈现出空心村的蔓延。理论上说,随着城镇化的发展,大量农村人口流入城市,在城镇建设用地扩张的同时,农村住宅建设用地应相应减少才是正常现象,但事实并非如此。如图 1-2、图 1-3 所示,城市建设用地、建制镇建设用地和农村建设用地都呈增加态势。

（单位：万亩）

图 1-2　2009—2016 年城市和建制镇土地使用面积

资料来源：第二次全国土地调查和年度全国土地变更调查数据。

本来"增减挂钩"作为一种"保耕地,保发展"的政策工具是合理的,但其

（单位：万亩）

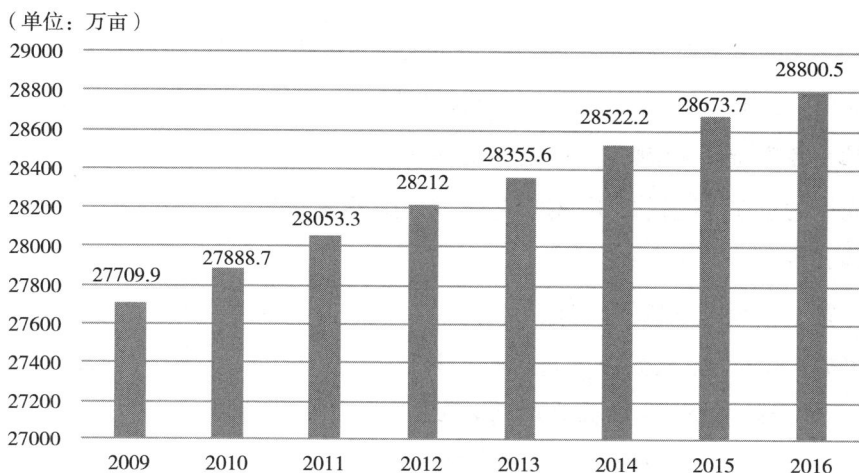

图 1-3　2009—2016 年农村土地使用面积

资料来源：第二次全国土地调查和年度全国土地变更调查数据。

实施却凸显土地管理体制与土地制度的深层次矛盾,不是为了保护耕地和集约化利用土地,而是为了从政策上能够获得非农化用地指标。所以,从本质上看是农地非农化的另一种形式。

地方政府欢迎"增减挂钩"在很大程度上是青睐土地周转指标。就目前以地方政府为主导的区域经济竞争来看,地方政府的行为动机也无可厚非,但问题是获得试点之后,就出现了政策套现的意味。地方政府和中央政府在博弈过程中的目标函数不一致,中央政府的目标函数是控制建设用地,实施耕地保护,实际上是耕地动态平衡的延续,手段是转换农村建设用地;而地方政府的目标函数是获取建设用地指标,套取建设用地,手段是强行拆村集中。①

首先,"增减挂钩"变成了农地非农化计划管理的另一种途径。地方政府对周转指标的热衷,根源在于现行土地计划指标管理不能适应地方发展的要求,用"增减挂钩"来解决建设用地指标,仍然是土地利用年度指标控制的方

① 程传兴、张良悦、赵翠萍:《土地资产置换与农村劳动力城市化迁移》,《中州学刊》2013年第9期。

法,是在"耕地总量平衡"前提下对农村建设用地的开发。

其次,"增减挂钩"的主要目的仍是土地建设指标。"增减挂钩"也在土地利用整体控制中,也需要政府核发周转指标,所以,仍是政府主导的土地开发。既然是政府主导,并规定有一定的实施期限。因此,在实施过程中,并不会考虑农民的意愿。这样,"增减挂钩"在实质上就演变为地方政府对农村建设用地的开发。

第三,"增减挂钩"是将城市化的建设模式向农村的推进与复制。在实施"增减挂钩"过程中,农民旧村拆除的补偿费、新居建设及其相关基础设施投资,主要由政府组建的投融资公司来实现。村庄拆并与农民集中上楼,涉及的农村土地承包经营权、农民宅基地等财产权利关系的诉求,并没有给予应有的重视。所以,其特征与政府垄断土地一级市场、靠土地抵押融资的模式无异,等于把这套模式复制到农村,进行城市化开发①。

（五）近年来农地非农化的新特征②

2008 年金融危机之后,为了应对金融危机,我国实施了扩张性的经济政策,对保证我国经济的平稳发展起到了应有的作用。但是,地方政府在实施这一政策过程中,基于以往的思维定式和经验做法,对农地非农化又进行了新一轮的驱动。如图 1-4 所示,2008—2011 年连续四年耕地非农化数量逐年增加,2012 年开始减少,但至 2017 年仍超出 2008 年耕地非农化的数量。基于实际调研,我们认为这一时期农地非农化的主要特征有以下四个方面:

1. 农地非农化的"盲目性"

第一,农地非农化以城镇为中心呈蔓延状态,且土地征用呈加速态势。在调研中发现,所有的城镇都呈蔓延态势。地方政府先是在规划下尽最大努力

---

① 刘守英:《博弈"增减挂钩"》,《中国改革》2011 年第 6 期。
② 这一部分内容是课题组在调研基础上得出的基本结论,调研报告参见附录。

（单位：千公顷）

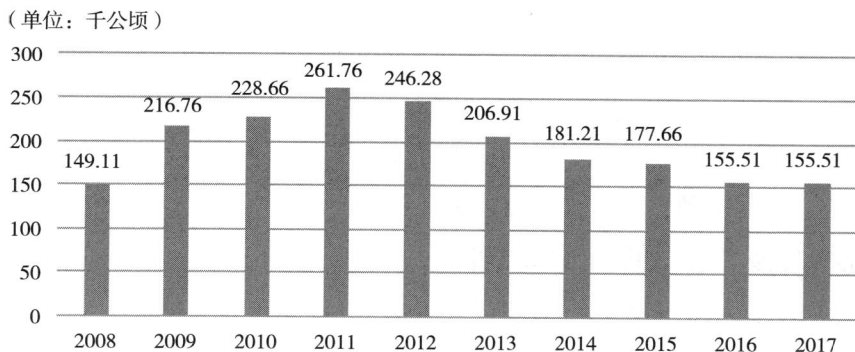

图 1-4　2008—2017 年耕地减少数量

资料来源:《中国国土资源年鉴》相关年份。

拉大城镇框架,之后,按照新的城市框架实施"蛙跳"式城市开发。第二,土地利用效率不高,呈粗放利用状态,没有能够很好地进行规划。第三,被征用土地的主要用途可归结为:企业用地、住宅建设、道路修建,说明我国城镇化的主要推动力是工业化,主要目的是拉动经济增长。第四,变相的农地非农化大量存在,例如,以租代征、以土地"承包经营权流转"进行农地非农化,以"城乡建设用地增减挂钩"的名义进行农地非农化。第五,农村农地非农化。值得注意的是,在城镇化进行农地非农化蔓延时,农村集体建设、农村住房建设等也呈增加的态势。第六,宅基地建房是农村农地非农化的主要驱动力,调研发现,在农村进行违法的住宅建设相当严重,包括在自己的耕地上建房,通过土地承包经营权交换和交易的方式进行建房。

2. 对农地非农化资产效应追逐的盲目性

第一,大量的农地非农化。在所涉及的调研村庄内都有土地被征用的现象,特别是在城市和县城周边的村庄呈现遍地开花的现象,表明我们的城镇化发展没有很好地发挥规划的作用。第二,土地征用呈加速的态势,且征用的数量越来越大。第三,被征用的土地没有得到合理的利用。地方政府征用土地大多是要建工厂,招商引资,但最后大多是空地一片,或空厂一堆。被征用的土地大量荒芜浪费。第四,城镇化经营、修路扩建和房地产开发成为农地非农化运作的主要开发模式。我们在调研时发现,每个县城都在扩张,每条马路都在加宽,每个县城都有大量的空置住宅。第五,农民也出现了对土地资产化的期盼与追求。通过对农村居民进行访谈,我们发现在耕地保护上,农民并没有给予应有的积极性。一方面认为政府征地是无法阻挡的,这说明在农地非农化上的"公共利益"的泛化非常严重;另一方面,他们内心又希望自己的土地被征用,尽快获得土地开发的资产。

3. 村庄建设用地快速膨胀

村庄建设用地主要是指村庄集体建设用地和村民个人建设用地。第一,村庄集体建设用地分成两种情况:一种是通过租借或流转的名义进行集体土地开发,开发之后对外出租,例如厂房或住宅,这主要是城中村或者近郊的情况;另一种情况是在偏远地区集体建设用地增加很少,甚至一些必要的村集体公共设施都缺乏建设用地。第二,农村居民个人住宅建设呈大规模膨胀之势,形成大量的空心村。这之中既有合法的住宅建设,更有大量的非法的住宅建设,主要的目的并不是解决住宅需求,而是追求财富效应,参见图1-3。

4. 农民对农地非农化的主要诉求是资产诉求

调研发现,尽管农民在土地征用的公平与合理、合法与程序、被征地之后的补偿等方面存在着种种不满,但是,并没有表现出对土地征用的强烈反对以及对耕地保护的强烈愿望。从土地征用的数量与速度、农民被征地前后收入的变化、农村村庄建设用地的变化,以及被征地农民情况的调查进行综合考察,我们发现,在快速的城镇化进程中,农民土地资产化的意识空前"觉醒"。在早期,农民可能非常担心被征地之后的就业问题和生活问题,而现在农民(尤其是青年农民)希望土地被征用,从而能够获得不菲的补偿和彻底脱离农业生产。这一变化反映出两个趋势:一是农民外出打工成为其收入的主要来源,对农业收入的依赖在降低,所以,希望通过农地资产化开发来获得城镇生活,这应该是一种进步的认识;二是部分农民非农化就业是一种实现路径。他们认为耕地转化为建设用地之后,农民也就自然转变为"市民"。他们希望从农地中退出来,因为苦于没有出路所以才借助于土地被征用,这是农村劳动力转移的一种制度障碍。

四、中国农地非农化存在的主要问题

中国农地非农化带来的主要问题可以概括为两个方面:一是带来了具体的社会经济问题,如失地农民、土地财政、粮食安全、生态环境;二是支撑了粗放的发展方式和形成了传统的城镇化模式[①]。相比较而言,前一个问题是外在的,是可以看得到、感觉到的问题,容易达成共识;而后一个问题则是内在的、理念上的问题,难以达成共识,更为严重和难以解决。

(一)农地非农化所带来的社会经济问题

推动经济增长和提高生活质量是城镇化的基本动力,城市化和工业化是高度吻合的,城市经济由于要素的集聚效应,能够极大地提高要素的利用效率,从而形成规模经济,并在规模经济的基础上推动技术进步进而产生知识经济。所以,中国改革开放之后,特别是实施市场经济以后,大力推动城市经济的发展就成为各级政府所关注的中心任务。然而,推进城镇化不仅仅是城市土地空间的扩张,而是城市土地的合理开发和有效利用,这就涉及城市土地的开发问题。城市土地的开发,首先包括土地的征用与补偿制度,土地资产的评估与运作,农村劳动力的转移等制度问题;其次,包括开发资金的来源,公共产品的提供,城市就业岗位的创造等经济发展问题;最后,包括城乡建设规划、粮食安全和生态环境等发展的平衡性问题。所以,城镇化是一种现代化的生产方式与生活方式的综合体现。从生产方式上看,是要素的高度集聚和集约化

---

① 此处所说的传统城镇化模式,是指改革开放后,特别是1996年快速城镇化过程中形成的以城市空间扩张为主要特征的城镇化,以区别于2010年之后所提出的以人口城镇化为主要特征的新型城镇化。

利用,从生活方式上看,是人类社会生活品位的提升,是对公共产品的高度共享。然而,我们对这些问题的认识一开始并不是全面、系统和深刻的,而是随着问题的逐步暴露不断加深的。所以,科学地认识城镇化,按照城镇化发展的内在规律去适应和推进城镇化,是我们实施城镇化的首要问题,同样也是农地非农化的首要问题。这一问题的重要性,可以在对城镇化问题的暴露及研究认识过程中反映出来。

首先,土地征用制度及其补偿。从最开始的土地计划审批到土地的市场化运作,从土地的计划补偿(价值倍数法)到市场化补偿,从土地征用到失地农民补偿的解决等问题成为最初的和基本的研究内容。

其次,从土地征用的经济发展目的到土地征用的土地财政依赖。最初的土地征用主要是用于经济发展的目的,提高资源的利用效率,比如,工业园区的开发,工矿企业的建设;之后演变为城市蔓延,大规模开发工业园区、城市新区以及提高城市规模和规格攀比的政绩工程;再之后则演变为土地财政,由于缺少公共产品建设资金,甚至出现严重的财政缺口,通过土地储备等形式大肆进行土地的出让和抵押,以不断地获取土地资源的资本化或资产化。

最后,从房地产的开发到房地产"支柱产业"的形成。1998年住房货币化改革的目的在于改善城市居民的住房境况和提高城市居民福利水平,同时通过投资带动经济的持续增长。之后,中央政府先后出台了一系列政策措施,逐步形成了房地产业为经济发展的支柱产业。仅从经济发展的阶段来看,房地产作为一个时期的支柱产业也无可厚非,但在中国现实的情况下,由于两个制度性的因素,房地产支柱产业却成为中国粗放发展方式的一个"助纣"因素:不仅绑架了地方政府,而且使产业陷入一种"荷兰病"的困境①。第一个因素

---

① 企业不是将其主要竞争力放在技术创新和产品开发上,而是放在与地方政府在土地资源的利益退还的博弈上(各地招商引资的"会战"),直至后来不少资金剩余的企业直接转向房地产开发的兼业甚至主业上。由于土地资源开发红利的存在极具诱惑,实际上使整个中国经济的产业升级和技术升级速度放缓,并使得依靠要素资源投入为特征的粗放发展方式得以延续。

是,城镇化仅仅是土地空间的城镇化,是土地要素的资本化或资产化,而没有相应地进行人口的城镇化,实现农村劳动力的完全移民,也没有形成具有较强集聚和扩散效应的产业集群,大幅提升产业竞争力和最大限度地提高土地利用率。第二个因素是,没有形成城市公共产品供给合理的投资资金来源,或者说,城市建设和公共产品的供给建立在不断地"农地非农化"土地增量的资源资本化上,而不是通过科学规范的房地产税收所形成的依靠土地存量的财富税收上。这两个制度性问题,一方面促成了房地产的快速发展和虚假需求,加速了农地的非农化;另一方面又导致了房产的大量"空置",造成严重的土地资源的浪费。

如果说从制度上根治,从结构上对已经形成的问题逐步消化加以解决,还为时未晚;但问题是所有的上述现象仍在以同样的或者是变样的方式重复,这就不能不使人们更为忧虑。所以,目前农地非农化最突出的问题是,如何消除和遏制城镇化快速扩张和蔓延的发展机制。

首先是认识问题,如何正确地认识城镇化是经济增长的引擎问题。城镇化一定不是城市的扩建和蔓延,一定是经济的集聚,是公共产品的提供,是人口的城镇化。所以,必须在产业的构建、人口的迁移、公共产品供给水平的提升上来关注城镇化。例如,不少省级城市和地市级城市提出的从国际化城市、城市集群到城市组团,人为夸大城市首位度的作用,只不过是些概念的炒作,目的在于获取土地资源,获得土地财政,并没有解决人口城镇化的集聚问题。再如,怎样消除城镇化"土地财政"的动力机制? 由于制度的约束,目前,各级地方政府无法获取城市化发展的财税来源,其发展只能靠不断的土地资产运作。还有,房地产经济开发已经形成了严重的资产泡沫,但是,各级地方政府却无法消除房地产经济开发模式。不仅如此,在某种程度上,追求对住宅的投资与开发成为一种资产效应,超越了生活功能,城市和乡村都在进行大规模的住宅开发,但空置率却又居高不下。

其次,怎样解决农村的建设用地蔓延和"空心村"问题,或者说农村土地整治问题？这个问题起源于城镇化的发展模式和城乡一体化问题。在传统的认识中，城镇化主要是讲大中小城市的发展问题，是通过城镇化的发展来解决"二元"经济问题。然而，由于制度因素，中国的城镇化不仅没有从根本上解决"二元"经济问题，反而带来了发展的新问题。例如，"空心村"和农村蔓延，城市新出现的"二元"问题，等等。新型城镇化的发展模式现在大力提倡小城镇化和就地城镇化，与此相应的动力机制是"城乡建设用地挂钩"。这些问题的解决又必然涉及土地资产的置换与农村劳动力的转移，需要一系列的制度供给与变革。

第三，城镇化与越来越突出的粮食安全问题和生态环境问题。尽管我们制定了18亿亩耕地红线，但是我国的农地非农化内在驱动因素到目前并没有明显和有效地解决，未来的城镇化仍会有不少的农地非农化。为了保住18亿亩耕地，必然会加大对后备耕地资源的开发，而我国的后备耕地资源是非常稀缺的，而且多数位于生态脆弱地区，具有重要的生态功能。这就出现了耕地保护与生态建设之间的矛盾和选择；同时，为了保障国家粮食安全，对已有的耕地进行高强度的"精耕细作"，也加速了土地资源的耗竭和退化，带来耕地资源减少后的压力。这些问题越来越要求我们在城镇化进程中把农地非农化问题纳入更为广阔的视野进行规划与实施。

（二）农地非农化与不健康的城镇化模式

工业化和城镇化是现代文明的生产方式和生活方式的主要标志。在城镇化发展中，空间、产业与人口集聚是一致的，三者的发展共同构成了城市的边界。所谓不健康的城镇化模式，是指在城镇化过程中，没有做到土地、产业、人口与社会财富的协调发展，出现了土地城镇化的超前、产业城镇化的滞后、人口城镇化的不畅、财富城镇化的虚拟等问题，是一种不可持续的发展模式。这种不健康的现象是建立在农地快速非农化的基础上的。

改革开放四十年来，中国城镇化进程加快，城镇化率由1980年的19%上升到 2013 年的 53.7%。但是，"快速的城镇化是依靠城市开发区、新区和新城建设来推动的，由此带来了我国不健康的城镇化模式"①。

第一，人口流动不畅，造成"半城市化"现象。所谓半城市化，是指农村人口向城市转化过程中的一种不完整、不彻底的状态，即他们在户籍和公共服务上未实现城镇化，人进来了，根没有扎下去，是一种虚假的城镇化。这一部分大概占我国城镇化率的 15% 左右。如果剔除这部分半城镇化人口，我国的城镇化率事实上只有 35% 左右。

第二，产业集聚效应不明显，就业弹性较低。中国目前在地级市中城市的经济效应没有发挥出来，经济高增长与就业低增长并存，无法给需要转移的农村人口提供充足的就业岗位。在一定程度上，城市框架的拉大与地产业的开发，转移了本应发展的第二产业和第三产业，呈现出"荷兰病"的特征。

第三，资源能源消耗量大，生态治理成本越来越高。在城市化的推进过程中，只是对城市发展所带来的集聚效应寄予很高的期望，没有对城市发展所产生的拥堵成本及各种污染问题给予充分的预判，城市化质量没有与发展速度同步提升。城市空间扩张、自然资源过量消耗和环境污染日益恶化同步发生。

第四，没有找到城市化发展科学的、可持续的融资机制，公共产品供给缺少财政基础。我国城镇发展没有找到提供公共产品的稳定的投融资机制，目前的城市基础设施和公共产品仍主要依靠土地出让收入，是不可持续的。目前，我国城镇化率处于 50%—70% 的中期阶段，属于快速发展阶段，新型城镇化是未来发展的方向，关键是人口的城镇化。但如何将约 4 亿的农民转变为市民，如何为他们提供足够的就业机会，并让其能够平等地享受教育、医疗、社会保障等城市公共服务，是城镇化的主要难题。可以说，没有从内生机制上形成城镇化的发展路径，是城镇化不健康发展的重要表现。

---

① 石忆邵：《中国城市化发展态势分析与制度创新》，《城市规划学刊》2011 年第 5 期；邹德慈：《中国特色的城镇化》，《小城镇建设》2012 年第 12 期。

（三）农地非农化与粗放的发展方式

从我国不健康的城镇化模式可以看出，目前农地非农化的症结已经不是如何为城市化提供必需的空间区域，而是地方政府推动经济增长资本积累、资本替代和财税来源管道的问题。其直接的结果是导致农地的过速非农化，而间接的结果则是助推和固化了粗放的经济发展方式。这就是说，由于土地要素的收益高于其他要素的收益，导致大量的资本进入以土地开发为主的行业，甚至不少产业和企业的利润直接来源于土地收益（如开发区招商引资的税收免征与税收返还），从而造成了我国产业结构升级和发展方式转型的障碍。党的十九大报告提出我国经济已由高速增长阶段转向高质量发展阶段，必须实施经济发展质量变革、效率变革和动力变革。如果不能从土地要素成本上形成倒逼机制，则我国经济的高质量发展难以实现由要素驱动向创新驱动的转变。土地要素的成本倒逼就是农地非农化问题。从我国城镇化仍处于快速发展阶段可以看出，如果仍然按照目前的城镇化方式进行土地开发和农地非农化，则从表象上看我国耕地和粮食安全将无法保证，生态环境将会进一步恶化，从本质上看粗放的发展方式仍将延续。因此，在未来的经济发展中如何做到更好的农地非农化，不仅对确保18亿亩耕地具有重大的现实意义，而且对于我国产业结构调整，发展方式转变具有不可估量的影响。

本章下面的部分将对农地非农化带来的粮食安全和生态环境问题做表象分析，第二、三、四章将对农地非农化的制度性问题进行分析。

第二节 耕地的快速消失与粮食安全的潜在隐患

目前，中国的城镇化已进入快速发展时期，城镇化的快速发展形成了对土地开发的"刚性需求"，从而导致大量的农地非农化，其结果必然是大量耕地的消失。如果耕地资源非常丰富,且农业技术进步较快,土地产出率的提高足以弥补耕地减少所造成的产出下降,那么,大量耕地的消失就不会影响到一个经济体的粮食生产或者说粮食安全。而如果耕地资源并不丰富,且技术进步和土地产出受到约束,那么,大量耕地资源的消失必将会影响到一个经济体的粮食安全。中国是一个耕地资源十分稀缺的国家,人均耕地资源不到世界人均耕地资源的百分之四十,且农业生产还承担部分农民的就业功能,技术进步和生产方式转变受到制度变迁的客观约束。因此,中国城镇化进程中农地非农化的开发,必须高度重视耕地消失造成的粮食安全的隐患。①

一、农地非农化及其对粮食安全的影响

近年来中国耕地的快速消失所带来的粮食安全问题,与其说是快速城镇化"刚性需求"的原因,不如说是我们对城镇化的认识不清晰,对土地开发制度安排不合理的结果。

首先,对城镇化发展认识上的偏差。在中国的城镇化进程中,各级政府把城镇化仅仅理解为城镇区域的扩建与产业园区的开发,把城镇化与经济发展等同,没有真正理解城镇化引擎的发展内涵②。不是因为发展而必然导致的土地开发,而是因为,为了发展必须首先大规模进行农地非农化③;将土地作为资本化的来源进行"资本贴现";将土地开发作为城市建设和公共产品供给的财政来源形成"土地财政"。在这种理念和发展方式的指导下,中国所有城镇的发展必然是一个模式,就是城镇蔓延。所以,只要城镇化在进行,农地非农化就不会停止,耕地的快速消失也就是自然而然的事情。

其次,在土地利用管理制度上没有形成刚性约束,不可能有效地保护耕

---

①　这一部分研究内容课题组以《中国农地非农化与粮食安全》的学术论文的阶段性成果发表在《经济学动态》2014 年第 7 期,在这里主要将基本的观点进行叙述。

②　王小鲁:《中国城市化路径与城市规模的经济学分析》,《经济研究》2010 年第 10 期。

③　陶然、袁飞、曹广忠:《区域竞争、土地出让与地方财政效应:基于 1999～2003 年中国地级城市面板数据的分析》,《世界经济》2007 年第 10 期。

地。总的来看,在土地开发上,土地资产的"公权"行使过度,土地资产的"私权"没有给予应有的尊重①。由于缺少对土地开发"私有财产"的成本制约,各级地方政府能够在程序上方便地获取廉价的农地资源,滥用土地开发权,进行无限制的开发②,其结果是,不可避免地形成大量的农地非农化,造成耕地资源的大量消失和浪费。尽管在制度上制定了"占一补一,动态平衡"的基本原则,但实际上,在土地开发的过程中,多是"占多补少,占优补劣",根本不可能做到总量平衡和质量保障,而且还导致对耕地后备资源的加速开发③。

第三,在土地用途管理制度和土地开发及耕地保护制度中,还没有形成普遍的"公共资源""公共产品""外部性"的理念及有效补偿的运作机制。为了保障粮食生产,虽然规划出台了"基本农田保护制度",并在粮食产区内相应地划定了"基本农田"的标识。但是,如何衡量粮食生产区域失去发展的机会成本,如何考虑生态区域的生态价值,在我们的区域发展和规划中,还没有给予应有的重视。这在发展政策上很容易出现粮食生产与生态保护的"公地悲剧"。

我国目前只有普惠的农业发展扶持政策,没有专门针对粮食主产区的发展政策,更没有针对粮食主产区经济发展的合理的农地保护政策。④ 这就不可能从根本上阻止对耕地的违法开发行为。在我国城镇化进程中,对土地的开发只看到了其短期的经济价值,没有看到粮食安全所带来的社会价值,更没有注意到农地的生态价值。也正是因为在发展政策上的不完整性,导致对耕地的保护不力。虽然国家能够从合法的"指标"上去保护耕地,但不能从根本

---

① 王向东、刘卫东:《土地利用规划:公权力与私权利》,《中国土地科学》2012 年第 3 期。

② 陈利根、陈会广:《土地征用制度改革与创新:一个经济学分析框架》,《中国农村观察》2003 年第 6 期;刘东、张良悦:《土地征用的过度激励》,《江苏社会科学》2007 年第 1 期。

③ 陈江龙、曲福田、陈雯:《农地非农化效率的空间差异及其对土地利用政策的调整启示》,《管理世界》2004 年第 8 期。

④ 虽然在基本农田保护上,规定了各个省份的基本农田指标,并从法律上规定不得触碰"基本农田"的数量指标,但是,在执行过程中主要是行政手段,没有考虑经济利益,使得对耕地的保护不稳固。

上消除违法的耕地占用。统计资料显示,违法耕地的占有实际上是农地非农化的一种方式。

（单位：%）

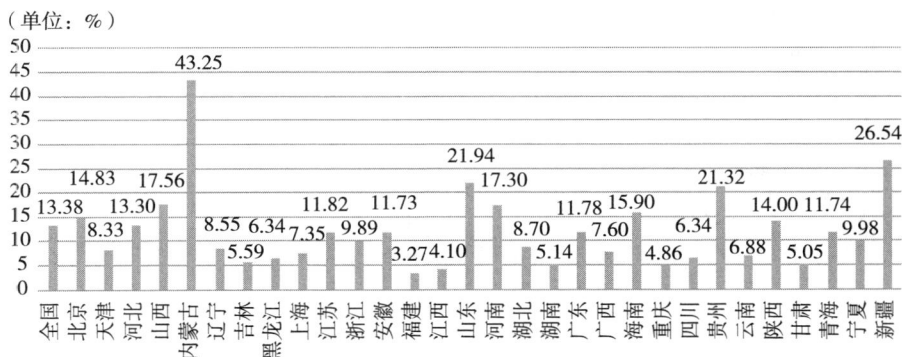

图 1-5　1993—2012 年我国各省（区、市）耕地违法占用情况

注:1993—1995 年为建设用地占用面积,1996—2002 年为实际建设用地面积,2003—2012 年为耕地征用,全部耕地开发是指当年合法转用的耕地与当年违法占用耕地面积之和,违法耕地是指年度发现违法所涉及的耕地。

资料来源:《中国统计年鉴(1996)》,1996 年为《中国土地年鉴》,1998—2012 年为《中国国土资源年鉴》。

图 1-5 是我国各省（区、市）1993—2012 年 20 年间耕地违法累积的基本情况。从中可以看出,1993—2012 年,全国耕地违法占用占全部耕地开发的比重为 13.38%,足以说明土地违法是农地非农化的一种主要途径。其中,内蒙古耕地违法数量最为严重,占耕地开发数量的 43.25%,其次是新疆 26.54%和山东 21.94%。同样令人较为担心的是,13 个粮食主产区中,其中 6 个省份耕地违法较为严重,分别是内蒙古 43.25%、山东 21.94%、河南 17.30%、河北 13.30%、江苏 11.82%、安徽 11.73%。尽管我们说,中国实行严格的耕地保护制度,然而,粮食主产区 6 个省份在 20 年内耕地违法占用超过耕地开发的 10%,不能不说,地方政府已经把土地违法占用作为农地非农化的一个主要途径。

图 1-6 是我国各省（区、市）2013—2016 年耕地违法的基本情况,从中可以发现,即使我国经济发展进入新常态,经济发展换挡降速,经济发展对土地

要素的依赖并没有消除,非法开发耕地的现象仍然存在,只是比重降幅有所改观而已。

(单位:%)

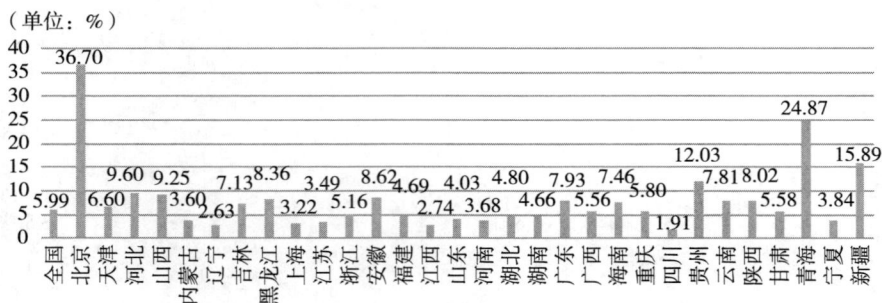

图1-6 2013—2016年我国各省(区、市)耕地违法情况

资料来源:《中国国土资源年鉴》相关年份。

第四,耕地消失对粮食安全所造成的影响,还表现在耕地的过度使用上。耕地的大规模消失所引起的粮食安全主要表现在两个方面,即耕地的显性消失和耕地的隐形消失。耕地的显性消失是指由于大量的农地非农化导致的耕地非农化开发,耕地的隐形消失是指由于耕地的过度使用所导致的耕地质量的退化进而带来的耕地的消失,这种消失是耕地肥力失去的过程,很容易被人们所忽视。我国现在有不少耕地处于过度使用状态,土地肥力下降。其原因主要有两个方面:一是耕地的高复种率,二是过度的化肥、农药、薄膜等外部要素的使用,导致耕地土壤缓慢地发生质变,带来土地的沙漠化。例如,Vereijken① 认为,目前由于过度的耕作和化肥的过度使用,已经导致了土壤退化、沙漠化和土地风化,反过来,恶劣的耕作条件又对未来的农业生产形成进一步的制约,陷入一种恶性循环。

① Vereijken P.H.:"Transition to multifunctional land use and agriculture", *NJAS*, Vol.50, No.2, 2002.

二、我国粮食生产及其供需状况

(一)我国粮食生产消费的一个基本概况

我国是一个粮食生产大国,但同时也是一个粮食消费大国。随着我国收入水平的逐步提高,我国的食品消费结构已经由以粮食消费为主转向以肉食果蔬为主,粮食需求呈刚性增长,而供给能力却受到多重因素制约,特别是耕地资源和水资源不足的硬性约束,已经为我国目前大规模的农地非农化亮出了红灯。

从总体态势上看,我国的粮食需求与供给是:需求刚性增长,供给多因素制约,供需处于一种长期的紧平衡状态。2004年以来,粮食生产连续多年获得丰收,并创新高,但粮食净进口也在逐年增加,目前已经超过10%,粮食需求的对外依存度明显提高(如表1-3)。目前全国80%以上的商品粮和90%以上的粮食调出量来自13个粮食主产区,而且在产出结构上呈现明显的"北移西扩"趋势。[①]

表1-3 2004—2017年我国粮食产出及净进口占比

年份	2004	2005	2006	2007	2008	2009	2010
粮食产出(万吨)	46947	48402	49804	50414	53434	53941	55911
净进口(含大豆)(万吨)	2484	2227	2539	2199	3663	4397	5602
净进口占比(%)	5.29	4.60	5.10	4.36	6.86	8.15	10.02
年份	2011	2012	2013	2014	2015	2016	2017
粮食产出(万吨)	58849	61223	63048	63965	66060	66044	66161
净进口(含大豆)(万吨)	5445	6548	7115	7631	8976	9081	10173
净进口占比(%)	9.25	10.70	11.29	11.93	13.59	13.75	15.38

资料来源:《中国农业发展报告》《中国统计年鉴》相关年份。

---

① 1996年全国粮食总产量突破5亿吨,南方产区的产量占51.73%,东部产区占37.55%;2007年全国粮食产量再次超过5亿吨,南方产区和东部产区粮食产量分别下降至47.49%和32.97%。参见王兆华、褚庆泉、王宏广:《粮食安全视域下的我国粮食生产结构再认识》,《农业现代化研究》2011年第3期。

（二）食品结构转换和人口增加促进粮食需求持续增加

我国粮食需求的刚性增加，一方面是由于人口增加导致新的需求所引起，另一方面则是消费结构的转换导致对更多粮食需求的结果。据专家预测，中国的人口峰值在 2030 年前后将达到 14 亿—14.5 亿，目前还处于增长阶段，人口的增加提出对粮食的增量需求。实际上，对粮食需求更大的压力在于食品结构调整所带来的人均需求量的增加。如图 1-7 所示，从 2004—2017 年，我国人均粮食供给呈稳步上升趋势，反映出人均粮食的需求情况。

（单位：公斤/人）

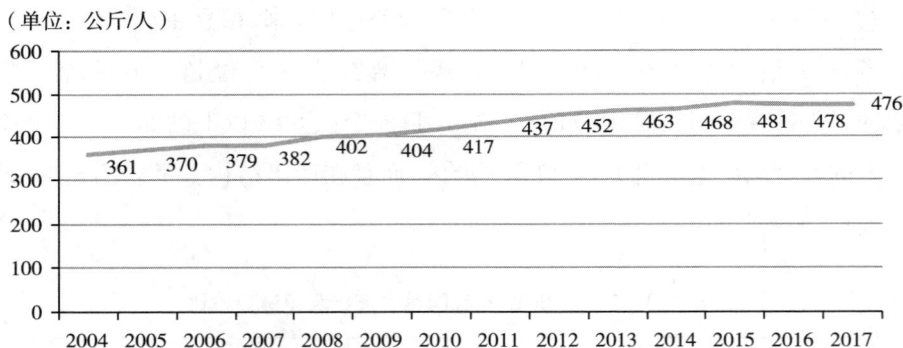

图 1-7　中国人均粮食占有量

资料来源：《中国统计年鉴》相关年份。

据 2019 年《中国粮食白皮书》披露，我国人均粮食超出世界人均粮食的平均水平，为保障我国粮食安全奠定了基础。但是，这并不意味着我国粮食供给十分充裕，而是仍处于产需紧平衡状态。其主要的原因在于粮食消费结构的变化。近年来，随着收入水平的提高，城乡居民人均口粮消费趋于减少，饲料用粮稳步增长，工业用粮快速增加。饲料和工业用粮是导致粮食需求增加的主要原因。据程国强（2013）的研究，2005—2011 年我国主要谷物消费结构都呈食用消费占比下降、饲料和工业消费增加的趋势。就饲料消费的情况看，玉米稳定在 60%、小麦平均占 11%、稻谷平均占 9.7%（如表 1-4）。

表 1-4 我国三大谷物主要消费构成(2005—2011 年)

(单位:%)

	年份	2005	2006	2007	2008	2009	2010	2011
稻谷	食用消费	81.9	82.2	84.1	85.3	85.6	85.3	85.2
	饲料消费	13.0	12.7	9.2	8.3	8.2	8.4	8.2
	工业消费	1.4	1.5	6.1	5.8	5.6	5.7	6.0
小麦	食用消费	87.1	87.0	74.1	76.6	75.9	73.8	67.9
	饲料消费	6.9	6.8	12.8	9.3	9.9	12.2	18.8
	工业消费	1.8	2.3	8.6	9.6	9.8	9.8	9.4
玉米	食用消费	—	—	9.5	9.5	8.4	8.7	8.8
	饲料消费	—	—	61.7	63.5	61.5	60.6	60.7
	工业消费	—	—	28.0	26.2	29.3	30.1	29.8

资料来源:程国强:《全球农业战略——基于全球视野的中国粮食安全框架》,中国发展出版社 2013 年版,第 174—175 页。

另据黄泽颖和聂常虹(2019)的研究,2012—2017 年,玉米饲料消费稳定在 70%之上,小麦饲料消费平均为 14%,大豆饲料消费平均为 2.6%,稻谷平均消费为 7%(如表 1-5)。

表 1-5 我国谷物饲料消费情况(2010—2017 年)

(单位:%)

年份	2010	2011	2012	2013	2014	2015	2016	2017
玉米	72	71	70	72	72	69	71	70
小麦	9	12	20	20	14	14	9	14
大豆	3	3	2	2	2	3	3	3
稻谷	—	8	8	8	6	5	7	7

资料来源:黄泽颖、聂常虹:《粮食和营养安全视角下粮食科技政策研究》,中国农业出版社 2019 年版,第 35—40 页。

由于饲料消费的快速增加,带动了玉米和大豆需求的强劲增长,结果也使粮食种植结构和中国粮食进出口结构发生了变化,即用于生产饲料的玉米种植面积增加,而相应的稻谷和小麦种植面积减少。例如,1995年谷物种植面积占农作物播种面积的59.59%,稻谷、小麦、玉米的比重分别为20.51%、19.26%、15.20%;2010年谷物的种植面积占农作物播种面积的55.92%,相应地,稻谷、小麦、玉米的比重分别为18.59%、15.10%、20.23%。这种变化也同样反映在粮食进出口的变化上。如图1-8、图1-9所示,2000—2018年期间,大豆一直是净进口,且呈上升趋势,小麦、玉米和稻谷则分别在2008年、2009年、2010年进口大于出口,由净出口变为净进口,虽然数额不大,但是出现了对外部的净需求。

为了保障粮食生产,谷物的种植结构进行了很大的调整,主要是种植高产稳产的大宗谷物小麦、玉米和水稻,原有的小杂粮和区域性特产品种急剧减少。这种结构性调整的潜在危险:一是国内稳定的需求但是产出水平较低的大豆、棉花品种对外依存度过高,一旦国际市场发生变动,就会对国内市场形成较大冲击;二是在目前的种植结构和生产模式下,产出水平已经达到极限,耕地肥力和水资源短缺已经严重凸显。

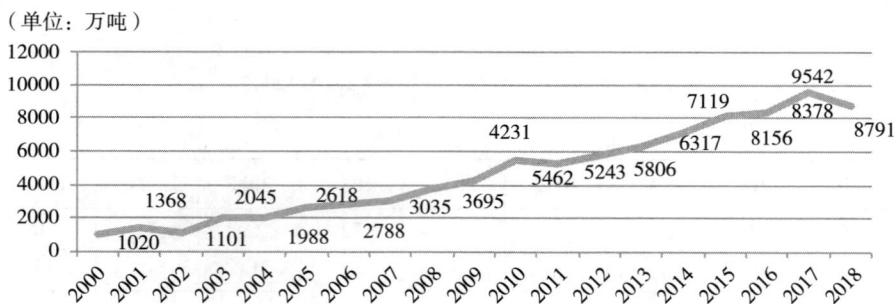

（单位：万吨）

图1-8　2000—2018年我国大豆净进口

资料来源:《中国农业发展报告》,国家统计局网站。

需要说明的是,大豆的进口在很大程度上替代其他的粮食生产与消费。尽管近年来饲料和食用植物油需求大幅增加,但是,由于谷物是主要的粮食消

（单位：万吨）

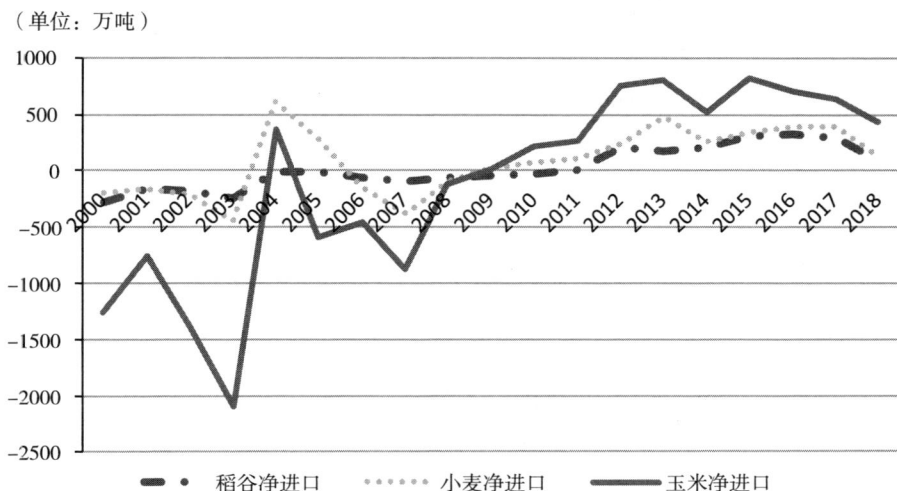

图 1-9　2000—2018 年我国玉米、小麦和稻谷净进口

资料来源：《中国农业发展报告》，国家统计局网站。

费品种，为了保证谷物的生产，大豆的种植面积一直维持在农作物播种面积的5%—6%之间。事实上，近年来我国进口大量大豆和棉花，节约大量耕地进行主要粮食生产，一方面使我国当前粮食安全状况得到持续改善，另一方面也成为我国未来粮食安全状况的制约因素[①]。例如，据程国强的推测，2010 年，中国进口植物油与油籽折合油共 2035 万吨，按目前国内大豆亩产 236 公斤的生产技术水平测算，相当于利用国外 9.6 亿亩的种植面积。[②] 因此，如果从土地的进口替代来看，就存在严重的对外依赖倾向。

（三）粮食供给的对外依存度提高

我国是粮食消费大国，粮食生产供给缺口的解决不能过度依赖进口，必须依靠本国的生产加以解决。目前，"中国农业贸易依存度已经由 2000 年的

[①]　马文峰、王义斌：《中国粮食安全的几个问题》，《粮食加工》2011 年第 3 期。

[②]　程国强：《全球农业战略——基于全球视野的中国粮食安全框架》，中国发展出版社2013 年版，第 24—25 页。

15.2%增加到 2012 年的 21.2%,其中,出口贸易依存度由 2000 年的 8.8%降低到 2012 年的 7.6%,进口依存度则由 2000 年的 6.3%增加到 2012 年的 13.6%。"①图 1-10 是我国近年来粮食进出口的一个基本情况,从中可以看出,2003 年之后,进口持续增加,而出口逐步下降甚至停滞。

（单位：万吨）

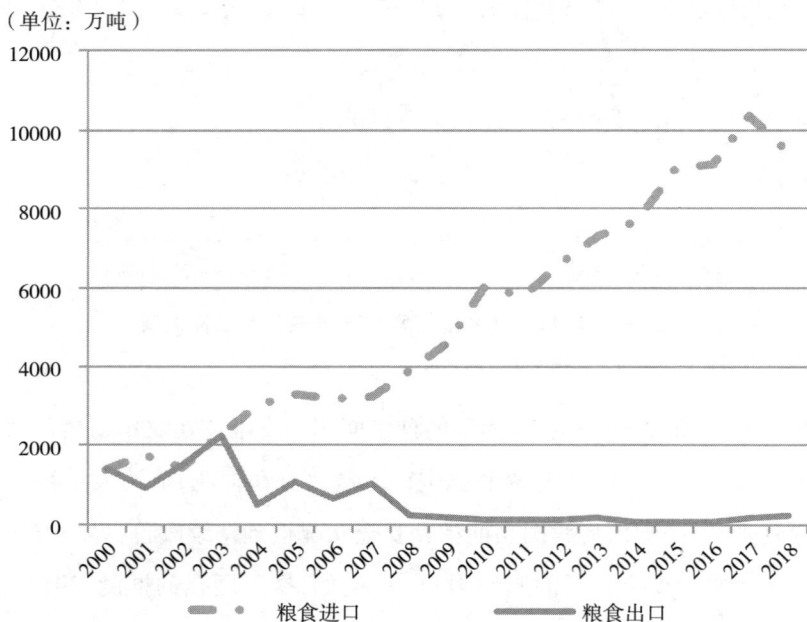

图 1-10　中国粮食进出口状况

资料来源:《中国农业发展报告》,国家统计局网站。

　　尽管从理论上说,粮食供需的缺口可以通过国际贸易加以解决。但是,由于粮食是一种重要的战略物资,控制在他人手中,不利于国内稳定的经济发展秩序。例如,2009 年我国粮食需求达到 5.23 亿吨,占世界 2009/2010 年度粮食消费需求的 23.5%,相当于世界贸易量的 2 倍。即使是 10%的粮食进口,

　　①　程国强:《全球农业战略——基于全球视野的中国粮食安全框架》,中国发展出版社 2013 年版,第 3 页。

也相当于世界谷物出口量的 20%[①]。这就是说,中国粮食进出口的"大国效应"非常显著,如果寄希望于依赖进口贸易满足基本粮食供应,则存在着较大的安全风险。

三、耕地的快速消失与粮食生产区域的"被迫"调整

(一)我国耕地的快速消失与粮食安全隐患

改革开放以来,特别是 20 世纪 90 年代城镇化加速以来,我国耕地面积快速消失。统计显示,我国耕地面积从 1985 年到 1995 年累计减少 1875.4 千公顷(包括新增耕地数量),1996 年到 2008 年,累计减少 8323.3 千公顷(不包括新增耕地数量)。这里面,尽管存在着退耕还林、退耕还牧等客观事实,且数量较大,但也不排除以退耕的名义获取大量的建设用地之实。[②] 图 1-6 显示,1985—2012 年,我国耕地的消失呈现总体增加趋势。

尽管我国在土地利用管理制度上实施了最严格的"耕地保护"制度,出台了耕地开发的"占补平衡"措施,实行 18 亿亩耕地红线的标杆管理,但是,耕地每年非农化的数量不仅没有减少,反而在不断增加,其结果必然会影响粮食产出的相应供给。这种影响可以从粮食净进口与耕地减少量之间的关系中看出。如图 1-6 所示,1985—2010 年期间,中国耕地减少量与粮食净进口总体呈波动上升趋势,1997 年之后,耕地减少量与粮食净进口呈现高度的相关性。从图中可以看出,2003 年之前,我国粮食进出口大致保持平衡状态,净进口和净出口交替出现,除个别年份,如 1995 年净进口增加幅度较大之外,其他年份变化较为平稳,总体可控。但是,2003 年之后,粮食净进口却一路攀升,粮食需求的对外依存度明显提高。尽管我国粮食生产在 2003 年之后连续获得丰收并稳步增长,但这并没有解决我国对粮食需求的同步增长。

---

① 马文峰、王义斌:《中国粮食安全的几个问题》,《粮食加工》2011 年第 3 期。
② 程传兴、高士亮、张良悦:《中国农地非农化与粮食安全》,《经济学动态》2014 年第 7 期。

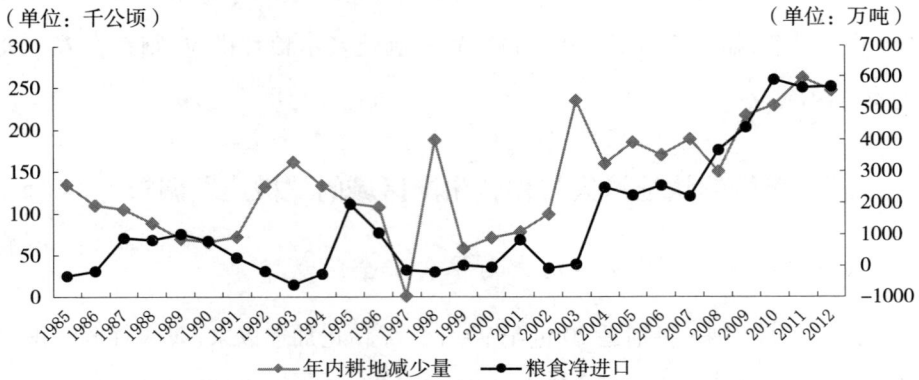

图1-11　1985—2012年中国耕地减少量与粮食净进口的关系

注：1985—1995年为建设用地占用面积，1996—2002年为实际建设用地占用面积，2003—2012年为耕地征用和当年违法占用耕地面积之和；1997年国家冻结土地征用，没有相应的统计资料；粮食进口包括大豆的进口。

资料来源：1985—1995年数据来自《中国统计年鉴（1996）》，1996年为《中国土地年鉴》，1998—2012年为《中国国土资源年鉴》《中国农业发展报告》相关年份整理。

　　如果我们将耕地消失和粮食生产联系起来分析，2003年之后，耕地的消失速度也呈加快之势，这不能不说是我国粮食净进口增长的一个因素。尽管我国在耕地保护上实行"占补平衡"的基本原则，但是，在实践中，"占多补少""占优补劣"是一种常态，既不可能做到数量上的平衡，更做不到质量上的平衡。所以，耕地消失必然要影响到粮食生产，特别是优良耕地的消失累积到一定程度之后，必然会发生一种质的变化，即影响到国家的粮食安全。我们认为，我国13个粮食主产区的规划实际上是一种"亡羊补牢"之举。

　　（二）粮食主产区的调整及其影响

　　由于各省（区、市）耕地资源的禀赋状况不同，耕地消失的速度不同，结果，在快速的农地非农化中，我国粮食生产格局发生了结构性变化，总体上形成了粮食主产区、粮食平衡区和粮食主销区。全国13个粮食主产区是指河南、山东、江苏、安徽、河北、黑龙江、吉林、湖南、湖北、四川、内蒙古、江西、辽宁等粮食产出大省,其形成是全国耕地数量快速减少的"无奈之举"。① 尽管从功能区规划上实施了粮食主产区,但是,这一发展事实在发展方式上却产生了不良的影响,主要包括三个方面:一是造成对耕地保护的不力,二是造成生态环境的压力,三是仍旧坚持粗放的发展方式,低估农地的机会成本。

首先,南方本来是鱼米之乡,粮食主产省份如浙江、广东等退出粮食主产区,完全是工业化、城镇化发展的结果。在以政府为主导的区域竞争格局下,会产生一种示范效应,即为了发展经济必须发展工业园区和城市群,必然会大规模地减少耕地。同时,这种发展事实也表明,农业比较劣势更加凸显,农业副业化现象十分严重,即使在农业生产中,也出现了大量的非粮化,发展高价值农业,使粮食生产比重降低。

其次,生态负荷加重。在粮食生产中,之所以有南方的"鱼米之乡",主要是南方更适合粮食生产,特别是水资源丰富。而北方主产区,最主要的是水资源短缺,特别是山东、河南、河北等中原地区及西北地区,过度开采地下水会加剧生态的不平衡;生态涵养地带会遭到破坏,尤其是西北、内蒙古和东北地区。解决的主要办法是实施节水工程,但是节水工程的有效实施又依赖于农业生产方式转变,特别是规模化经营和生产成本的降低。农业现代化和农业生产方式转变需要一个过程,这样,在目前的情况下就又出现了粮食生产与生态保护之间的权衡问题。

第三,错误的理念认识。上述分析表明,粮食安全隐患还不主要在于目前耕地红线与粮食供求的紧平衡,而更在于在耕地保护上的错误理念与认识,在于在这一错误理念下形成的粗放的生产方式。一种错误观点认为可以通过国际贸易加以补充和平衡。理论上完全可以说得通,发挥比较优势,但是,实际上由于大国效应,在交易过程中会发生很多摩擦,会增大交易成本,甚至在特殊时期不可能完成交易。再有,现代农业与粮食生产也是一个具有基础和综合性的

---

① 粮食平衡区是指山西、陕西、广西、贵州、云南、重庆、甘肃、宁夏、青海、新疆、西藏 11 个省;粮食主销区是指北京、天津、上海、广东、浙江、福建、海南 7 个省(市)。

产业链,事关整个经济的竞争力和部分人口的就业问题。另一种错误的观点是,可以大规模地开垦耕地后备资源加以补充。这种观点严重地忽视了土地的生态功能和社会价值,在发展上是不可持续的。正是在这两种观点的支配下,才形成并且仍在持续不注重耕地保护的粗放生产方式:只注重生产,不注重生态环境的发展思路,只注重要素投入,不注重技术进步的传统发展路径。

第三节　农地非农化与生态环境安全

城市化过程中快速的农地非农化带来的另一个重要的负面影响是生态环境的退化。由于城市空间的快速扩张,导致环境、资源、基础设施等难以适应,超出了资源环境的承载力。这既与城镇化的模式有关,也与发展方式有关。因为全社会的目标都集中在经济效益上,不仅不去关注生态效益和社会效益,甚至牺牲生态效益和社会效益以谋求经济效益。所以,一旦生态环境的破坏积累到一定程度,必然会爆发出生态环境安全的问题。近年来,雾霾天气占比的逐年提高与严重程度逐步加剧便是一种说明。

一、耕地减少对环境的影响

生态环境是指人类赖以生存的自然系统。人类的一切社会活动都依赖于自然所赐的物质禀赋,并在这一自然系统内运行。当人类活动没有超出自然系统所能修复的限度时,人类社会活动能够在自然系统内形成一种对自然依赖共生的生态平衡;当人类社会活动超出自然界所能修复的限度之后,便会破坏这种平衡,导致生态环境的退化。生态环境退化就是指由于人类对自然资源过度以及不合理利用而造成的一系列生态环境恶化的现象。一旦遭到破坏,其恢复是非常困难的,有些甚至是不可逆的。[1]

―――――――――――

[1]　刘国华等:《中国生态退化的主要类型、特征及分布》,《生态学报》2000 年第 1 期。

从另一方面来看,当经济社会发展到一定程度时,由于生态环境变得十分稀缺,生态环境就会成为人们重要的消费品和必需品,此时,生态环境就会转换为生态产品。所谓生态产品是指维系生态安全、保障生态调节功能、提供良好人居环境的纯自然要素或经过人类加工后的人工自然要素。① 生态产品除了能够直接满足人们的生存需要外,还通过诸如净化、涵养、生物多样性、减灾等功能满足人们身心健康及生活品质的要求。但是,因为生态产品具有地域性、不可计量性和无形性的特征,因此决定了其公共产品或准公共产品的性质。这就需要社会来供给,社会供给的方式就是保护生态资源。保护生态产品主要是指保护具有生态产品生产能力的生态资源,耕地、森林、草原、湿地、海洋等自然资源,它们在对生态环境的保护上发挥着重要的作用,是生态产品提供的源泉,如果它们遭到破坏,生态产品的数量就会减少,生态质量就会下降。所以,发达国家在城镇化过程中,十分注重对耕地、生态用地(开阔空间)的保护。

人们一般认为,生态环境的恶化主要是工业发展的产物,而忽视了农业发展,特别是耕地减少对生态环境的影响。耕地不仅具有生产功能,其本身也是绿地,也具有重要的生态功能。目前,国土空间的盲目开发、过度开发、无序开发和分散开发导致了对耕地的严重侵吞,并进而影响生态环境。耕地减少对环境的影响,既包括耕地本身的变化对环境的影响,也包括土地利用结构调整对生态环境的破坏。前者如耕地的过度利用导致耕地土壤质量发生质的变化,如沙漠化或荒漠化;后者如建设用地占用大规模耕地,耕地减少影响到粮食安全,进而需要开垦大量的草地、林地等后备资源,从而使生态系统发生严重的变化。反过来,又需要大量退耕来恢复生态,"2001—2010 年期间,我国耕地共减少 1.59 亿亩,其中,建设占用耕地 0.34 亿亩,生态退耕、灾毁、农业结构调整等减少 1.25 亿亩;同期,通过土地开发、整理共补充耕地 0.60 亿亩,

① 杨伟民等:《实施主体功能区战略,构建高效、协调、可持续发展的美好家园》,《管理世界》2012 年第 10 期。

实现占补平衡。"①因生态退耕等问题,在 10 年间流失耕地约 1 亿亩。

二、耕地资源的不合理利用导致生态环境退化

据联合国粮农组织调查,1972 年以来,食物需求的不断增长是造成土地资源紧张的主要驱动力。许多国家政府通过补贴资助农民增大灌溉力度,增加化肥和其他化学产品的施用量,结果加重了土地退化。② 同样,我国耕地资源的退化也与人口压力、建设用地需求增加、化学产品的过量使用、耕地基本建设投资不足等有关。此外,由于土地产权和制度因素,比如耕地不断地调整,粮食产出收益低下等,使农民对用地的积极性很高,而"养地"的积极性较低,进一步加剧了土地的退化。

这里面的基本逻辑关系是:(1)大规模的农地非农化导致了耕地的减少,不仅在数量上减少,而且在质量上下降。"2001—2010 年间,建设占用耕地中39%是水田,29%是水浇地,且这些土地排灌设施齐全、熟化程度好、生产能力高;而补充的耕地中,水田和水浇地的比例远低于2/3,且配套相对不足,生产能力较低。"③(2)在现有的耕地上加大对耕地的使用强度与密度。为了保证粮食生产,耕地资源的减少,必须提高耕地的单位产量,而要提高土地产出率,就必须投入大量的化肥农药等石化产品。同时,加大对耕地的利用强度,提高复种指数,减少土地轮耕,甚至没有轮耕,导致土地退化,也造成了对生态环境的影响。(3)没有做到"以用为养"。由于我国目前的农业生产还主要表现为以家庭为单位的传统生产模式,耕地的细碎化利用十分严重。在这种耕作方式下,由于农业的边际收益远远低于工业的边际产出率,导致了农业的兼业化

---

① 徐小黎等:《土地利用评价与资源承载研究》,王世元:《新型城镇化之土地制度改革路径》,中国大地出版社 2014 年版,第 60 页。

② 何兴东等:《20 世纪末 30a 里全球生态退化状况》,《中国沙漠》2007 年第 3 期。

③ 徐小黎等:《土地利用评价与资源承载研究》,王世元:《新型城镇化之土地制度改革路径》,中国大地出版社 2014 年版,第 61 页。

和副业化,家庭农业生产很少对耕地进行有机施肥,对耕地进行肥力保护,而是最大限度地耗费地力,形成过度依靠化肥的生产方式。(4)没有将生态环境从公共产品的角度加以补偿,也导致了对耕地资源的过度利用。

表1-6 1985—2010年全国及各地区耕地单位种植面积化肥使用量

(单位:公斤/亩)

年份	1985	1990	1995	2000	2005	2010
全国	10.88	15.22	21.77	25.49	30.47	23.08
北京	8.85	16.27	22.66	26.28	32.03	28.72
天津	30.32	49.73	54.99	20.81	31.09	37.07
河北	8.50	11.02	16.87	19.99	23.02	24.69
山西	6.67	9.39	13.36	14.35	16.81	19.55
内蒙古	2.92	4.87	7.05	8.42	12.52	16.87
辽宁	12.75	15.00	18.97	20.14	21.03	22.92
吉林	26.12	38.46	43.77	46.13	41.19	23.34
黑龙江	3.27	5.97	8.40	8.69	8.89	11.78
上海	—	—	28.03	24.67	23.79	19.67
江苏	12.29	17.90	24.68	28.15	29.73	29.85
浙江	12.03	14.81	16.53	18.55	23.32	24.74
安徽	9.25	11.59	16.22	20.05	21.75	23.55
福建	14.01	18.55	24.68	29.44	33.99	35.54
江西	6.63	9.67	12.56	12.61	16.19	16.81
山东	11.40	15.04	22.29	24.47	29.04	29.29
河南	8.19	11.95	17.70	21.35	24.81	30.65
湖北	8.34	13.46	20.49	21.72	25.78	29.24
湖南	32.97	10.57	14.28	15.18	16.78	19.20
广东	45.29	63.64	75.54	79.00	91.59	34.96
广西	7.81	11.18	14.26	16.80	21.14	26.81
海南	23.40	30.04	34.48	47.64	79.79	37.13
重庆	6.59	9.33	11.72	13.37	15.33	18.22
四川	8.03	10.60	13.11	14.75	15.64	17.44
贵州	6.18	7.21	9.64	10.12	10.74	11.80

续表

年份	1985	1990	1995	2000	2005	2010
云南	25.95	8.24	11.83	13.49	15.71	19.12
陕西	24.91	42.71	2	19.20	22.36	31.34
甘肃	4.01	6.94	9.16	11.50	13.58	14.23
青海	15.69	19.44	21.01	21.96	24.62	10.68
宁夏	5.96	10.95	13.67	15.88	52.71	20.26
新疆	4.75	8.83	14.80	15.57	19.27	23.47

注:化肥使用量为折合使用纯量,种植面积为总播种面积。

资料来源:《新中国统计六十年》《中国统计年鉴》2011年。

特别值得提出的是,提高农产品产出量的"外部要素"(农用化学产品)既促进了粮食水平的提高,也加速了环境的污染。农药化肥的过量施用,形成从地下水、地表水、土壤到空气的立体污染,对环境、气候和人体产生持续长久的危害。[①] 与世界先进国家相比,我国化肥的平均利用率仅为40%左右,还有10%—20%的差距。表1-6是1985—2010年我国各省(区、市)化肥施用量的基本情况,从中可以看出,尽管全国使用量在2005年达到峰值后有所回落,但是,多数省份,尤其是粮食主产区化肥使用量仍呈逐年上升的趋势。

三、土地后备资源的加速开垦导致对环境的威胁

后备土地资源类型包括土地分类中的苇地、滩涂、荒草地、盐碱地、沼泽地、裸地和其他未利用的土地。从地域分布上看,"主要分布在干旱半干旱的蒙新区(蒙古、新疆和宁夏)和高寒的青藏区,占土地全国后备资源的55.78%;其次为湿冷的东北区和半干旱的黄土高原区,占比为18.50%"[②],多数为生态脆弱的区域。

---

① 赵其国等:《中国耕地资源变化及其可持续利用与保护对策》,《土壤学报》2006年第4期。

② 温明矩、唐程杰:《中国耕地后备资源》,中国大地出版社2005年版,第4页。

20 世纪 80 年代至 90 年代,耕地后备资源开发的总体趋势是向西北扩展。然而,大量的草地被开垦之后,虽然增加了耕地的数量,但也增加了被开垦地区乃至全国范围内生态环境隐患,特别是大部分新增耕地位于生态脆弱带,引发严重的生态环境问题。① 以至于在后来又不得不实施退耕还林、退耕还草的修复政策。

未利用土地作为土地资源中重要的后备资源,经常用来补充耕地,但另一方面,未利用土地中的生态环境极为脆弱,担负着生态承载功能,是生态建设中的有效缓冲空间。所以,必须处理好二者之间的关系。我国总体上的耕地占补平衡实际上是以未利用耕地的减少为代价的,而未利用耕地的减少又带来了对生态的不利影响。

据易玲等人的研究,从 20 世纪 80 年代末,中国未利用土地变化以面积减少为主,30 年来共减少了 11545.14 平方公里,除了 1995—2000 年的时段外,其余的 20 世纪 80 年代末至 2000 年,2000—2010 年均为减少。主要原因是,社会经济建设和人口数量的快速增长,对土地的需求压力所致。在这一时段,中国未利用土地面积净减少的省份有 22 个,净增加有 9 个,北京和上海等地的未利用土地面积净变化为零。②

表 1-7 中国各省份耕地开垦占未利用土地比例

(单位:%)

	1980 年末—2000 年	1995—2000 年	2000—2005 年	2005—2008 年	2008—2010 年
北京	0	0	0	0	0
天津	0	0	0	0	0
河北	1.40	0.06	0.76	1.12	0

① 赵其国等:《中国耕地资源变化及其可持续利用与保护对策》,《土壤学报》2006 年第 4 期。

② 易玲等:《近 30 年中国主要耕地后备资源的时空变化》,《农业工程学报》2013 年第 6 期。

续表

	1980 年末—2000 年	1995—2000 年	2000—2005 年	2005—2008 年	2008—2010 年
山西	0	0	0	0	0
内蒙古	13.22	24.55	10.44	2.77	2.56
辽宁	1.99	0.94	0.85	0.13	0
吉林	15.40	2.98	4.36	0.26	2.37
黑龙江	57.37	58.10	17.66	15.96	4.37
上海	0	0	0	0	0
江苏	0	0	0	0	0
浙江	0.01	0	0	0	0
安徽	0	0	0	0	0
福建	0.02	0	0	0	0
江西	0	0	0.08	0.12	0
山东	0.17	0.17	6.89	3.46	10.73
河南	1.22	0	0.32	0	0
湖北	0.05	0.11	0.16	0	0
湖南	0	0	0	0	0
广东	0	1.22	0	0.21	0
广西	0	0	0	0	0
海南	0.05	0	0.65	0.17	0
重庆	0	0	0.02	0	0
四川	0	0	0	0	0
贵州	0	0	0.04	0	0
云南	0	0	0	0	0
西藏	0	0.03	0	0	0
陕西	0.54	0.30	0.61	1.03	0.05
甘肃	3.19	1.87	15.74	8.84	8.16
青海	0.21	0.66	0.04	0	0
宁夏	2.66	4.13	1.17	6.57	2.18
新疆	2.51	4.88	40.20	59.36	69.58

资料来源:易玲等:《近30年中国主要耕地后备资源的时空变化》,《农业工程学报》2013年第6期。

从表中可以看出,从 20 世纪 80 年代以来,中国耕地开垦主要集中在东北和西北地区的几个省份,即河北、山东、内蒙古、黑龙江、吉林、辽宁、陕西、甘肃、青海、宁夏、新疆。而近年来,在北方内部也发生了变化,黑龙江省的占比从 57.37% 下降为 4.37%,新疆则从 2.51% 上升为 69.58%,山东从 0.17% 上升为 10.73%。说明全国耕地开垦重心由最初的东北部地区向西北和黄河三角洲转移。

另据刘卫东和梁红梅的研究,1996—2005 年,全国 31 个省(区、市)中,只有新疆一地保持耕地增加的趋势,其他地区均较 1996 年的耕地面积有明显下降。生态退耕和农业结构调整是耕地减少的主要原因,其中生态退耕面积686.2 万公顷,占 58.63%,农业结构调整占 20.11%,建设占用耕地为15.65%。[1] 总的来看,黑龙江、新疆、陕西、甘肃、青海、宁夏等地区,既是生态退耕的主要地区,也是耕地开垦的主要地区,这本身就是一个矛盾。2010 年中国未利用土地面积排名前 10 位的是新疆、内蒙古、青海、甘肃、黑龙江、四川、吉林、宁夏和陕西[2]。如果再大规模开发耕地后备资源,就可能对中西部地区形成新的生态破坏,使本就已经十分脆弱的生态环境雪上加霜。

显然,仅从扩大耕地与保护生态环境的角度看,二者之间存在着此消彼长的矛盾。而且,如果仅考虑粮食安全与耕地增长的关系,也必然会进一步加剧这一矛盾,并使生态恶化。例如,国务院发展研究中心课题组认为,后备资源具有粮食增产的潜力:2006 年全国宜农荒地 3535 万公顷,相当于当年耕地面积的 27.2%。到 2020 年,如果能通过现有土地后备资源的开发利用,使 20%的土地后备资源转化为耕地,按 2007 年粮食平均每公顷产量的一半计算,即

---

① 刘卫东、梁红梅:《近十年我国耕地变化的区域效应及其合理性分析》,《浙江大学学报》(人文社会科学版)2008 年第 6 期。
② 易玲等:《近 30 年中国主要耕地后备资源的时空变化》,《农业工程学报》2013 年第6 期。

可超过未来粮食需求总量增量的 1/5—1/4。① 但是,其所列的主要土地资源后备区中都是生态保护区,仅内蒙古一地就有 1967.58 万公顷,占一半还多。所以,必须跳出粮食安全与耕地资源的单一视角,从农地非农化、粮食安全、生态环境的角度去规划利用我国耕地面积。唯有如此,才能够做到健康的城镇化、高自给的粮食安全与可持续的生态环境。

第四节　农地非农化中耕地与环境保护的基本约束

一、农业和生态用地保护的优先权

我国在土地的开发利用上实施土地利用管理制度,实施最严格的耕地保护制度,并且提出了 18 亿亩耕地保护的红线。然而,这一基本的国策似乎并没有成为真正的社会意识和理念,不少学者认为必须打破城乡土地利用的"二元"制度,有的认为为了经济发展必须牺牲部分农地。事实果真如此吗?从发达国家的情况来看,在实践中它们也是实行的"二元"制度,即使耕地资源富裕也必须进行保护,将耕地和环境保护作为土地利用优先考虑的事情。

在土地的多功能用途中,农业的用途得到各国的普遍重视,具有耕地保护的优先权,目的在于保证国家的粮食安全。例如,加拿大和法国政府,不仅对农地的非农开发做了严格的控制,而且对农地之间的流转也做了许多规定,确保耕地用于农业发展。当农地的非农开发严重影响到生态环境时,对农地非农化的控制将更为严格,将生态空间用地作为保护对象,进一步限制对农地的开发。例如,最为极端的是英国的《1947 年城乡规划法》,将土地开发权全部收归国有,任何对土地的开发必须首先取得开发权才能进行,这就从根本上限

① 国务院发展研究中心课题组:《我国粮食生产能力与供求平衡的整体性战略框架》,《改革》2009 年第 6 期。

制了对农地的任意开发。荷兰在战后为了解决居民住房问题,同时为了很好地保护生态环境,赋予政府对开发土地的优先购买权。欧盟在《2007～2013年的乡村发展政策》中,提出"控制土地开发,严格保护耕地"的基本主张,对乡村的发展实施"填充式"开发。现在的老欧盟十国的农田、牧场、山林和未利用土地至今仍保留了国土面积的90%以上。美国不仅在法律上通过《分区规划》《清洁空气法》《清洁水法》《濒危物种法》等来对生态空间加以保护,而且还通过土地发展权的转让加以保护。

由此可见,在城镇化进程中,耕地和生态环境保护成为农地非农化开发的一个基本约束条件。加拿大的农业耕地保护为我们提供了一个很好的范例。①

加拿大英属哥伦比亚土地利用规划的实施由《土地授权法案》指导。对耕地的保护主要体现在三个方面:规则、保护与支持。

英属哥伦比亚土地资源稀少,快速增加的人口导致土地价格上升,远远高出用于农地生产的价格。1972年12月,政府通过法律,延缓所有农业用地的其他用途审批。1973年1月,议会法令禁止超过0.81公顷的耕地在税收、农业分区和指定用途方面进行改变,只有加拿大土地储备在1—4级上才有权这样做。② 与此同时,成立了由5人组成的土地委员会,在全省范围28个区域设立农业土地储备(Agricultural Land Reserves,ALR)。土地储备包括所有可持续农业生产的土地,所有加拿大1—4级的土地储备不得用于非农开发。农业储备土地除了耕作之外不能用于其他用途,除非由土地授权法案许可。1975年农业土地储备计划完成,截至1978年1月,农业土地储备拥有470万公顷。

---

① Bray C.E.: "Agricultural Land Regulation in Several Canadian Provinces", *Canadian Public Policy*, Vol.6, No.4, 1980, pp.591-604.

② 加拿大《土地分区管理法》根据土地的农业生产功能和其他用途进行评级,耕地土壤分为七个级别,一至二类农地不能改变用途,三至四类农地有条件改变用途,五至七类农地可以改变用途。在目前的经济条件下四级土地能力被认为是商业与农业的平衡点。

当然,限制土地的农业使用就等于否认了对土地增值进行兑现的机会。土地出售通常被当作农民退休金的一种形式。另外,农民应该依靠耕作维持生活,而不是依靠土地投机,而且,这种农业生活确保他们在退休之后有一个体面的收入。1973 年 11 月成立了英属哥伦比亚农场收入保险规划(Farm Income Assurance Program,FIAP),对按照农业土地储备计划运作的农民提供收入支持,其基金 1/3 来自于生产者,2/3 来自于省政府。当市场回报低于基本的生产成本某一百分比时,基金就给予补贴,这些成本包括劳动、管理、折旧、投资利息和现金成本。

然而,仅仅靠农业土地储备计划并不能确保土地在实际中确实全部用于农业生产。短期的研究发现,部分农业储备的土地出现闲置,这是因为城市次分区土地需求带动的土地价格上涨,使农业土地的价格也相应上涨,农业的收益不足以弥补用于农业的投资。如果经济环境不利于土地配置于农业生产,保持农业生产就会引致机会成本,直至更多的土地闲置。英属哥伦比亚和农业土地利用规划与农场收入稳定计划合作,在实际中体现了社会对农民的支付,使他们不将其土地配置于其他用途。

英属哥伦比亚土地利用规划生效一段时间后,对其在城市和农业用地配置效应方面进行评估,发现农业土地储备确实产生了效果,转移了一些新的居民入住和土地的商业开发,在其边界之内阻止了不少的土地用途转换。例如,在农业土地储备区域内土地的次分区概率远低于没有纳入保护的区域。

二、中国农地保护中的困惑

中国的土地开发实行土地用途管理制度,实行最严格的耕地保护制度,农地的非农化必须获得土地管理部门的批准和许可。从理论上说,这一管理制度并不是不科学的,但是,由于在发展理念上没有对农地保护给予高度的认识,且政府身兼法规制定和执行两种角色,因此,在实际实施过程中对农地的保护往往让位于经济发展的需要,出现许多土地违规违法现象。

　　中国在城镇化进程中对农地保护的困惑主要表现为三个方面,即工业化偏向与经济赶超战略,区域经济之间的政府竞争,区域经济发展的同质化(未能有效实施主体功能区战略)。

　　首先是经济赶超和工业偏向化战略。长期以来,无论是计划经济,还是市场经济,中国一直在实施经济赶超与城市和工业化偏向战略。计划经济时期,一切经济运行都靠政府的计划实施,能够得到很好的执行。而在市场经济环境下,政府的经济赶超受到市场配置的制约,如果要实现这一目标,则政府必须有可以控制的资源,能够对经济起到强有力的"主导"与"干预"。所以,在这样的发展理念支配下,就会出现经济发展与农地保护的困惑。一般来说,耕地资源丰裕的区域是粮食主产区,是经济相对落后的区域,同时,我国经济增长方式是以资源注入为主要特征的。所以,地方政府在保护农地与经济增长之间面临两难选择:实施区域赶超战略势必影响粮食生产;保持粮食生产会进一步拉大区域发展差距。如果要赶上先进的发展区域,在目前的发展模式下,意味着首先要有大量的耕地转化为工业用地、基础设施用地和城市发展用地等方面的"刚性"用地;其次在目前的发展模式下还要通过土地的开发来积累资本。这两方面必然导致大量的农业耕地消失,直接影响粮食生产。①

　　第二,以地方政府为主导的区域之间的竞争。中国经济在实施转型过程中,以外向型经济为突破口,招商引资和出口导向成为重要的发展路径。而且,在东部经济率先成功之后,这一模式又具有强大的区域示范和辐射效应。结果,在1996年前后,中国经济实际上形成了以地方政府为主导的区域之间的竞争驱动,不少学者以"地方政府竞争锦标赛"为题对这一现象进行了较为详尽的研究。② 因为,中国改革开放三十多年正是工业化最为关键的快速发展时期,农业与工业相比较处于明显的弱势地位,对地方经济增长的贡献微弱。所以,尽管从发展战略的角度看中国粮食安全问题不容忽视,然而,在农

①　程传兴、高士亮、张良悦:《中国农地非农化与粮食安全》,《经济学动态》2014年第7期。
②　如周业安、周黎安、舒元、张军等学者都对此问题进行了理论和实证分析。

业发展问题上,各级地方政府并没有给予应有的重视,几乎所有城市都在走忽视农业的工业化道路……在这样的制度环境下,地方政府作为一个理性"经济人",不可能从内生的角度重视农业,不仅对农业发展不给予足够的重视和投资,反而在某种程度上继续延续掠夺式的发展策略。[1]

第三,区域经济发展的同质化。区域经济发展不平衡是一种客观现象。区域经济的差异主要取决于资源的比较优势和制度环境,既包括禀赋差异,更包括以市场环境为主要内容的制度差异,如投资环境与产业政策等。[2] 在经济发展过程中,首先要依据区域经济的资源禀赋制定产业发展政策,充分发挥资源比较优势;其次,应根据一个经济体整体发展的需要,针对区域之间具体发展不平衡的原因及其状况,进行区域之间的协调与平衡,从而达到整体福利最大化。我国经济在向市场经济转型过程中,一开始主要是从"开发区"政策试验的角度推进,没有很好地对整体经济发展布局、区域经济功能分区进行定位,结果,导致区域之间的发展模式严重的同质化。例如,各地经济发展大都是政府投资、工业园区、招商引资,不仅没有能够发挥区域资源禀赋优势,反而产生许多"逆配置"现象。

三、从国土空间开发的视角保护耕地与生态环境

党的十八大报告提出"加快实施主体功能区战略,推动各地区严格按照主体功能定位发展,构建科学合理的城市化格局、农业发展格局、生态安全格局。"这为农地非农化中耕地和环境保护提供了一种新的思路。

按照这一思路,我国城镇化的发展应该重点放在城市化格局的区域,即具有工业发展基础和已经形成的城市群的东部地区,而在粮食主产区和生态保

---

① 张良悦、程传兴:《农业发展中的收入提升与产出增进:基于粮食主产区的分析》,《河南社会科学》2013 年第 11 期。

② 张良悦、程传兴:《农业发展中的收入提升与产出增进:基于粮食主产区的分析》,《河南社会科学》2013 年第 11 期。

护区,则不宜大规模推进城镇化的发展。我国国土空间规划对此作出了明确的定位,即要对两类地区进行限制性开发:一类是农产品主产区,一类是重点生态功能区。①

那么,应该如何对粮食主产区和生态地区的农地进行保护呢?从根本上说,应该是对其农地进行限制性开发的保护,采用的方法应该是经济的方法,不能仅仅是政策的方法和行政的方法。

首先,对于粮食主产区和生态保护区,必须实施严格的耕地和生态用地注册制度。在粮食主产区,必须充分发挥土地利用上公权的作用与权威,严格保护耕地。对于登记在册的农地,实行国土资源部门审核制度,上收地方政府对农地非农化的核准权。这样做的目的,是确保保护区内的耕地用于粮食生产,或者生态林地用于生态产品的涵养。

其次,对于粮食生产和环境保护的外部成本,通过公共产品的方式进行补偿和平衡。粮食主产区和生态保护区的农地被限制开发之后,就会对这些区域的经济发展造成影响,不仅影响区域内的产业发展与就业,而且也影响居民的财富积累与生活水平。这就需要政府通过公共产品供给的思路对其进行区域补贴,因为,这些区域生产的粮食和生态环境是一种公共产品或者是准公共产品,为经济体的整体发展做出了贡献。其实,这一方法在本质上是让非保护区内的居民通过付费的方式来获得公共产品。

第三,在对粮食主产区和生态保护区进行补偿和平衡时,必须变原来行政的思路为经济发展的思路。经济发展的基本思路是,被保护区域的农地不用开发,但是同样能够享受到经济发展和其他区域土地开发的增值收益,从而做到粮食、环境等公共产品正外部性的成本"共担"。一种方法是对该区域进行

---

① "保护农产品主产区耕地是出于保障国家农产品安全的需要,应把增强农业综合生产能力作为发展的首要任务;保护重点生态功能区,是把增强生态产品生产能力作为首要任务。"参见杨伟民等:《实施主体功能区战略,构建高效、协调、可持续发展的美好家园》,《管理世界》2012年第10期。

乡村更新建设,大力发展乡村和生态旅游,通过旅游产业的高附加值进行产业间的价值平衡;另一种方法是土地财富开发中的共享,其中,一种典型的政策工具是土地发展权交易。这种政策在美国的实施比较典型,目前,在中国部分学者如丁成日、汪晖和陶然、陆铭和陈钊、周立群与张红星、张良悦等也主张对这一做法进行借鉴。

土地发展权交易可分为土地发展权的政府购买和土地发展权的市场交易。土地发展权的购买是指国家对农地转换使用权利的购买。在土地发展权购买框架下,土地所有者"自愿"地将发展权卖给政府并由政府统一开发,而土地所有者仍保留对土地的财产权,但土地资源的使用却受到限制。[①] 土地发展权的市场化交易的基本思路与政府购买大致相同,即将土地利用分为限制开发区域和准许开发区域,并使两个区域之间的发展权进行市场化交易。限制开发区域虽然不允许开发,但是赋予土地开发权,并可以在市场上进行交易;准许开发的区域虽然允许开发,但开发权受到限制,只有在购买部分开发权后才能进行更高效和更集约的开发。这种设置为发展权的交易创造了条件。

本 章 小 结

本章主要是对城镇化进程中农地快速非农化的特征事实进行以下分析。

(1)改革开放以来,我国农地的快速非农化,主要与我国工业化的主导战略以及与此相伴的粗放的发展方式有关,并由此形成了中国特色的城镇化模式。其中,较为明显的几个拐点和制度特征是:1985 年前后农村承包制改革及其温饱问题的解决;乡镇企业的发展与农村劳动力的就地转移;1992 年市场化经济体制改革的取向及其产业园区建设;1998 年住房制度改革及其房地

---

① 张良悦:《美国的农地发展权与农地保护》,《经济问题探索》2008 年第 7 期。

产支柱产业的发展;2008年反危机与经济刺激计划。

（2）我国不健康的城镇化模式折射出,目前农地非农化的症结已经不是如何为城市化提供必需的空间区域,而是地方政府推动经济增长、资本积累、资本替代和财税来源管道的问题。其直接的结果是导致农地的过速非农化,而间接的结果则是助推了粗放的经济发展方式。

（3）快速的农地非农化导致耕地的大规模消失并影响粮食安全,中国18亿亩耕地保护红线和13个省粮食主产区的规划,是一种无奈之举和继续沿用计划思维的土地利用管理制度。同样,中国生态环境的快速退化也与农地非农化有极大的关系,一方面,耕地的减少加大了对现有耕地的利用强度,大量地施用化肥、农药等导致土壤退化和生态环境的立体污染;另一方面,为了保障粮食安全,必然会加大对后备耕地资源的开发,压缩未利用土地等生态资源用地。

（4）城镇化进程中的农地非农化不能仅限于经济发展的视角,要置于"土地资源、粮食安全、生态环境"的视野去进行,给予耕地和环境的优先保护,并利用市场机制和价值补偿的方法去开发。目前,中国可尝试用"土地发展权的购买"去保护粮食主产区耕地和更有效地管理农地非农化。

第二章　农地非农化的功能附加

　　在中国城镇化过程中,农地非农化没有呈现出一种时序化的需求与配置过程,即经济发展和城市扩张所必需的土地资源的需求,而是一种政府主导式的开发,即根据经济发展需要加速开发。之所以如此,主要是因为在土地开发过程中,土地不仅承载了经济社会发展所必需的"空间资源"和"社会财富"的功能,而且还承载了地方政府"附加"的政治经济功能。在中国经济高速增长时期,土地成为地方政府区域之间竞争的主要资源,成为资本积累、土地财政、经济增长的依托。所以,研究中国的农地非农化,除了分析正常的农地非农化配置的规律之外,还必须研究中国农地非农化特殊的配置问题。

　　实现农地非农化的附加功能,需要地方政府一系列的发展政策与资产运作。利用土地资源进行价值贴现和资本深化是地方政府的首要目标,这可以从两个方面来进行:一是通过土地进行招商引资,二是通过土地出让获取收入进行政府投资。但这本身也存在矛盾,招商引资需要廉价的土地,获取出让收入需要天价。这一问题主要通过"零地价"和"招拍挂"来解决。地方政府通过"租税费"方式获取的土地价值收入,我们称之为"土地财政",极大地扩大了其财政支配能力。但是,因为中国政府目前仍是一个投资性的政府,虽有土地财政,但仍不能解决资本深化与经济增长的矛盾,于是,在这样的情况下,便产生了通过地方政府"融资平台"利用银行资金的方式,土地抵押融资成为土地资本贴现的重要途径。

　　在这一章中,我们主要围绕土地资源资产化、地方政府融资平台对农地非农化的功能附加进行剖析。

第一节　土地资源的资产化[①]

一、土地资源的资产化与农地过度非农化

　　中国农地非农化最核心的问题在于土地资源的资产化,大量的土地并不是作为城镇化的空间形态来获取,而是作为资本或资产贴现来源的要素转用。地方政府通过对土地资源的不断贴现,获得大量的资产对城镇进行大规模的开发,大肆进行城市经营。

　　所谓资源资产化或资本化,就是通过对不可再生的资源进行流动性贴现,短期内形成大量的储蓄并转化为投资所形成的资本积累。例如,对土地、能源、环境(森林)等资源的过度利用,短期内可以快速推进经济发展。但是,由于自然资源是不可再生的,资源的资本化只能是一次性的,是以资源的耗竭为代价的,且在资本化的过程中对资源的价值是严重的低估。就全国总体情况来看,土地资源的资本化最为严重。

　　近年来,中国的农地非农化并不仅仅是城镇化空间发展的"刚性"需要,而且实质上是一种作为经济增长机器的表现。如图3-1所示,中国的经济增长率与耕地减少率之间具有高度的相关性,似乎表明经济增长必须以耕地的减少为代价,经济的增长必须以农地非农化为动力,因为,中国改革开放40多年来的高速增长是靠投资驱动的,农地非农化对中国资本积累、地方政府投资做出了重要的贡献。

---

　　①　这一部分内容已发表于学术期刊《财经科学》,参见张良悦、刘东、刘伟:《土地贴现、资本深化与经济增长》,《财经科学》2013年第3期。

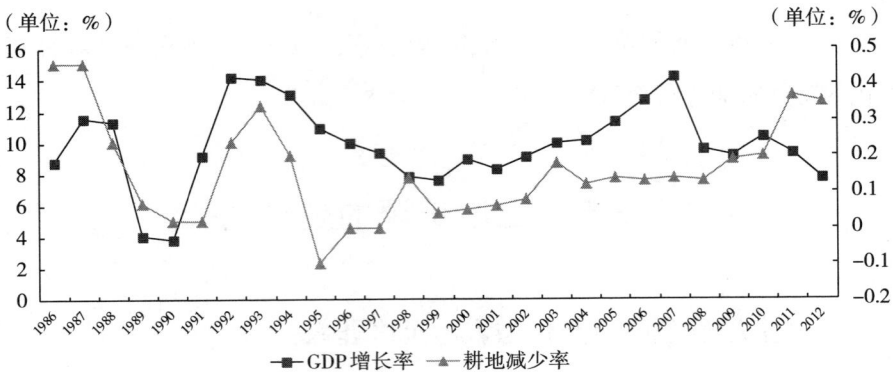

图 2-1 1986—2012 年中国经济增长与耕地数量减少的相关关系

注:1986—1995 年耕地减少速度由《中国农村统计年鉴》整理而来,耕地减少为当年年末耕地数量减去
年初耕地数量,耕地减少率为耕地(增)减少数量与年初数量之比。1996 年中国国土资源进行普
查,1996 年耕地数量比 1995 年耕地数量大幅增加,1997 年国家冻结土地征用指标,考虑到这两个
因素,为了比较方便,将 1996 年、1997 年耕地减少速度做零处理。1998—2010 年耕地减少速度由
《中国国土资源年鉴》整理获得,为了简便起见,只考虑耕地减少数量(不包括其他农地),包括被征
用的耕地和非法占用的耕地,不考虑新增耕地数目。1998—2008 年耕地减少率为每年耕地减少数
量与 1996 年耕地普查数量相比,2009—2012 年为每年耕地减少数量与 2008 年耕地普查调整数量
相比。这样处理,就不用考虑"占补平衡"问题。

资料来源:《中国国土资源年鉴》《中国农村统计年鉴》相关年份。

改革开放以来,大规模的耕地消失已有五次①,而且,每次都伴有经济的
高速增长。从图 2-1 中我们可以看出,1978—1985 年为第一次农地非农化
高潮,其主要原因是农村居民房屋建造对农地的大量占用;1991—1994 年
为第二次农地非农化高潮,其主要的动因和方式是开发园区的大规模、遍地
开花式的推进;1998—2003 年是第三次农地非农化高潮,其主要的动因是
房地产的开发和房地产支柱产业的期冀;2004—2007 年为第四次农地非农
化高潮,其主要的动因在于以地方政府为主导的经济竞争以及由此导致的
严重的"土地财政"。2008—2012 年为第五次农地非农化高潮,其主要动因
起源于 2008 年的全球金融危机,为了应对经济下滑,启动了反危机的经济

———————————

① 刘正山:《"沦陷"与拯救——"圈地运动"与治理整顿搏击记事》,《中国土地》2004 年第
3 期;张良悦、刘东:《城市化进程中的若干节点及制度解构》,《改革》2010 年第 1 期。

刺激措施,从而导致对农地非农化的需求,并催生出大量的地方政府融资平台。

如果说,经济增长、城市化需要大量的土地资源,这种城市扩张和耕地大规模消失并不可怕,是经济发展对土地的刚性需求。然而,大规模的耕地消失所转化的城市用地主要用于资源的资本化就不能不使人担心:大量的土地要么没有进入生产领域(闲置),要么低效地进入生产过程(粗放使用)。尤其可怕的是,近年来城市扩张所带动的房地产业,在推动土地快速资本化的同时,也越来越显示出资产泡沫化效应,使中国的资本积累开始呈现出虚拟化的特征。

二、土地资源资产化的动因及运作模式

(一)土地贴现、资本深化与经济增长

现实中地方政府大规模地实施农地非农化,并不都是城镇化或工业化之必须,也并非土地资源极为丰富,用之不竭,而主要是利用土地贴现租金进行大规模投资来带动经济增长的。本书研究认为,所谓"以地生财"或者土地财政并不是地方政府简单地低价征地高价卖地的"套利"行为,而是地方政府以土地储备为依托对土地资源进行的价值贴现。通过价值贴现形成的资本积累来支撑大规模的基础投资,进而带动资产价值的提升和地方财政收入的增加,反过来再进一步增加地方政府投资,逐渐形成一种"土地贴现—资产增值—税收增加—政府投资"的增长模式。因为地方政府的"土地财政"和本地经济增长是捆绑在一起的,这不仅为地方政府大规模农地非农化,甚至违法"圈地"找到了"合理"的理由,而且也为中央政府对地方政府土地财政的容忍和妥协找到了一个结合点。可以说,这是地方政府依靠土地资源推动经济增长的奥妙所在。我们将其概括为"土地贴现、资本深化与经济增长"的地方政府经济竞争模式。

(二)土地资产化的动因

对土地资产化根本动因的分析,需要从中国的发展战略和发展方式上去剖析。在发展战略上,中国在事实上一直实行工业化的赶超战略。这种战略的实施是以政府对经济资源的动员为基础的:在计划经济机制下,中央政府直接实行计划管理与调配;在市场经济体制下,地方政府利用其控制的资源进行区域化竞争,这些资源最明显的就是国有企业和土地资源。例如,杨志勇认为当税收收入不足以满足地方政府支出需要时,地方政府就有动力将自己所掌握的存量资产变现。特别是当各种资产资源市场化程度加深,变现可行性随之提高后……如果没有土地实质上的地方所有制,那么我们很难想象,地方基础设施建设和公共服务的资金来源问题是否能够得到解决。不仅如此,就连中央政府的其他政策目标,如水利建设、保障房建设、教育等也难以完成。①

与发展战略相对应,政府投资成为推动经济发展和实施这一战略的主要保障。所以,中国的地方政府在某种程度上就成为一个投资型政府,出现了地方政府"公司化"现象。政府投资是我国经济增长高度依赖的原因之一。地方政府热衷于扩大投资,或者直接投资于基础设施建设,或者给予企业部门投资补助以招商引资。②

对"城镇化是经济增长引擎"的不正确的理解,也助长了地方政府土地资产化的行为。一提到城镇化,地方政府往往把它理解为城镇空间区域的扩大,理解成对土地的大规模开发,没有考虑到城镇空间的扩大和城镇基础设施的建设需要大量的资本投入,没有认识到城市化的移民需要提供大量的公共产品和服务,更没有认识到地方政府的财政支出应该从"增长型"向"服务型"转变。因此,对于许多地方政府,当城镇规模扩大之后,城市建设资金就捉襟见

---

① 杨志勇:《推进政府间财政关系调整》,《经济研究参考》2014年第22期。
② 汪德华:《推进财政支出领域的改革》,《经济研究参考》2014年第22期。

肘,成为城镇化的瓶颈。地方政府为了弥补城市化进程尤其是城市基础设施经常收入来源不足,必将通过城市化过程大量高价出让土地来满足对资金的需要①。

(三)土地资产化的主要内容

土地资源在资本化的过程中表现为两个方面:一方面是通过土地财政收入直接转化为政府投资,多数表现为政府提供的基础设施;另一方面是民间资本的形成,这又包括两个方面,即房地产投资和工业资本。陶然等认为地方政府在商住用地上,通过限制商住用地的供应,并以"招拍挂"的竞争性方式出让土地来最大化出让金收入;而在工业用地上,绝大部分则是通过协议价格甚至是所谓的"零地价"出让给投资者。② 这一做法在实际上节约了投资者的资本投入,因而对工业资本的形成有一定的间接贡献。

简要地说,地方政府土地资源资产运作可概括为如下三个方面:(1)招商引资或政府主导进行大规模投资,是各级地方政府经济发展(GDP)的硬性任务以及"政府官员竞争锦标赛"的激励驱动;以城镇化发展为引擎,扩张城市规模、提供基础设施和公共产品,是政府政绩工程的主要内容,需要大规模的政府财政投资。这两方面的需要形成了地方政府土地资产运作持续的内在动力。(2)通过农地非农化(合法的和非法的方式)获取建设用地,部分直接用于工业发展和房地产开发,部分用于土地储备和城市扩张。之后,通过土地储备,以房地产的开发作为政府收入来源进行抵押融资,从而保障地方政府主导经济发展的财力基础。(3)大力发展房地产业,促进地产繁荣,提供地方政府的税收收入,保障土地出让收入的市场通道,实现土地抵押融资,实现政府负

① 中国经济增长与宏观稳定课题组(陈昌兵等):《城市化、产业效率与经济增长》,《经济研究》2009年第10期。
② 陶然等:《地区竞争格局演变下的中国转轨:财政激励和发展模式反思》,《经济研究》2009年第7期。

债融资。房地产业的发展被赋予了提升土地开发价值与城市化发展引擎的功能。①

土地资源资产化会引起两个效应:土地资本化与政府投资的"互补效应";土地资本化对储蓄转化为投资的"替代效应"。

首先,土地资本化放大了政府投资的作用,我们称之为土地资本化与政府投资的"互补效应"。土地资本化以后,地方政府可支配收入增加,从而使地方政府更有能力增加对本地基础设施的投资。同时,为了更好地促进经济发展,地方政府在土地资本化的过程中又不得不被迫投资,这类投资包括两个方面,一是对城市基础设施的投入,二是对开发园区的前期投入。随着城市空间的不断扩大,相应的道路、网管、环保等基础设施需要大量投资。在开发园区的建设中,各级地方政府为了能够更好地吸引域外投资,一般要在企业进入之前先进行大量的基础性投资,这样,无形中也加大了政府的投资力度。

其次,土地资源资本化影响了正常的"储蓄—投资"循环,削弱了储蓄对投资的贡献,我们称之为土地资本化对储蓄转化为投资的"替代效应"(或挤出效应)。地方政府的土地资本化主要是通过房地产业实施,房地产业的大量开发吸纳了城乡储蓄,从而使储蓄转化为生产性的投资大大减少,并使资产呈现泡沫化趋势。

三、经济增长中土地资本化的实证分析

(一)作为生产要素的土地对经济增长的贡献

长期以来,发展经济学家一直强调实物资本和人力资本对经济增长的作用,而没有重视自然资本对经济增长的贡献,或者说,没有重视自然资源和经

---

① 张良悦、赵翠萍、程传兴:《地方政府土地违规为何屡禁不止?——地方政府债务的视角》,《世界经济文汇》2012 年第 6 期。

济环境对经济增长的约束。① 然而,近年来随着资源耗竭和耕地的稀缺,也迫使人们在追求经济增长过程中不得不考虑自然禀赋的制约。例如,Nichols D. A.(1970)将土地资产作为财富的一种形式加入资本积累运动方程,发现随着资产价格的上升,储蓄将会以很大的比例进入地产市场,而不是形成生产资本带动实体经济的增长,其结果是导致土地资源的快速耗竭。② Naidoo 利用七十多个国家 40 年的数据,选择森林作为自然资源资本流量的代理变量,在控制实物资本、人力资本和技术等变量的基础上,进行线性回归证实了自然资本对经济增长的贡献:森林面积的消失有助于经济的增长和扩张。③ 同样,Deng et al.利用城市扩张模型对中国城市建成区面积变化的影响因素进行了分析,发现收入或者是 GDP 产值是城市空间扩张的有利因素,中国要想保持较高的 GDP 增长率,必须继续进行城市空间的扩张,实施快速的城市化。④ Lichtenberg and Ding 利用中国东部沿海 10 省市 1996—2004 年的数据实证分析发现,农地非农化资源的配置主要来自于经济的推动,政府财政收入每增长 1%,城市空间就扩张 0.15%—0.16%。⑤ 上述研究表明,土地对经济增长的作用越来越重要,但这种作用是一种直接的影响因素,还是一种间接的影响因素,需要做进一步的实证分析。

为了对土地要素对经济增长的直接贡献做进一步验证,我们以索罗增长模型为基础,整理了新的数据重新回归。

---

① Smith Kerry and Krutilla John: "Resource and Environmental Constraints to Growth", *American Journal of Agricultural Economics*, Vol.61, No.3, pp.395-408.

② Nichols D.A.: "Land and Economic Growth", *The American Economics Review*, Vol.60, No.3, 1970, pp.332-340.

③ Naidoo Robin: "Economic Growth and Liquidation of Natural Capital: The Case of Forest Clearance", *Land Economics*, Vol.80, No.2, pp.194-208.

④ Deng Xiangzheng, Huang Jikun, Rozell Scott, Uchida Emi: "Growth, Population and Industrialization, and Urban Land Expansion of China", *Journal of Urban Economics*, Vol.63, 2008, pp.96-115.

⑤ Lichtenberg EriK and Ding Chengri "Local Officials as Land Developers: Urban Spatial Expansion in China", *Journal of Urban Economics*, Vol.66, 2009, pp.57-64.

在我们的模型中,把土地作为存量进行考察,以建成区的面积作为土地存量,以每年土地征用数量作为增量,为了区别土地违法征用的数量,我们以土地1表示合法土地面积(土地1=建成区面积+当年土地征用面积),土地2则表示包含非法征用的土地面积(土地2=建成区面积+当年土地征用面积+当年违法获得的土地使用面积),能源利用作为控制变量,GDP为第二、三产业的产出,不包括第一产业产值,资本存量沿用张军等人的估计方法进行估算[①],劳动就业仅包括城镇就业人员。数据来源于《中国统计年鉴》《中国国土资源年鉴》《中国能源统计年鉴》、中经网统计数据库。其估计模型用式(2-1)表示:

$$LnY = \beta_0 + \beta_1 LnK_{it} + \beta_2 LnL_{it} + \beta_3 LnE_{it} + \beta_4 LnN_{it} + \alpha_i + \varepsilon_{it} \qquad (2-1)$$

式中,Y为产出,K、L、N、E分别为资本、劳动、土地、能源等生产要素,β_0、β_1、β_2、β_3、β_4为待估参数,α_i为不随时间变化的个体固定效应,ε_{it}为扰动项。回归数据为全国29个省、直辖市、自治区(不包括重庆、西藏)1998—2007年的面板数据。

在上述模型的基础上,我们依次以只包含资本与劳动,包含资本、劳动、合法的土地要素投入,包含资本、劳动与全部的(含违法的)土地要素投入作为模型1、模型2、模型3,分别以随机效应和固定效应进行回归。之后,在模型2、模型3的基础上,将能源作为控制变量加入模型,通过模型4和模型5再次进行回归。其估计结果见表2-1。

表2-1　土地作为投入要素对产出的回归结果

变量	模型1		模型2		模型3		模型4		模型5	
	RE	FE	RE	FE	RE	FE	RE	FE	RE	FE
常数项	-1.141 *** (-5.70)	1.243 *** (-6.49)	-1.159 *** (-5.86)	-1.250 *** (-6.58)	-1.155 *** (-5.83)	-1.246 *** (-6.54)	-1.515 *** (-7.51)	-1.461 *** (-7.42)	-1.515 *** (-7.50)	-1.461 *** (-7.40)

① 张军、吴桂英、张吉鹏:《中国省际物质资本存量估算:1952—2000》,《经济研究》2004年第10期。

变量	模型1		模型2		模型3		模型4		模型5	
	RE	FE	RE	FE	RE	FE	RE	FE	RE	FE
资本	0.993 *** (78.41)	1.007 *** (89.68)	0.968 *** (63.09)	0.988 *** (71.52)	0.968 *** (61.54)	0.990 *** (69.85)	0.828 *** (26.02)	0.893 *** (28.16)	0.826 *** (25.85)	0.893 *** (27.98)
劳动	0.259 *** (6.92)	0.259 *** (7.11)	0.205 *** (4.95)	0.221 *** (5.53)	0.209 *** (5.06)	0.225 *** (5.65)	0.162 *** (4.00)	0.189 *** (4.67)	0.165 *** (4.07)	0.192 *** (4.75)
能源							0.211 *** (5.04)	0.138 *** (3.33)	0.212 *** (5.08)	0.140 *** (3.37)
土地1			0.079 *** (2.79)	0.055 ** (2.22)			0.058 ** (2.14)	0.046 * (1.86)		
土地2					0.074 *** (2.61)	0.049 * (1.95)			0.054 ** (1.98)	0.040 (1.62)
R^2	85.17	85.22	85.74	85.54	85.72	88.51	87.75	86.97	87.75	86.96

注：*** 、** 、* 分别表示置信区间在1%、5%、10%的水平上显著，括号内为t或z统计量值，以下同。

　　从表2-1的回归结果可以看出，土地作为生产要素直接参与生产对经济增长的贡献并不大。如果不考虑土地违法使用的因素，则未加入能源控制变量的土地弹性系数为0.06%（固定效应，下同），加入能源控制变量后的土地弹性系数为0.05%。如果考虑土地违法使用的因素，则未加入能源控制变量的土地弹性系数为0.05%，加入能源控制变量后的土地弹性系数为0.04%，而且回归结果还不显著。这说明，在城市经济中，土地对第二、三产业的生产并不是主要的生产要素，只是提供一种空间场所。相反，我们看到，能源作为主要的生产要素对经济增长的作用非常高，对GDP增长的弹性系数为0.14%。所以，通过生产函数来说明土地要素对经济增长的贡献，或者说土地要素直接贡献于经济增长是不准确或不恰当的。

　　既然土地作为生产要素对经济增长的弹性系数非常小，那么，为什么我们在现实中观察到大量的耕地不断地被作为建设用地而进行农地非农化呢？我们认为，大量的农地非农化的目的主要在于对土地的价值进行贴现，通过土地租金转化为投资来促进经济的增长。为了验证这一结论，我们接下来通过土地对投资(或资本的形成)的贡献来加以说明。

(二)作为资本化的土地对资本形成的贡献

现实中地方政府大搞城市经营或者大规模地征用土地,主要是利用土地贴现租金进行大规模投资来带动经济增长的。

从封闭经济的角度看,一个经济体的投资主要来自于储蓄,如果考虑外部经济,则国外直接投资应是一个主要来源。另外,中国目前仍是一个转轨经济,政府投资对经济增长的推动作用仍是主要因素。综合考虑这些情况,我们建立如下模型对土地资源对投资的贡献进行回归分析:

$$LnI = \alpha_0 + \alpha_1 LnS_{it} + \alpha_2 LnF_{it} + \alpha_3 LnG_{it} + \alpha_4 LnL_{it} + \delta_i + \varepsilon_{it} \qquad (2-2)$$

式(2-2)中,I、S、F、G、L分别表示投资、储蓄、国外直接投资、政府投资、土地资本化贡献,$\alpha_0, \alpha_1, \alpha_2, \alpha_3, \alpha_4$为待估参数,$\delta_i$为固定效应,$\varepsilon_{it}$为误差项。

我们以城市固定资产投资总额表示投资(不包括房地产投资),城乡年末储蓄总额表示国内储蓄,各地利用外资金额表示国外直接投资,以政府收入来代替政府投资,以广义的土地出让收入(包括直接出让收入、土地租赁收入、抵押贷款)表示土地资本化。这里需要说明的是,为什么用政府收入来表示政府投资,而不是用政府支出来表示。因为,一方面,在政府支出项目中,没有具体的投资支出列支;另一方面,在我国转轨过程中,政府投资仍是一个主要因素,特别是地方政府在"官员晋升锦标赛"的激励机制下,投资的冲动更大,而投资又主要取决于政府收入。数据来源于中经网统计数据库、《中国统计年鉴》和《中国国土资源年鉴》。面板数据为全国 30 个省、直辖市和自治区(不包括西藏地区)1999—2007 年的数据。

表 2-2　土地价值贴现对投资的回归结果

变量	模型 1	模型 2	模型 3	模型 4	模型 5
常数项	−6.219 *** (−14.25)	−5.602 *** (−12.64)	−5.502 *** (−11.75)	−6.255 *** (−12.24)	−5.251 *** (−7.57)
储蓄	0.792 *** (9.27)	0.516 *** (5.0)	0.378 *** (3.28)	−0.109 (−0.81)	−0.083 (−0.48)
国外直接投资	0.080 *** (3.06)	0.076 *** (3.00)	0.073 *** (2.65)	0.045 * (1.72)	0.021 (0.74)
政府收入	0.437 *** (6.15)	0.479 *** (6.93)	0.518 *** (7.73)	0.783 *** (9.74)	0.696 *** (6.65)
土地资本化		0.074 *** (4.41)	0.042 ** (2.25)	0.094 *** (4.51)	0.089 *** (3.64)
土地资本化滞后一期			0.067 *** (3.52)	0.034 * (1.88)	0.047 ** (2.03)
土地资本化滞后二期				0.055 *** (3.27)	0.037 ** (1.99)
土地资本化滞后三期					0.039 ** (2.19)
R^2	90.14	91.45	91.32	90.42	90.33

表 2-2 为土地资本化对投资的回归结果,我们采用固定效应估计。模型 1 为不包括土地资本化变量的回归结果,模型 2 为加入土地资本化变量的回归结果,模型 3、模型 4、模型 5 分别为土地资本化变量滞后 1 期、2 期和 3 期的回归结果。从回归的结果来看,尽管当年土地资本化价值对投资的贡献并不大,对投资增长的弹性系数只有 0.07%,但土地资本化的滞后变量却比较明显。如果考虑 3 期的滞后变量对投资贡献的影响,则土地资本化对投资的弹性系数为 0.21%,远远超出 FDI 对投资增长的贡献(0.02%—0.07% 之间)。但同时,这里面也出现两个问题,一是土地资本化放大了政府投资的作用,二是土地资本化削弱了储蓄对投资的贡献。

土地资本化放大了政府投资的作用,我们称之为土地资本化与政府投资的互补效应。土地资本化以后,地方政府可支配收入增加,从而使地方政府更有能力增加对本地基础设施投资。同时,为了更好地促进经济发展,地方政府在土地资本化的过程中又不得不被迫投资,一是对城市基础设施的投入,二是对开发园区的前期投入。

表 2-3 房地产开发对储蓄的吸纳效应

年份	房地产开发企业国内贷款(亿元)	年末个人住房贷款余额(亿元)	城乡年末存款余额(亿元)	房地产开发吸纳存款余额(%)
1998	1053.17	491	53407.47	2.89
1999	1111.57	1372	59621.80	4.17
2000	1385.08	3305	64332.40	7.29
2001	1692.20	5598	73762.40	9.88
2002	2220.34	8258	86910.60	12.06
2003	3138.27	11780	103617.30	14.40
2004	3158.41	15922	119555.40	15.96
2005	3918.08	18432	141051.00	15.85
2006	5357.00	19854	161587.30	15.60
2007	7015.64	27031	172534.20	19.73

注:房地产开发吸纳城乡居民储蓄用比率来表示,该比率等于房地产开发企业贷款与个人住房贷款余额对城乡居民年末存款之比。
资料来源:《中国统计年鉴》;冯俊:《住房与住房政策》,中国建筑工业出版社 2009 年版。

土地资本化削弱了储蓄对投资的贡献,我们称之为土地资本化与储蓄转化为投资的替代效应(或挤出效应)。例如,我们以土地资本化滞后 1 期为例,没有土地资本化的因素,则储蓄对投资的弹性系数为 0.79%,加入土地资本化因素之后,储蓄对投资的弹性系数降为 0.38%,土地资本化对投资的弹性系数为 0.10%。这是因为,地方政府的土地资本化主要是通过房地产业实施的,而房地产业的大量开发吸纳了城乡储蓄,从而使储蓄转化为生产性的投资大大减少,并使资产呈现泡沫化趋势(如表 2-3、表 2-4)。

如果我们上面的分析能够成立的话,那么,土地资本化促使投资并进而带动经济增长将是一种可怕的经济现象:土地资本化强化政府投资,带动房地产的繁荣,抑制储蓄向实体投资的正常转换,从而带动经济的虚拟化。这种经济增长是可怕的非理性的繁荣。为了进一步验证这一结论,我们下面分地区进行回归。

表2-4　房地产投资占全社会投资总额的比重

年份	城镇固定资产投资总额(亿元)	房地产投资总额(亿元)	房地产投资占全社会投资比重(%)
1998	22491.40	3614.21	16.07
1999	23732.00	4103.20	17.29
2000	26221.80	4984.05	19.01
2001	30001.20	6344.12	21.15
2002	35488.80	7790.90	21.95
2003	45811.70	10153.80	22.16
2004	59028.20	13158.25	22.29
2005	75095.10	15909.20	21.19
2006	93368.70	19422.92	20.80
2007	117464.50	25288.84	21.53
2008	148738.30	31203.20	20.98
2009	193920.40	36241.80	18.69
2010	241430.90	48259.40	19.99

资料来源:《中国统计年鉴》。

表2-5是分地区土地资本化对投资影响的回归结果。从表2-5可以看出,东部地区土地资本化对投资的影响非常明显,土地资本化3期滞后变量对投资的影响都比较显著,土地资本化对投资的总的弹性系数为0.24%。中部地区土地资本化的滞后变量不显著,但是对投资的影响也非常显著,土地资本化的当期投入对投资的弹性系数即为0.25%。西部地区土地资本化对投资的影响相对较弱,其土地资本化的3期滞后变量也不显著,当期土地资本化对投资的弹性系数只有0.08%。

另一方面,土地资本化对政府投资的互补效应,对城乡居民储蓄的替代效应也非常明显(但对居民储蓄投资的挤出效应不显著,未通过检验),东、中、西部的政府投资对投资的弹性系数分别为 0.77%、0.70%、0.59%,而储蓄投资对资本形成的弹性系数分别为-0.26%、-0.06%、0.20%。尽管储蓄对投资的影响未能通过检验,但从系数上判断,土地资本化对储蓄转化为投资的挤出效应是逐步减小的。这说明,经济越发展,土地的租金价值越高,土地的资本化功能越明显,政府对区域经济发展的主导作用越大,资产的泡沫效应也同样非常明显。

表 2-5　土地价值贴现分地区对投资的回归结果

变量	全国	东部	中部	西部
常数项	−5.251 *** (−7.57)	−4.739 *** (−4.30)	−8.535 *** (−6.38)	−5.178 *** (−4.08)
储蓄	−0.083 (−0.48)	−0.264 (−1.01)	−0.059 (−0.13)	0.197 (0.76)
国外直接投资	0.021 (0.74)	−.0385 (−0.94)	0.170 * (1.98)	0.056 (1.30)
政府收入	0.696 *** (6.65)	0.772 *** (4.33)	0.699 *** (3.49)	0.586 *** (3.67)
土地资本化	0.089 *** (3.64)	0.087 * (2.53)	0.247 ** (3.45)	0.080 ** (2.09)
土地资本化滞后一期	0.047 ** (2.03)	0.054 1.64	0.097 1.52	0.012 0.30
土地资本化滞后二期	0.037 ** (1.99)	0.055 ** 2.07	−0.045 −1.18	0.051 1.37
土地资本化滞后三期	0.039 ** (2.19)	0.046 * 1.73	0.016 0.48	0.006 0.15
R^2	90.33	86.01	81.46	94.00

通过上述实证分析,我们可以得出如下基本结论:中国经济增长主要是靠要素投入推动的,其中土地要素是一个重要方面。土地要素对经济增长的贡献并不是作为生产要素直接参与生产,而是通过土地资本化带动政府投资进

而推动经济增长的。同时,大量的土地资本化在推动地方政府投资的同时,也挤出了正常的储蓄向实业投资的转换,带来了房地产经济的繁荣,使资产呈现出泡沫化现象。我们的这一结论也在一定程度上验证了中国目前短期内大量的土地资源资本化具有"荷兰病"的经济特征。"荷兰病"的一个主要危害是资源价值贴现导致资产泡沫化,制造业内生创新动力不足,在长期内必将拖累经济增长。所以,中国经济依靠土地资本化推动经济增长,是一种不健康的、粗放化的经济发展方式,这种经济发展方式是不可持续的。

第二节　土地财政的形成及其依赖

一、地方政府土地财政的本质

(一)土地财政的本质在于扩大地方政府的财源空间

通俗地讲,土地财政就是地方政府通过对土地资源的控制,从中进行资源的资产贴现,形成政府可支配性收入的过程。对地方政府而言,土地财政的实质是地方政府利用土地资源来扩大财政空间,增加政府可支配的财政资源,增强政府财政调控能力。[①]当然,就一般意义而言,地方政府的财政收入来自于土地,例如,来源于土地增值税、房地产税等,之所以称之为土地财政,一定是建立在农地非农化基础之上的,这是问题的关键。这就是说,土地收入主要来源于土地的"增量"上,而不是来源于土地的"存量"上,需要不断地通过对农地进行非农化,对土地进行出让和拍卖才能完成。这种土地"增量"的财政收入行为造成的后果:一是土地出让的不可持续性,因为土地是不可再生的耗竭性资源;二是造成土地资源的粗放利用,因为,要在一

_____

① 中国土地财政研究课题组(苏明等执笔):《中国土地财政研究》,《经济研究参考》2014年第 34 期。

定时期内达到土地财政收入的目的,只有通过土地出让才能实现。所以,农地非农化并不是经济发展所必须,而是财政收入所必须,从而形成了过多的土地供给。

(二)地方政府土地财政的形成

中国在转轨经济过程中,地方政府土地财政是特定的经济环境、发展战略与管理制度的产物,特别是,区域间的经济竞争起到了助燃和催化的作用。因为,在财税分权制度不完善的情况下,在地方政府中形成了"预算内吃饭财政,预算外发展经济"的动力源。从全国范围来看,地方级财政收入增加阻碍了经济增长,但地方土地财政收入却能够促进经济增长……土地财政收入主要用于地方基础设施建设等投资方面,能够更好地促进经济增长。① 其基本逻辑和路径是:

(1)财政分权制度不完善所形成的"财权与事权"的不对称导致了地方政府的财政困境。这一问题的解决依赖两个基本途径:一是通过发展经济,增加GDP,获取预算内财政收入;二是依赖预算外收入加以弥补。②

(2)在目前的考核体制下,"政治激励"与"经济激励"的高度一致,使得经济增长成为地方政府的首要目标。而要发展经济,在目前的发展方式下,必须依赖于投资与出口。这样,招商引资成为重要的政策工具,与农地的非农化紧密联系在一起。

(3)在区域经济发展的竞争中,为了获取域外资金,竞相提供优惠条件,"廉价"土地资源成为一个重要法宝,竞相提供"低地价"甚至"零地价"的工业用地,于是"区际竞争"又转化为对土地资源的竞争。③ 土地资源转变为经

---

① 中国土地财政研究课题组(苏明等执笔):《中国土地财政研究》,《经济研究参考》2014年第34期。

② 张良悦:《财产税、税源替代与耕地保护》,《财经科学》2009年第6期。

③ 陶然、汪晖:《中国尚未完成之转型中的土地制度改革:挑战与出路》,《国际经济评论》2010年第2期。

济增长的驱动因素。

（4）预算外收入起初是国有企业的利润分成，随后是行政事业收费，再之后是土地收入。土地收入包括土地出让收入与土地抵押，土地出让收入的需求方主要是房地产开发，土地抵押的收入担保也主要依赖于房地产市场所带来的营业税，因此，预算外收入依赖并刺激了房地产经济的发展。[①]　土地资源资产化、土地财政、土地抵押融资最终形成。

二、地方政府土地财政的内容

从广义上说，地方政府围绕土地开发所获得的收入都是土地财政的内容，包括租、税、费。所谓租，是指土地开发过程中所获得的土地租金，即土地出让和租赁收入；所谓税，即与土地开发相关的各种税收，包括增值税、所得税、营业税、印花税、契税、耕地占用税，以及房地产税、城镇土地使用税等十多个税种；所谓费，是指与土地开发相关的管理收费，包括土地部门、财政部门和其他部门等十多项行政性事业收费。

但是，从基于对"土地增量"的依赖以及所占比重来看，土地财政的主要内容是地方政府从土地开发中所获得的出让和抵押收入、增值税收入与房地产开发所带来的税收收入三个部分。因此，土地财政的内容概括为：通过"招拍挂"的方式直接出让土地获取预算外收入；扶持本地房地产开发，通过房地产业的税收收入来增加本地预算内财政收入；将土地作为廉价的资源诱使境外资金的流入，增加本地的投资和 GDP 产值，从而获取相应的增值税收入；通过土地抵押从银行获取贷款融资。[②]

---

①　张良悦、田广增、陈豹：《房地产的健康发展与耕地保护》，《管理学刊》2013 年第 5 期。
②　张良悦：《财产税、税源替代与耕地保护》，《财经科学》2009 年第 6 期。

表 2-6　与土地相关的税收占地方政府收入的比重

（单位:亿元）

年份	地方政府总财政收入	与土地开发相关的税收	土地税收占财政收入的比重	土地出让收入	土地出让与财政收入之比	土地抵押融资与贷款	土地抵押与财政收入之比
1999	5594.87	690.79	0.12	849.66	0.15	1820.41	0.33
2000	6406.06	797.93	0.12	1334.54	0.21	2448.58	0.38
2001	7803.30	880.93	0.11	2988.55	0.38	5508.00	0.71
2002	7406.16	1143.24	0.15	4863.19	0.66	7846.74	1.06
2003	9849.98	1447.38	0.15	7814.48	0.79	20319.12	2.06
2004	11693.37	1877.52	0.16	7104.28	0.61	29801.23	2.55
2005	14884.22	2381.62	0.16	7257.45	0.49	35941.62	2.41
2006	18303.58	2895.35	0.16	8741.03	0.48	44766.10	2.45
2007	23572.62	3904.04	0.17	11737.72	0.50	73048.83	3.10
2008	28649.79	4992.92	0.17	——	——	——	——
2009	32602.59	6232.24	0.19				

注:城市维护建设税、城镇土地使用税、土地增值税、耕地占用税、房产税和契税是与土地开发相关的税收;土地出让收入包括土地出让收入、土地转让收入与土地租赁收入;土地抵押包括土地抵押收入与抵押贷款。

资料来源:根据《中国统计年鉴》《中国国土资源统计年鉴》《中国国土资源年鉴》相关年份整理。

（一）预算内的财政收入

主要是通过经济发展获取相关的税收收入:一方面通过低价土地供应招商引资发展本地工业,获取相应的增值税收入,这一部分主要取决于地区经济发展总量;另一方面通过土地开发,获取与土地相关的税收收入。如表 2-6 所示,与土地相关的税收占地方政府总财政收入的比重,从 1999 年的 12% 提高到 2009 年的 19%。

（二）土地出让收入

土地出让收入,主要是指地方政府通过出让、租赁国有土地使用权等方式获取的土地租金收入的总和。这一部分收入主要由房地产开发用地贡献。

地方政府在招商引资过程中,一般是采用低地价竞争方式,甚至是零地价竞争。之前主要是通过划拨或协议价格来供地,尽管 2004 年之后也要求这部分土地进行市场化的供给,但是,实际供地中并不是真正的市场价格。如果考虑到政府在供地之前的前期投资,即由"生地"变为"熟地"(实现了"三通五平",厂商可以直接进驻),那么,工业用地的价格多是"零地价",甚至是"负价格"。在对房地产开发供地中则采用"招拍挂"的竞争方式,而且,地方政府非常希望能够不断地涌现出新的"地王"来推动土地的开发价值,并用房地产用地的出让收益弥补工业用地的低价出让。

那么,为什么地方政府能够在土地供给中进行价格歧视呢?这与垄断厂商的定价策略完全吻合:一方面,地方政府完全控制了土地一级市场,是一个完全的垄断者;另一方面,地方政府能够从其发展策略中细分出市场。由于工业产品和商业服务是一种跨区域的可贸易产品,而房地产是一种不可进行的贸易区位产品,这就为地方政府在工商用地和房产用地上的价格歧视提供了理由和条件①。

唐建等通过对近年来分行业土地转让价格的分析发现,工商用地与房产用地呈现价格倒挂现象②,也充分说明了这一情况。表 2-6 显示,土地出让收入占地方政府总财政收入,由 1999 年的 15% 达到 2003 年的最高值 79%,之后回落到 2007 年的 50%。

(三)通过土地储备进行土地抵押和贷款

这一部分收入主要是通过地方政府融资平台来贡献。已有不少文献讨论

---

① 陶然等:《地区竞争格局演变下的中国转轨:财政激励和发展模式反思》,《经济研究》2009 年第 7 期。

② 唐建、谭永忠、徐小峰:《中国商住用地价格倒挂及其产生机理》,《中国土地科学》2011 年第 1 期。

了"地方政府竞争锦标赛"的竞争规则,这种分析实际上是基于地方政府官员两种行为动机的假设进行的:一是在现行政绩考核体制下地方官员特别关注经济增长,进而获取晋升优势的"政治动机"假说;另一种是尽可能获取更多的地方自有财力的"经济动机"假说。① 这两种动机其实是不可或缺的,经济动机是政治动机的保障,政治动机是经济动机的动力,但政治动机并不能带来经济动机的期望。因为,在增值税的分割比例下,地方政府大力发展工业化的结果对中央财政贡献很大,而对地方财政贡献微薄②。所以,在这样的情况下,地方政府为了发展经济就必须另辟蹊径寻求财政来源,这一来源就是通过地方政府融资平台获取土地抵押和贷款。从表 2-6 中可以看出,1999 年,土地抵押与贷款占地方政府总财政收入的 33%,2002 年就提高到 106%,2003 年提高到 206%,2007 年则达到 310%。足见土地抵押与贷款已经成为土地财政的主要来源。

三、地方政府"土地财政"的依赖

自 20 世纪 90 年代以来,随着土地有偿出让制度、工业园区和开发园区的建设,特别是 1998 年前后房地产的开发,经济发展与土地非农化的开发的关系越来越紧密,"土地财政"的基本格局逐渐形成。

在对"土地财政"的研究上,随着这一现象的逐步显现,人们的认识也经历了一个逐步深化的过程。起初,人们对"土地财政"的理解仅限于地方政府预算外收入和地方财政收入弥补的视角。例如,多数学者将"土地财政"看作是地方政府通过土地储备、土地抵押、"招拍挂"出让等方式对土地资产化的运作而获取的政府收入,且这些收入主要用于对预算内收入不足的弥补③。

① 汪德华:《推进财政支出领域的改革》,《经济研究参考》2014 年第 22 期。
② 潇琦、彭春芳:《和谐的城镇化该如何建设?》,《北京房地产》2009 年第 1 期。
③ 刘守英、蒋省三:《土地融资与财政和金融风险——来自东部一个发达地区的个案》,《中国土地科学》2005 年第 5 期;中国土地政策改革课题组:《中国土地政策改革:一个整体性行动框架》,《改革》2006 年第 2 期;陶然等:《地区竞争格局演变下的中国转轨:财政激励和发展模式反思》,《经济研究》2009 年第 7 期。

之后,随着对这一问题研究的深化,人们发现将"土地财政"再仅仅看作是一种财政补充,已经不足以说明事实上的财政规模,从而促使人们从区域竞争和政府行为的角度进行思考。于是,"土地财政"被看作是地方政府利用土地所有权和管理权获取收入进行的财政收支活动和利益分配关系。这一关系包括地方政府通过土地税收、土地使用权出让、土地融资等方式获取收益,直接或间接增加财政支出能力的行为[1]。吕炜和许宏伟[2]更进一步从发展方式上进行分析,认为土地财政已经固化于现行体制,内生于中国经济增长,成为影响中国经济增长的重要经济变量。

所以,如果不从经济发展方式转变,不从财政税收体制上进行根本性的变革,那么,地方政府土地财政的依赖将很难消除。比如,在比较发达的东部地区,如果说 2007 年前土地租金收入主要用于投资与基础设施建设等"经济发展"的内容,那么,在转变经济增长方式的情况下,应该不再依赖土地财政进行投资。但现实情况是,近几年中国土地出让收入有 2/3 以上集中在经济相对发达、公共财政预算比较充裕的东部沿海的 11 个省……地方政府对土地财政的兴趣依然不减。[3] 这种现象表明,土地财政的依赖已经由经济发展转向经济发展与城市融资的功能。由于城镇化的融资机制没有得到很好解决,城镇化的进一步发展需要政府提供大量的公共服务,如农民转化为市民后所需要的教育、医疗、社会保障等公共服务,以及土地和房产价格上涨后的住房保障投入等,都需要政府相应扩大其支出。虽然近年来中央政府对地方政府转移力度加大,部分缓解了"财权与事权"不对称的问题,但是,在根本上还没有

① 财政部财政科学研究所(邵源整理):《关于土地财政与财税体制改革问题综述》,《经济研究参考》2010 年第 24 期;李尚蒲、罗必良:《我国土地财政规模估算》,《中央财经大学学报》2010 年第 5 期。

② 吕炜、许宏伟:《土地财政的经济影响及其后续风险应对》,《经济社会体制比较》2012 年第 6 期。

③ "中国土地财政研究"课题组(苏明等执笔):《中国土地财政研究》,《经济研究参考》2014 年第 34 期。

建立起完整的城市发展融资机制。

这里面比较麻烦的是,如果不尽快建立起合理的城市化融资机制,很可能形成土地财政依赖的"恶性循环"。这就是说,如果没有形成在集聚效应基础上的财富增长机制,单靠出让土地收入来进行城镇化,则土地出让收入增加必然引起城市空间的扩大,城市空间的扩大反过来又需要更多的公共设施与公共服务,再次需要更多的农地非农化与土地出让,而且,随着土地的过度供给与开发,土地的开发价值会出现递减趋势。

第三节　地方政府融资平台:
土地财政的"暗道"

一、地方政府融资平台的基本内涵

（一）问题的提出

2011 年 6 月,国家审计署发布的 35 号公告显示:截至 2010 年底,全国地方政府性债务高达 10 万亿元;全国省、市、县三级政府共设立融资平台公司6576 家;在地方政府负有偿还责任的债务余额中,承诺用土地出让收入作为偿债来源的达到 2.5 万亿元,共涉及 12 个省级、307 个市级和 1131 个县级政府。[①] 当前地方债务激增的事实表明,地方政府及其部门通过土地抵押负债融资已成为土地资源收入的一个重要渠道。

那么,地方政府是怎样通过融资平台进行融资,土地资源又在其中起了什么作用,这需要一个理论分析。

就已有的研究成果来看,在地方政府土地资产的运作中,对地方政府土地

---

① 中华人民共和国审计署:《中华人民共和国审计署审计结果公告 2011 年第 35 号:全国地方政府性债务审计结果》。

财政的由来、土地财政与经济增长的关系分析较多[1]，而对地方政府"土地债务"收入的分析尚少。图 2-2 是我们对地方政府"土地债务"经营模式的一个理论推测和直观描述：地方政府土地资产运作包括工业化路径和城市化路径两个方面。工业化的路径主要实现 GDP 的增长目标，并获取一定的税收收入，但这些收入远不能满足经济发展的需要，必须依靠地方政府通过土地资产进行债务融资来获取投资资本。这样便产生了土地资产的城市化路经，即地方政府通过土地储备和金融市场进行土地资产运作，通过土地抵押来获取银行资金。[2] 一方面，城市化路径为地方政府负债融资提供了必要性，城市化所需要的大量的基础设施也为地方政府主导的经济发展提供了投资空间；另一方面，地方政府通过对房地产业的扶持，也为地方政府抵押融资提供了可能。

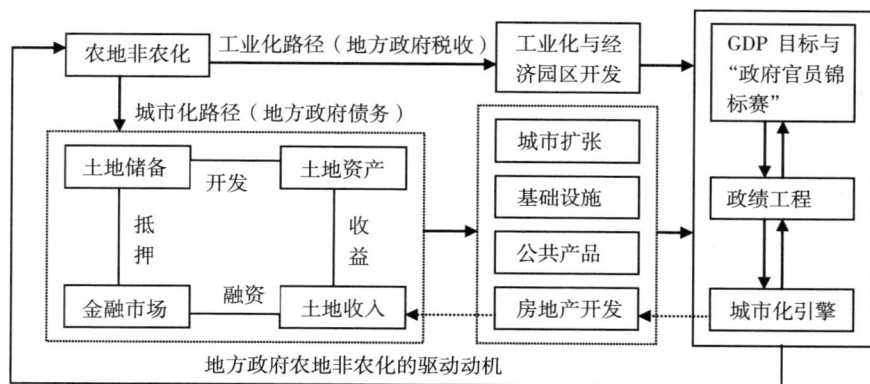

图 2-2　地方政府农地非农化与负债融资

资料来源：张良悦、赵翠萍、程传兴：《地方政府土地违规为何屡禁不止？——地方政府债务的视角》，《世界经济文汇》2012 年第 6 期。

---

① 蒋省三、刘守英、李青：《中国土地政策改革：政策演进与地方实施》，上海三联出版社 2010 年版，第 238 页；杨帅、温铁军：《经济波动、财税体制变迁与土地资源资本化——对中国改革开放以来"三次圈地"相关问题的实证分析》，《管理世界》2010 年第 4 期。

② 张良悦、赵翠萍、程传兴：《地方政府土地违规为何屡禁不止？——地方政府债务的视角》，《世界经济文汇》2012 年第 6 期。

所以,在传统的"租税费"土地财政不能满足地方政府经济发展的目标之后,通过土地抵押负债融资获取银行资金就成为扩大地方政府财力的另一个选择。

(二)基本概念

地方政府融资平台是指由地方政府发起,以地方政府信用为担保获取银行资金,并将其投放到城市基础设施建设的融资方式和载体。例如赵全厚认为,所谓地方政府融资平台主要是指地方政府组建的不同类型的投融资公司,包括城市建设投资公司与土地储备整理中心等;政府通过划拨土地的方式,组建一个资产和现金流大致可以达到融资标准的公司。[1] 魏加宁和苏晓鹏等认为,是由地方政府发起设立,通过划拨土地、股权、规费、债券、税费返还等资产,组建一个资产和现金流均可达到融资标准的地方国有企业或企业集团,以实现平台的对外融资,并将资金主要投入市政基础设施建设及公用事业等领域。[2]

从融资平台的实际情况看,解决地方政府的财政困境用于经济发展之需仍是地方政府融资平台的基本目标。融资的资金来源主要是银行资金,融资的担保是土地资产和政府税收。因此,从其实质上看,仍是依靠地方政府手中的土地资源来获取财政能力,可看成是土地财政的变异,或者说是土地财政的一种"暗道",是以土地资源为抵押对银行资金大规模的"抽取"。

(三)生成过程

1. 地方政府"借壳融资"

理解地方政府融资平台,必须首先理解地方政府融资是怎么一回事,应该

---

[1] 赵全厚:《中国地方政府融资及其融资平台问题研究》,《经济研究参考》2011 年第 10 期。

[2] 魏加宁:《地方政府融资平台的风险何在》,《中国金融》2010 年第 8 期;苏晓鹏、王兵、冯文丽:《地方政府投融资平台风险预警与化解对策》,《农村金融研究》2009 年第 12 期。

采取什么方式进行融资,这种融资方式为什么引起高度的关注等这样几个问题。

地方政府融资是地方政府为提供区域内公共产品而进行的资金筹集行为,这种投资是建立在对公共产品收费的基础上的投融资行为,是一种一次性投资较高而收益回流期限较长的基础性投资,一般采用市政债券的方式。因为,地方政府提供诸如城市供水、污水处理、城市交通等基础设施,需要大规模的投资,但政府在短期内无法从财政上提供相应的资金,从而采取融资的方式。因为,在投资完成后,这些产品采用收费制,其未来的现金流入有足够的保证,所以,地方政府融资是一种取之于民用之于民的理想方式,是发达经济普遍采用的做法。

然而,这种通用的融资方法在我国地方政府却行不通,我国地方政府不具有发行债券的资格,也不允许有财政赤字。《预算法》第 28 条规定:"地方各级预算按照量入为出、收支平衡的原则,不列赤字;除法律和国务院另有规定外,地方政府不得发行地方政府债券。"因此,这就从根本上堵塞了地方政府举债的渠道。① 虽然不能发行地方政府债券,但是,随着城市化的加速发展,城市基础设施与公共产品的提供、各种社会保障、经济增长的目标等又是必须足额完成的任务。因此,在这样的情况下,地方政府便在土地财政"租税费"的基础上,利用法人公司的形式增加了"政府负债"的内容。这可看成是"借壳融资"。这个"壳"就是地方政府融资平台,表面上,"壳公司"按照市场化的规则融资投资,但是,其背后则是政府城市建设和经济发展的内容。尽管目前地方政府债务已经成为一个重大隐患,引起了中央政府的高度重视,但在形成初期,还作为部分区域经济发展的经验加以推广,如上海模式、重庆模式、天津模式等。

---

① 尽管 2014 年《预算法》修订之后,地方政府可以发行债券,但是,在债务主体上只放到了省一级,且对发行条件做了限制性规定,以及发行方式主要由中央政府代为发行。所以,这一分析结果仍有价值。

2. 城镇化加速与反危机应对的催生

地方政府融资平台之前早已存在,2008 年全球金融危机给予了它快速膨胀的政策环境。首先是反危机的需要,2008 年金融危机爆发后,中央政府制定了刺激投资的反危机政策,提出了 4 万亿计划,需要政府扩大投资;其次,城镇化的发展为地方政府投资提供了指向,城镇基础设施具有较大的投资空间;第三,为了解决地方政府财政资金,采取了变通手法绕开了上述法律(《预算法》)的规定。早在 1998 年,中央政府为了应对亚洲金融危机,就采取允许地方政府通过变通手法对外融资的政府行为。2009 年延续了这一做法,"央行在《关于进一步加强信贷结构调整促进国民经济平稳较快发展的指导意见》中提出,支持有条件的地方政府组建投融资平台,发行企业债、中期票据等融资工具,拓宽中央政府投资项目的配套融资渠道"。于是,地方政府融资平台如雨后春笋般地生长起来。赵璧和朱小丰认为,2009 年末,全国地方政府融资平台有 8000 多家,70% 为县级,融资平台贷款余额为 7.38 亿元,占一般贷款余额的 20.4%,约 50% 有足额的土地抵押。① 从一些典型调查地区来看,一些县级政府通过融资平台融资规模数倍于其当年财政收入规模。就其债务存量来看,大多数区县政府债务余额占其当年财政收入规模的比重约在 100%—500%。② 审计署 2013 年 6 月的公告提到,"截至 2012 年底,36 个地方政府本级政府性债务余额 3.85 万元,比 2010 年末增加 0.44 万元。"所以说,地方政府融资平台是"4 万亿"反危机的结果。

二、地方政府融资平台的基本特征

(一)地方政府债务融资的根本目的是发展经济

首先,必须明白地方政府融资的目的并不仅仅是为了弥补财政赤字,而主

① 赵璧、朱小丰:《地方政府投融资平台综述》,《经济研究参考》2011 年第 10 期。
② 赵全厚:《中国地方政府融资及其融资平台问题研究》,《经济研究参考》2011 年第 10 期。

要是为了公共基础设施投资,并通过投资带动经济增长。

地方政府投资能力是地方政府收入能力与地方政府消费性支出需求的差额。从政策上看,影响地方政府公共投资的因素主要包括:经济增长目标、工业化发展、城镇化发展和相关政策因素。从预算上看,地方政府的公共基础设施建设只能依靠预算外收入。地方政府对基础设施的投资资金长期以来主要依靠的是各种显性或隐性的地方债务以及土地财政为基础的预算外资金支撑。在现有的公共资本投融资体制下,由于缺乏审慎的公共资本长期投资计划和严格的公共资本预算约束,地方政府基础设施建设的投资规模在很大程度上取决于地方政府财政可获得的资金规模。[1] 所以,为了城市建设和经济发展,只能通过融资平台来解决土地财政"租税费"所无法满足的财政缺口问题。

贾康和刘微对此有一个很有说服力的解释,不少人认为地方政府债务激增是由于中央政府为应对全球金融危机而推行 4 万亿元投资刺激的结果,但统计结果显示,地方政府融资平台公司的举债只有 10% 左右真正解决了中央提出的 4 万亿元投资计划中要求的地方配套资金,其余部分主要用于地方政府自行安排的建设项目。[2] 这表明,反危机措施只是为地方政府融资平台提供了一个契机而已。所以,融资平台的根本目的仍在于通过土地资源资产化来推动经济增长。

(二)公司化运作与政府借贷行为

地方政府融资平台是指地方政府及其所属部门的投融资行为,由于《预算法》的约束,这种借贷行为只能以公司化的方式运作。因此,地方融资平台

---

① 刘煜辉、沈可挺:《中国地方政府公共资本融资:问题、挑战与对策——基于地方政府融资平台债务状况的分析》,《金融评论》2011 年第 3 期。
② 贾康、刘微:《"土地财政"论析——在深化财税改革中构建合理、规范、可持续的地方"土地生财"机制》,《经济学动态》2012 年第 1 期。

虽然一般以国有企业的形式存在,但政府与投资平台公司的边界不清楚,其运转实质上是行使政府职能而非企业行为。从表面上看,地方政府投融资平台与金融机构是简单的债权债务关系,只有符合金融机构严格的贷款条件,金融机构才能向平台提供融资。但实际上,作为政府在重点领域投融资主要载体的融资平台,金融机构是必须给予满足的。[1] 实际上,在整个社会土地资产快速膨胀过程中,土地资产也深受金融机构的欢迎。所以,"政府主导,银行融资,财政担保"是其最根本的特征。具体来说有以下几方面:

(1)政府主导、银行信贷的市场化运行模式。土地出让收入,在一定程度上会受到现实条件的制约,比如,出让的土地年度规模与数量,工业用地与商住用地的比例,2007年后,土地出让金实行"收支"两条线专项管理,等等。如果能够通过抵押获取贷款资金,则地方政府更容易支配。可以说,融资平台既体现了政府政策取向,又在一定程度上按照信用原则组织经营,发挥了财政信用与商业信用相结合的优势。[2]

(2)投资公司的建设开发。地方政府投融资平台,实际上广泛地包括地方政府组建的城市建设投资公司、城建开发公司、城建资产经营公司等不同类型的公司,它们将融入的资金投入市政建设、公用事业等项目中,进行城市建设与开发。[3] 这种运作模式与经营内容符合经济发展的规律,切合城市化发展的空间,在发展的内容上是一个正确的选择,但在资金来源上是不可持续的。因为,在现有的城市基础设施建设中,没有资金回流的来源与渠道,这样,投资公司的资金就不能通过投资回流来偿付,只能来源于不断地抵押,来源于土地资产价值的升值,通过新的抵押来偿还旧的借款。

(3)资金主要来源于银行系统。20世纪80年代以前,我国地方政府城市

---

① 课题组(许航敏、葛小南、孙洁执笔):《地方政府投融资平台:风险控制机制研究》,《经济研究参考》2011年第10期。

② 郭励弘:《实施债权人对融资平台的信用评级》,《中国金融》2009年第20期。

③ 巴曙松:《地方政府融资平台的发展及其风险评估》,《西南金融》2009年第9期。

基础设施建设所需资金主要通过财政投入来融通。目前,由于地方政府主导的投资饥渴症仍未消除,在财政资金无法满足政府投资需要的情况下,又将银行信贷作为主要资金的来源。从本源上说,地方政府负债融资应该来源于资本市场,是对社会资金的利用。但是由于制度上的问题,地方政府的资金便变相地来源于银行的金融系统。

(三)影子银行与政府债务隐性化

尽管地方政府融资平台具有形式上的独立性,是公司化的主体。但是,由于其背后真正的信用主体是地方政府,且其主要业务是为地方政府基础投资进行融资,几乎没有资金回流,因而其所负债务必然是政府的债务。虽然这笔债务没有直接表现在政府负债中,但从性质上看是广义的地方政府债务的组成部分。只不过是相当于把原来的常规负债项目转变成了表外融资业务。这样,原来的常规负债项目通过融资平台这个中间环节之后就变成了地方政府的或有负债。① 因此,可以说,地方政府融资平台的资金融通,是"影子银行"的一种表现形式。这种负债融资虽然没有表现为预算赤字,但是却有大量的银行系统的潜在风险,可以看成是地方政府债务的隐性化。

三、土地资产是地方政府融资平台的最终支撑

(一)土地在融资平台中扮演了重要的角色

地方政府融资平台是地方政府延伸性平台的融资模式,如城市建设投资公司作为平台进行融资,土地储备整理中心作为平台进行融资。② 在土地资

---

① 严格说来,地方政府债务与地方政府性债务之间的口径有一定差异,"主要区别在于地方政府债务仅包括地方政府直接举借的债务,而地方性债务涵盖的债务主体包括政府融资平台公司等举借的部分债务"。参见刘煜辉、沈可挺:《中国地方政府公共资本融资:问题、挑战与对策——基于地方政府融资平台债务状况的分析》,《金融评论》2011 年第 3 期。

② 课题组(刘尚希等):《"十二五"时期我国地方政府性债务压力测试研究》,《经济研究参考》2012 年第 8 期。

产快速膨胀的过程中,其成为金融机构青睐的资产,因此,土地在融资平台中发挥了重要作用。

由于地方政府能够通过农地非农化支配土地资源,所以,各地政府通过土地批租进行融资便成为首要的选择。土地储备制度为地方政府进入资本市场融资提供了前提,出现了"政府手中没有地比财政没有钱还要可怕"的说法。① 据国土资源部对 84 个重点城市登记数据的分析,截至 2009 年底,全国 84 个重点城市储备土地抵押 3547 亿元,占 84 个城市土地抵押金额的 14%,储备土地抵押贷款超过工业用地抵押贷款,2009 年 84 个重点城市新增土地抵押贷款中有 1/5 流向地方政府储备土地抵押。② 另据赵璧和朱小丰分析,2009 年末,全国地方政府融资平台有 8000 多家,约 50% 有足额的土地抵押。③ 在地方政府典型的成功模式中,也主要是依托于土地资源。如上海多元模式之路就有"充分利用土地资源,大力推进土地批租"的内容;天津模式是以政府性投资公司为主要载体,以未来土地收益为抵押,向金融机构大规模举债建设大型基础设施项目。④ 2011—2014 年,《国家土地督察公告》第 4、5、6、7 号,都披露了利用土地违规抵押融资的查处情况。

(二)土地财政和地方投融资平台互为助推

为什么融资平台能够以土地作抵押,而且银行也以土地作为优良的质押品呢? 这是因为,一方面,土地资源是地方政府手中可以随时出手变现的资产,例如,在 2008 年全球金融危机之后,在经济刺激计划的发展背景下,土地出让收入呈现"井喷式"增长。据国土资源部及相关部门统计,2006 年全国土地出让金 7000 亿元,2007 年 1.3 万亿元,2008 年 9600 亿元,2009 年 1.59 万

---

① 赵全厚:《中国地方政府融资及其融资平台问题研究》,《经济研究参考》2011 年第 10 期。
② 石珩、姜武汉:《土地融资平台的若干思考》,《中国土地》2010 年第 5 期。
③ 赵璧、朱小丰:《地方政府投融资平台综述》,《经济研究参考》2011 年第 10 期。
④ 赵璧、朱小丰:《地方政府投融资平台综述》,《经济研究参考》2011 年第 10 期。

亿元,2010 年 2.7 万亿元,2011 年为 3.2 万亿元①。另一方面,在地方政府的土地资产运作中,房地产销售的营业税是地方政府税收的主要来源,房地产的大力发展具有较大的"增值空间"。

再者,地方政府能够通过"土地滚动开发"的模式不断地将土地资源转变为预算外收入和土地抵押融资。这就是说,不断地通过土地开发来保证土地资产的价值,推动土地的进一步开发。在"土地滚动开发"过程中,地方政府能够通过土地储备的方式以低补偿的形式大量征收农村土地,一方面,高价转让给开发商,获取土地转让收入;另一方面,通过抵押的方式取得大规模的银行贷款。由此形成"征地—土地收入—银行贷款—城市建设—征地"这样一个不断滚动的开发循环模式。②

（三）房地产业成为地方政府融资平台的重要担保

在现代社会中,房地产成为社会财富的重要内容和体现,因此,住宅开发建设也就成为土地开发的价值所在。如果没有房地产价值作为社会财富的体现,那么,城市开发基础设施的土地价值也将失去价值体现主体而无法转化。例如,一个好的城市基础设施和公共产品,如地铁、学校、医院等社会资本价值必须体现在其周边的房产价值上,否则,只能是社会的一个沉淀资本。这也是为什么房地产价值体现了一个城市发展综合水平的缘故。

房地产业成为地方政府融资平台的担保主要表现在两个方面:一是房地产开发可以为地方政府带来预算内的营业税收入,增加政府的税收能力,更为重要的是,房地产的开发可以保证地方政府土地出让收入的实现。二是房地产市场的繁荣能够使土地资产市场价值高涨,有利于地方政府土地抵押获取负债融资。所以,要使地方政府融资平台得以顺畅地运作,就需要地方政府支

---

① 翁仕友、郑猛:《土地财政的最后盛宴》,《财经》2013 年第 1 期。
② 冯兴元:《土地财政、地方政府融资平台与规则》,《国土资源导刊》2011 年第 3 期。

持房地产的开发,以维持房地产的繁荣。这一部分内容将在第五章作详细分析。

本 章 小 结

本章主要对农地非农化的功能附加及其机制进行了以下分析。

(1)农地非农化的"功能附加",是指地方政府在农地非农化的开发过程中附加的"经济增长""土地财政"和"土地抵押融资"功能,其基本的发展逻辑是"土地转换—价值显现—土地收入—资本深化"。

(2)实证分析表明,大量的农地非农化并不是城镇化空间刚性需求的结果,而是经济发展土地要素资本化的产物。地方政府通过"土地贴现"进行资本积累和资本深化加速了农地非农化的进程,并且在这一过程中放大了地方政府的投资,并对民间投资产生了"挤出效应"。土地财政是指地方政府在农地非农化中以土地资源进行贴现所获取的预算外收入,包括土地出让收入和抵押收入。在目前财税机制不完善、发展方式未根本转变的情况下,土地资源收入成为城市发展融资和政府投资的重要来源。

(3)地方政府融资平台是地方政府"土地财政"的"暗道"。地方政府通过融资平台,以土地储备为抵押,通过负债的方式获取银行系统资金,满足"租税费"的土地财政受限的财政预算空间,进一步加大土地要素的资本化或资产化,以实施投资为主要动力的粗放经济发展。

第三章　为什么地方政府土地违规违法屡禁不止[①]

实现农地非农化的附加功能必须有足够的土地作为支撑,为了获得足够多的土地资源,地方政府除了垄断供给合法的土地外,还在土地利用开发的各个环节违规运作。特别是在住房货币化改革、土地资产开发的价值凸显之后,地方政府土地违规违法更呈屡禁不止、愈演愈烈的趋势。这看起来似乎不可思议,然而,这确实是中国农地非农化过程中不争的事实。在一定程度上,这种违法实际上是地方政府与中央政府之间博弈的"一种解":既无法杜绝,又必须严厉监督。

然而,作为带有"规律"性的现象,需要我们从制度上加以深层次的思考。不少研究已经说明,经济增长、财政困境、城镇化是地方政府土地违规的根本动因,例如,刘东和张良悦[②]从政府经济人的角度分析了地方政府土地征用过度激励的原因,陶然[③]、李尚蒲和罗必良等[④]从财政收入的角度分析了地方政

---

①　本章所分析的地方政府土地违规违法是一个中性的概念,是我国土地资源市场向市场化过渡中的一个客观存在。

②　刘东、张良悦:《土地征用的过度激励》,《江苏社会科学》2007 年第 1 期。

③　陶然、刘明兴:《中国城乡收入差距、地方政府开支及财政自主》,《世界经济文汇》2007 第 2 期。

④　李尚蒲、罗必良:《我国土地财政规模估算》,《中央财经大学学报》2010 年第 5 期。

府土地违法的行政逻辑,刘守英和蒋省三①分析了土地融资与城镇化建设的关系。龙胜开和陈利根②更是从经济发展的角度提出了经济发展与地方政府土地违规的"库兹涅茨"曲线。但是,为什么地方政府要进行土地违法,违规违法的主要内容方式是什么? 这需要一个系统性的分析。

第一节　土地违规违法是地方政府
农地非农化的一种途径

一、土地违法成为地方政府农地非农化的"正常"渠道

(一)土地违规违法是地方政府经济发展驱动的结果

中国城镇化进程中农地非农化最大的问题是政府驱动,这种驱动一方面是为了财政税收的需要;另一方面则是为了地方政府主导的经济竞争,关于这一方面的分析已很多,在此不再赘述。为了获得竞争和税收所需的资源,土地就成为地方政府主导经济发展的一个重要变量,在这种情况下,土地违规违法开发就不再是偶然的投机行为,而是成为地方政府获取土地资源的一个"正常"渠道,即土地违法具有持续性、普遍性、严重性及不可制约性。持续性是说,土地违规违法从改革开放之后一直在发生,特别是在市场化改革和住房货币化制度改革之后,呈增加趋势。普遍性是说,土地违规违法涉及的违法主体非常广泛,几乎涉及每个地方政府。严重性是说,无论是一次性违法程度,还是连续的违法程度都是非常严重的。不可制约性是说,在土地管理上,要么是土地管理制度不合理,要么是土地执法有问题,制度失去了

---

① 刘守英、蒋省三:《土地融资与财政和金融风险——来自东部一个发达地区的个案》,《中国土地科学》2005 年第 5 期。

② 龙开胜、陈利根:《经济增长与土地违法的库兹涅茨曲线效应分析》,《中国土地科学》2011 年第 7 期。

其严肃性,无法保证土地在规范、法治的秩序下进行时序化的开发。这些问题需要我们从对土地利用的理念、土地资产的规则和社会共识上进行反思和探究。

（二）土地违规违法是农地非农化的"正常"渠道

图3-1是我国1998—2017年农地非农化合法和非法数量的一个比较,从中可以看出地方政府在农地非农化方面的持续性和普遍性。

从图3-1中我们发现,总体上看,1998—2017年农地非农化违法数量呈波动增加趋势。其中一个重要特征是,凡是违法数量比重较高的年份,一般是地方政府在合法的农地非农化数量上较少,需要通过违法的方式加以弥补。如1998—2007年合法的农地非农化数量相对较少,则违法的农地非农化的数量及比重较高,在20%—30%之间;而2008—2017年间合法的农地非农化数量较大,违法的农地非农化呈下降趋势,违法的比重较低,在10%以下。这一事实充分表明,违法的农地非农化是地方政府在农地非农化方面的一个基本的"补充"。这就是说,地方政府一般是基于当年经济发展需要来对土地进行开发和转用的,经济发展的速度和规模已经决定了土地开发的规模。如果能够获得批准,则正好满足发展的需求;如果不能获得批准,则只有通过违法的方式来获取,以满足经济发展的需求。所以,从这一角度来看,我们认为土地违法是农地非农化的一个"正常"的渠道。

（三）土地违规违法与制度设计有关

地方政府土地违规违法的事实表明我国在农地非农化制度安排上的不合理性,即过于偏重于土地资源的经济功能,忽视了土地资源的其他功能,进而导致农地非农化管理上的失范。当然,这一问题及其严重性在国家层面已被充分认识,但是,未能从根本制度上加以纠正。2008年成立国家土地督察,试图扭转这一问题,但中央政府的反危机政策又极大地对冲了这一政策的效力。

（单位：公顷）

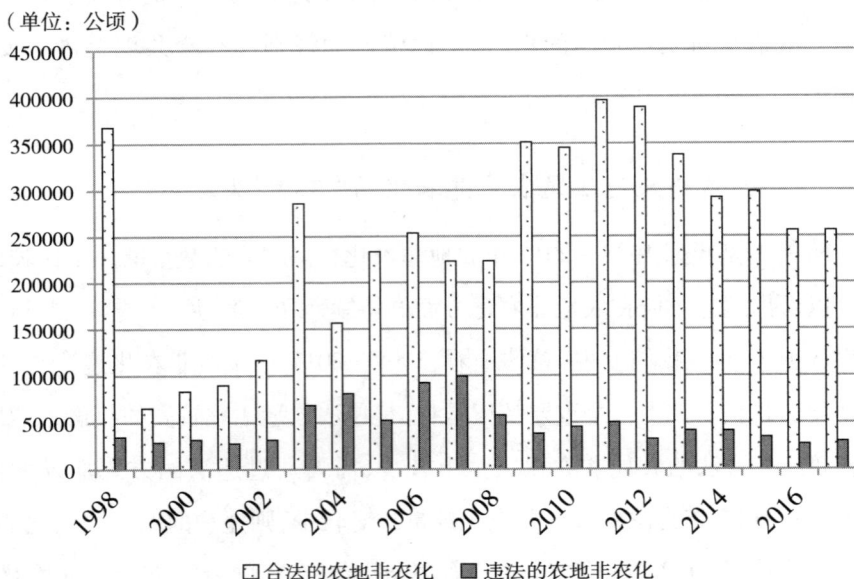

图 3-1　1998—2017 年全国农地非农化合法和违法的数量

注：1998—2002 年合法的农地非农化为实际农用地数量，2003—2017 年为农地征收数量；违法的农地
　　非农化为当年发现的涉及的农地数量。

资料来源：《中国国土资源年鉴》相关年份。

我们大致以 2010 年为界进行划分加以说明。图 3-2、图 3-3 是 1999—2010
年、2011—2016 年全国及各省（区、市）违法农地非农化占全部农地非农化的
比重。2010 年之前这一段时间的平均比重在 20% 以上，2010 年之后降为
10%。虽然有很大好转，但这一问题并没有得到根本解决，甚至个别省的违法
比重超过之前的最高比重。

　　1999—2010 年这段时期全国平均土地违法开发为 21.20%，最高省份为
海南省 47.71%，最低省份为福建省 6.08%。2011—2016 年这段时期全国平
均水平为 10.28%，最高为北京市 52.12%，最低为江西省 4.06%。从中可以
反映出我国土地违法开发的严重性和普遍性。我们以大于 30%、30% 以下、
20% 以下、10% 以下为标准，分为极高、高、中、低四个组别（见表 3-1）进行分
类，发现 2010 年之前，极高违法组有 7 个省份，高强度违法组 7 个省份，中等

（单位：%）

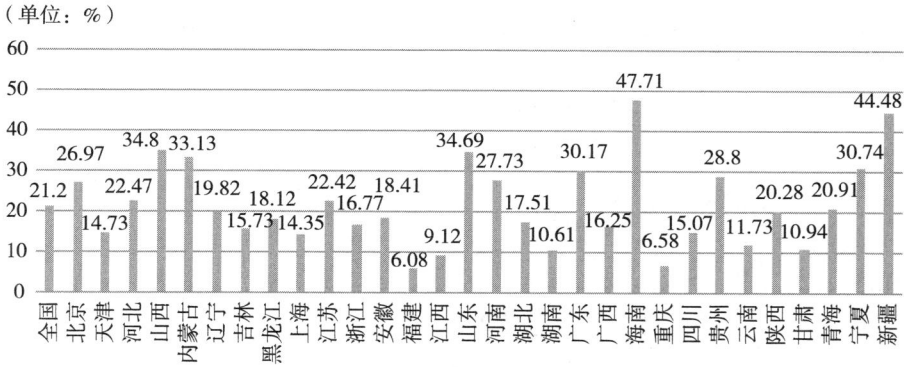

图 3-2 1999—2010 年全国及各省（区、市）土地违法面积占农地非农化面积的比重

注：土地违法面积为当年发现的违法土地面积，农地非农化面积包括当年合法征用的农地面积与违法的土地面积之和。

资料来源：《中国国土资源年鉴》相关年份。

（单位：%）

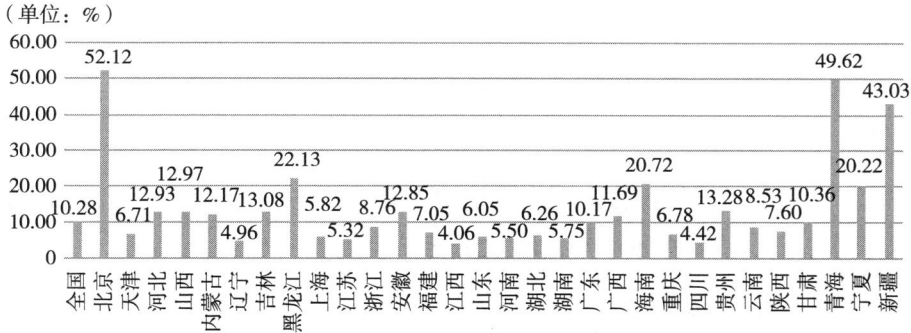

图 3-3 2011—2016 年全国及各省（区、市）土地违法面积占农地非农化面积的比重

注：土地违法面积为当年发现的违法土地面积，农地非农化面积包括当年合法征用的农地面积与违法的土地面积之和。

资料来源：《中国国土资源年鉴》相关年份。

强度违法组 13 个省份，低强度违法组 3 个省份；2010 年之后，极高违法组有 3 个省份，高强度违法组 3 个省份，中等强度违法组 9 个省份，低强度违法组 15 个省份。

表 3-1　1999—2016 年全国各省(区、市)违法农地非农化的分组情况

时期	程度	省份
1999—2010 年	x>30%	山西、内蒙古、山东、广东、海南、宁夏、新疆
	20%<x<30%	北京、河北、江苏、河南、贵州、陕西、青海
	10%<x<20%	天津、辽宁、吉林、黑龙江、上海、浙江、安徽、湖北、湖南、广西、四川、云南、甘肃
	x<10%	福建、江西、重庆
2011—2016 年	x>30%	北京、青海、新疆
	20%<x<30%	黑龙江、海南、宁夏
	10%<x<20%	河北、山西、内蒙、吉林、安徽、广东、广西、贵州、甘肃
	x<10%	天津、辽宁、上海、江苏、浙江、福建、江西、山东、河南、湖北、湖南、重庆、四川、云南、陕西

资料来源:《中国国土资源年鉴》。

　　行文至此,我们需要对一个基本的观点加以解释。我国在农地保护上实施最严格的耕地保护制度,以及 18 亿亩耕地红线的标准。然而,在农地非农化的事实上,却出现了全面的、大规模的、持续的地方政府违规违法现象。显然,这种现象已经不能仅从法治的角度进行认识,已经不能用个体的法律观念与道德标准加以评判,需要从制度设计的角度加以深思。

　　我们认为,地方政府土地违规违法是一个中性概念,需要从经济赶超战略、"地方政府经济人"、"区域经济竞争"、"地方政府竞争锦标赛"、土地产权制度与土地管理制度等经济发展战略、发展机制、交易制度、城市发展模式等方面去综合认识。这样,才能够真正理解土地违规违法的内涵,也才能从发展方式、制度构建与社会治理的高度加以关注。需要说明的是,本书虽然没有对这一概念进行系统的分析与说明,但是,所有涉及地方政府违规违法的问题都是依据这一基本观点去分析运用的。

　　从具体的省份来看,违规违法的程度既与经济发展水平有关,更与土地资源的丰裕程度有关。例如,在最严重的省、市中,北京、广东、山东和海南是东

部发达省份,其余为中西部不发达省份。同样,在次严重的省份中也是如此。从总的情况来看,要么是土地资源丰裕,"有条件"违法开发,要么是经济发展急需,"必须"违规开发。

表3-2 全国及各省(区、市)1999—2016 年年内非法农地非农化比重

(单位:%)

年份	全国	北京	天津	河北	山西	内蒙古	辽宁	吉林	黑龙江	上海	江苏
1999	30.51	68.89	13.95	27.40	74.27	48.40	2.54	19.79	9.12	53.76	29.30
2000	27.58	28.19	24.83	31.48	82.34	31.39	25.67	30.49	2.68	4.49	11.51
2001	23.61	16.49	24.93	27.36	43.62	39.04	47.90	26.29	24.38	9.05	14.57
2002	21.30	14.58	9.37	35.76	27.61	23.89	30.75	32.05	17.38	14.00	13.08
2003	19.29	14.55	23.86	25.02	43.48	45.78	45.68	29.09	29.56	8.14	8.49
2004	34.04	17.80	8.91	26.18	43.04	61.94	22.58	14.29	12.42	21.66	38.92
2005	18.28	9.55	13.62	21.59	26.82	24.59	14.76	6.15	6.76	9.97	25.67
2006	26.66	30.94	22.90	20.56	31.45	37.49	13.88	8.39	27.96	15.83	43.12
2007	30.75	55.92	24.47	39.20	47.43	36.27	25.58	11.91	47.94	27.93	39.13
2008	20.53	36.04	21.86	13.87	24.00	66.94	8.94	16.75	25.58	4.62	32.91
2009	9.76	18.96	3.11	11.78	23.61	9.41	12.24	15.94	15.39	3.07	20.04
2010	11.56	30.70	3.59	16.18	20.63	12.21	20.42	16.29	22.99	5.79	6.62
2011	11.23	49.60	2.66	12.91	10.95	59.92	5.13	9.48	13.30	4.29	9.07
2012	7.62	30.55	2.60	8.40	7.00	10.15	2.14	14.34	36.79	4.01	3.24
2013	10.88	48.23	4.60	14.30	10.71	12.72	5.71	13.24	39.80	7.49	4.37
2014	12.29	61.15	14.11	20.06	19.20	11.97	6.96	16.45	28.71	6.00	6.25
2015	10.34	63.67	21.07	16.09	23.79	9.65	4.80	17.51	12.28	3.76	4.00
2016	9.52	69.83	1.00	4.25	12.69	4.91	8.40	12.40	28.90	9.71	5.36
年份	浙江	安徽	福建	江西	山东	河南	湖北	湖南	广东	广西	海南
1999	7.30	55.34	3.58	12.20	46.51	50.07	38.06	19.96	22.70	53.85	86.64
2000	7.51	26.57	3.96	10.68	45.36	54.64	53.76	19.15	38.55	53.07	97.31
2001	7.61	27.37	10.77	32.43	31.64	44.89	29.17	17.63	33.50	12.46	97.69
2002	10.53	12.19	7.27	5.94	37.52	36.39	23.06	17.07	57.03	49.67	85.74
2003	9.32	6.98	5.91	7.36	57.13	21.68	29.69	8.67	30.04	22.97	76.31

续表

年份	浙江	安徽	福建	江西	山东	河南	湖北	湖南	广东	广西	海南
2004	58.09	7.79	5.73	18.99	55.93	25.76	12.24	14.87	22.89	3.30	32.76
2005	42.05	9.93	5.36	4.07	14.84	19.37	16.24	9.99	14.94	6.15	6.97
2006	30.33	26.43	6.19	5.72	39.71	59.12	18.54	11.38	60.32	13.12	28.66
2007	18.86	28.92	6.97	19.73	46.41	33.46	30.15	16.20	49.14	25.19	10.05
2008	18.30	12.34	5.51	6.40	28.58	14.19	10.83	7.82	45.07	10.07	2.47
2009	4.46	25.62	2.65	7.58	7.31	7.11	8.44	3.40	20.96	4.72	7.62
2010	8.51	15.22	12.02	8.88	6.78	5.97	4.94	13.04	3.71	22.91	23.94
2011	12.84	16.21	8.41	4.42	3.80	4.56	11.18	8.24	4.95	20.97	19.83
2012	6.12	15.27	8.09	3.89	4.93	4.99	5.08	6.16	6.87	7.22	35.36
2013	9.44	15.88	5.54	5.17	8.23	9.36	4.35	4.43	10.68	6.91	8.68
2014	10.98	16.82	6.25	4.35	7.62	9.17	7.33	4.71	12.98	13.45	30.07
2015	7.20	9.07	6.72	3.42	4.18	5.27	13.04	5.30	8.02	11.23	17.21
2016	5.35	4.30	7.09	2.82	8.22	2.16	1.99	5.45	16.54	15.07	12.14

年份	重庆	四川	贵州	云南	陕西	甘肃	青海	宁夏	新疆		
1999	24.50	35.80	10.31	57.98	28.90	18.06	17.91	8.65	85.69		
2000	20.69	18.79	35.04	10.91	27.61	9.78	10.71	79.31	54.23		
2001	7.29	16.50	27.37	3.82	32.15	6.56	8.70	4.15	7.96		
2002	6.61	10.51	27.75	7.01	34.61	32.77	6.37	13.73	4.12		
2003	1.16	37.08	32.31	12.86	31.72	8.73	7.80	16.28	62.53		
2004	16.23	38.14	80.14	27.74	17.10	24.73	28.29	32.48	22.17		
2005	3.81	21.50	20.89	4.20	19.26	5.60	62.34	30.19	29.73		
2006	2.78	22.80	3.25	4.05	29.85	9.05	46.91	22.50	82.31		
2007	16.28	17.86	61.19	16.86	40.18	45.24	21.96	38.81	81.85		
2008	12.41	1.87	24.71	23.28	16.39	9.63	49.55	63.51	58.81		
2009	7.87	4.91	6.81	1.51	7.00	3.69	11.90	23.64	27.84		
2010	8.73	7.04	6.46	13.99	5.82	4.21	21.05	24.55	30.77		
2011	11.59	9.70	13.25	15.74	4.27	9.66	42.40	41.32	19.15		
2012	6.92	2.84	11.75	4.10	3.54	10.38	19.41	12.32	31.05		
2013	5.99	2.84	14.88	4.63	31.83	20.91	12.22	13.65	54.73		
2014	6.50	2.10	10.32	13.98	6.12	5.10	55.93	17.13	66.95		
2015	7.72	4.68	16.05	7.17	3.92	6.92	83.62	6.57	47.10		
2016	13.05	3.84	13.87	14.91	7.59	3.80	95.20	9.45	69.51		

资料来源:《中国国土资源年鉴》相关年份。

从违法严重程度上看,严重违法涉及的省份面广、频次高,不仅说明了农地非农化违法的普遍性和严重性,也说明了土地违法的不可制约性。表3-2是全国及各省(区、市,不包括西藏)1999—2016年每年土地违法非农化的动态情况。从中可以看出,全国各个省份每年都有土地违法情况,具有普遍性。总体上看,土地违法呈现出强弱交替出现的违法特征,这表明,违法主体具有很强的农地非农化冲动,土地违法部门对违法主体惩处之后有一个较好的缓和期,缓和之后会再有一个较大的违法实施过程。表3-3显示1999—2010年土地违法占全部农地非农化数量超过一半(在50%以上)的涉及17个省份36次,接近一半(在40%—50%)的有13个省份21次,将两者一起考虑,则涉及22个省份。

表3-3　1999—2010年农地非农化严重违法省(区、市)的情况

程度	省份及频次
大于50%	北京(5)、山西(2)、内蒙古(3)、上海(1)、浙江(1)、安徽(1)、山东(2)、河南(3)、湖北(1)、广东(2)、广西(2)海南(5)、贵州(2)、云南(1)、青海(4)、宁夏(2)、新疆(9)
40%—50%	北京(2)山西(4)、内蒙古(2)、辽宁(1)、黑龙江(1)、江苏(1)、浙江(1)、山东(3)、河南(1)、广东(2)、广西(1)、陕西(1)、甘肃(1)青海(3)、新疆(1)

注:括号内的数字表示在这一时期,违法比重占全部农地非农化比重的年份次数。
资料来源:《中国国土资源年鉴》相关年份。

所有这些特征事实表明,土地违规违法并不是经济发展的刚性需求,而是地方政府为了发展经济所能够动用的政策资源。

二、地方政府是土地违规违法的责任主体

(一)地方政府对土地违规违法应承担主要责任

表3-4是我国1998—2017年各类违法主体构成的情况。从土地违法所涉及的违法主体看可分为四类,即各级地方政府、企事业单位、村组集体

和居民个人。从总体情况上看,各违法主体所占案件比重大致稳定,村民个人是主要的违法主体,在 70%—80% 波动;其次是企事业单位,在 10%—20% 波动;再次是村组集体,在 5%—10% 波动;最后是地方政府,在 3%—5% 波动。

　　土地违法涉及这么多主体,那么,谁应该对土地违法承担主要责任呢?首先从现象上看,就土地违法的案件数目上来看,个人违法所占比重最高,其次是企事业单位,再次是村组集体,最后是各级地方政府。但是,就土地违法面积来看,则企事业单位最高,其次是个人主体,再次是各级地方政府,最后是村组集体。从案件本身来看,似乎村民个人与集体、企事业单位应该是违法的主要承担者;但是,从管理制度上看,地方政府应该承担主要责任。我们仔细分析就会发现,企事业单位一般是在政府默认许可下才敢违法开发,村集体组织是一种准政府组织,所以,这两项都可以归结为与政府有关的违法行为。居民个人违法开发有三种情况:一是不给予开发机会进行非法开发,如小产权房;二是为了获得更多的补偿,在征地之前进行过度投资;三是农村居民无法通过正常渠道获得宅基地,私自侵占自己的耕地进行住宅建设。这些现象多数是在居民得不到正常的、合理要求的情况下被迫进行的。综上分析,我们认为地方政府应对土地违规违法承担主要责任。

表 3-4　1998—2007 年全国土地违法主体及其构成

年份		1998	1999	2000	2001	2002	2003	2004	2005	2006	2007
省级机关	占案件数比重	0.04	0.03	0.05	0.07	0.06	0.07	0.02	0.05	0.05	0.17
	占面积比重	0.53	0.45	0.83	0.95	4.71	0.30	0.09	1.23	0.35	1.76
市级机关	占案件数比重	0.27	0.19	0.18	0.18	0.27	0.25	0.09	0.41	0.11	0.24
	占面积比重	0.74	1.04	1.74	5.42	2.72	3.57	1.33	1.33	1.32	1.84

续表

年份		1998	1999	2000	2001	2002	2003	2004	2005	2006	2007
县级机关	占案件数比重	1.67	1.19	0.80	1.16	1.18	2.67	0.77	0.97	0.74	0.87
	占面积比重	21.30	7.83	17.90	14.10	7.71	8.91	3.69	4.19	5.52	6.72
乡级机关	占案件数比重	2.89	2.65	1.40	1.30	1.23	1.86	1.32	0.78	1.14	1.28
	占面积比重	7.34	7.57	5.36	6.57	3.54	5.56	9.32	3.50	5.58	5.48
村组集体	占案件数比重		5.01	5.54	5.89	6.42	6.38	6.78	5.00	6.70	7.16
	占面积比重		14.12	17.55	17.06	15.76	11.59	10.60	8.90	11.10	10.14
企事业单位	占案件数比重	16.64	9.05	8.06	10.26	12.09	16.60	18.50	18.83	21.13	22.60
	占面积比重	43.69	49.13	30.37	32.50	44.93	48.72	59.80	52.99	45.80	52.86
个人	占案件数比重	78.50	81.87	82.33	81.16	78.75	72.17	72.50	73.96	70.14	67.68
	占面积比重	26.40	19.85	26.26	23.40	20.63	21.34	15.18	27.85	30.32	21.21
年份		2008	2009	2010	2011	2012	2013	2014	2015	2016	2017
省级机关	占案件数比重	0.07	0.12	0.09	0.03	0.03	0.02	0.08	0.08	0.14	0.02
	占面积比重	0.79	1.19	1.16	1.13	0.72	18.02	1.66	0.42	4.57	0.21
市级机关	占案件数比重	0.10	0.16	0.11	0.04	0.04	0.06	0.16	0.07	0.09	0.30
	占面积比重	1.11	1.33	1.08	0.57	0.46	0.86	1.68	0.80	1.34	1.80
县级机关	占案件数比重	0.78	0.91	0.86	0.59	0.53	0.46	0.55	0.39	0.54	0.96
	占面积比重	4.47	6.24	6.52	4.24	5.23	4.06	3.58	2.54	5.18	5.93

续表

年份		2008	2009	2010	2011	2012	2013	2014	2015	2016	2017
乡级机关	占案件数比重	0.94	1.25	1.16	0.92	0.99	1.01	0.79	0.56	0.54	0.79
	占面积比重	4.64	4.60	3.35	3.85	3.44	4.18	3.38	2.12	1.67	2.99
村组集体	占案件数比重	6.56	5.10	4.99	3.49	4.85	5.62	6.22	7.86	9.54	10.10
	占面积比重	10.58	7.61	4.78	4.92	5.95	6.88	6.55	8.21	7.94	9.29
企事业单位	占案件数比重	16.34	16.42	18.24	15.87	14.23	15.40	15.81	13.48	14.06	15.72
	占面积比重	59.46	58.69	63.05	61.44	59.61	58.86	55.71	53.04	50.46	55.25
个人	占案件数比重	75.20	76.05	74.55	79.06	79.33	77.42	76.39	77.55	75.08	72.11
	占面积比重	18.94	20.33	20.07	23.85	24.59	25.02	27.44	32.87	28.84	24.54

资料来源:《中国国土资源年鉴》相关年份。

(二)土地违法与地方政府的责任关系

土地违规违法主要与制度设计有关,或者与土地开发的规划有关,或者与土地开发的管理有关,所以,这就造成了在违规违法中的直接或间接责任关系。首先,从政府对土地开发的规划功能上看,地方政府没有做到合理的土地规划开发,这是其直接的责任。其次,地方政府直接涉及土地违法,是其直接责任;事业单位违法占用进行开发是其默许的结果,应承担直接责任;企业单位违法开发是其招商引资的结果,更应该承担直接责任。第三,个人违法主要是农民个人对村庄建设用地或耕地进行侵占的行为,或者私自将自己的承包地与建筑商合伙进行开发。在这方面,政府没有起到严格的责任监督作用,应该负间接责任;不少小产权房的开发是在地方政府"低价征收和高利润开发"的刺激下进行的,地方政府没有对土地资产开发所造成的"暴利""暴损"进行很好的再分配平衡,应该负间接责任。

第二节　地方政府土地违规违法的主要内容

从《国家土地督察公告》①以及学者们的研究和课题组调研的情况来看,近年来,土地违规违法主要表现为地方政府及其部门的违规违法。违法的目的,除个别涉及私人享用外,主要是用于本地经济的发展。其主要内容大致可归纳为如下几个方面(见表3-5)。

一、土地征用方面的相关问题

在农地转为非农用地、土地征收方面存在的主要问题是:以租代征、非法批地、补偿不到位、批而未供、未批先用、土地闲置等。这方面的土地违规违法极为常见,例如,"截至 2008 年 3 月 20 日,全国土地执法百日行动共查处'以租代征'、违反土地利用总体规划扩大工业用地规模和'未批先用'等三类土地违规违法案件 31737 件,涉及土地 25.04 万公顷。"②

(一)以租代征

2008 年《国家土地总督察公告(第 1 号)》披露了北京市顺义区"以租代征"建设跑马场,房山区"以租代征"建设别墅问题。2009 年第 2 号公告,披露了海南省海口市"以租代征"建设高尔夫球场,文昌市"以租代征"建设生态观光园和住宅问题。其实,这些仅仅是在公告中披露的个案,我们在调研中发现,这已成为地方政府土地征用的一种方法。

---

① 引用已经发布的《国家土地督察公告》是因为公告中的具体案例更具有代表性和权威性。其实,只要是进行这方面研究的人员,从实地调研中都可以发现这些问题,或者体察到这些问题,只不过调研中所得到的案例具有局部性和碎片性的限制。

② 《国家土地督察公告(第 2 号)》,中华人民共和国国土资源部网站。

（二）批而未供及土地闲置

2014 年 10 月，国土资源部在全国开展了清理批而未供和闲置土地的专项督察，"截至 2004 年底，全国城镇规划范围内共有闲置土地 107.93 万亩，空闲土地 82.24 万亩，批而未供土地 203.44 万亩，以上三类土地总量近 400 万亩，相当于现有城镇建设用地总量的 7.8%。"①而在 2015 年公告第 1 号中披露，"截至 2014 年 9 月 30 日，近五年内，全国批而未供土地 1300.99 万亩，闲置土地 105.27 万亩。"②足见，近年来地方政府在土地储备和圈占方面，不仅没有好转，反而呈扩大的趋势。

（三）被征地农民补偿问题

在 2013 年第 6 号公告中，针对山西、辽宁、吉林、黑龙江等地拖欠征地补偿款、被征地农民社会保障费用落实不到位等问题提出督察意见。在公告第 8 号中，公布了几起严重的征地补偿未支付事件。"河南省永城市违法占地 1201.92 亩（其中耕地 1099.93 亩），拖欠被征地农民征地补偿安置费用 12852.75 万元，未落实被征地农民社保费用 2891.6 万元；湖北省鄂州市华容区 2012 年以来 30 个批次征收土地未落实被征地农民的社会保障，涉及资金 1148.59 万元。"③在公告第 9 号中，国家土地总督察对河北省邢台市等 9 个地级市进行约谈，指出其中一个主要问题是"违法征收土地，侵害被征地农民合法权益，主要是违法征地、征地补偿安置落实不到位、社会保障制度和费用未落实等。"④

---

① 《国土部督察闲置土地：最新数据为 2004 年 107 万亩》，中华人民共和国国土资源部网站。
② 《国家土地督察公告（2015 年第 1 号）》，中华人民共和国国土资源部网站。
③ 《国家土地督察公告第 8 号》，中华人民共和国国土资源部网站。
④ 《国家土地督察公告第 9 号》，中华人民共和国国土资源部网站。

表 3-5 《国家土地督察公告》的主要内容及其问题

公告	督查内容	违法违规特征（主要问题）
国家土地总督察公告（第1号），2008年5月	2007年专项督察:共撤销违规违法设立的各类开发园区及其管委会63个,退还非法占用的土地2500多亩,处理闲置土地23万多亩,其中收回闲置土地3266宗,面积3.87万亩。	（1）"以租代征";（2）擅自更改基本农田;（3）违法占用基本农田搞建设;（4）未批、非法占用农用地;（5）卫片执法中发现的违规违法;（6）违规设立开发区;（7）执法不力;（8）擅自扩区和违规用地;（9）违法设立开发区和园区违法用地;（10）土地批而未供;（11）土地大量闲置。
国家土地督察公告（第2号），2009年4月	(1)专项督察:实地巡查地块228宗,涉及土地面积23468公顷,其中耕地面积11696公顷。截至2008年底,各地共清理违规违法行为183件;复垦耕地面积2126公顷。 (2)例行督察:对16个市县例行督察,实地核查用地项目5963个,涉及土地面积28736公顷,其中耕地面积17320公顷,违规违法用地面积11866公顷,其中耕地面积8986公顷。	（1）"以租代征";（2）园区项目违法用地;（3）农地建造别墅;（4）违规设立经济开发区和"未批先用";（5）企业非法占用基本农田;（6）擅自调整土地利用总体规划;（7）违规调整基本农田。
国家土地督察公告（第3号）2010年5月	(1)专项督察:9个省（区、市），截至2009年12月31日,自行纠正问题1456件,立案查处5374件,复垦土地1616.29公顷。 (2)例行督察:150个县（区、市）,审查卷宗36785件,土地面积94.36万公顷,其中耕地面积21.16万公顷;实地核查地块16222块,土地面积6.26万公顷,其中耕地面积3.28万公顷;发现土地违法违规8514件,涉及土地面积3.86万公顷,其中耕地面积1.3万公顷。	（1）以设施农业为名违法用地;（2）违法占地建设高尔夫球场;（3）违法占地建设艺林文化公园;（4）卫片执法检查中的违法用地。

公告	督查内容	违法违规特征（主要问题）
土地督察公告（第4号），2011年4月	(1)专项督察：针对一些地区违法批地，违规开发房产、高尔夫球场和别墅、设立开发区、违规供地等开展14次专项督察。 (2)例行督察：全国77个地级以上城市2007年至2009年期间土地利用和管理情况，审核各类卷宗13万件，实地核查2.7万个项目，土地面积197.1万亩，耕地面积75.45万亩。 (3)全年公开通报36起违法违规典型案件，挂牌督办20起违法违规典型案件。	(1)违法违规用地总量大，13个省（区）违法占用耕地超过1万亩，农村违法情况严重；(2)规划违法违规：违法批地，违规调整土地利用总体规划，违规批准新设和扩大开发区；(3)违反土地供应政策：违反土地供应政策出让土地；保障性住房用地政策执行偏差；土地闲置；违法建设高尔夫球场和别墅；(4)土地利用方面：违规减免和欠征土地出让收入，国有土地资产流失；违规利用土地抵押贷款；(5)地方政府及部门违反相关规定，办理有关审批手续。
土地督察公告（第5号），2012年4月	(1)例行督察：对农用地转用和土地征收等环节全程例行督察。涉及64个地级市管辖的564个县（区、市），共审核土地卷宗32.45万件，土地面积713.33万亩；实地核查项目4.32万个，土地面积155.28万亩。 (2)专项督察：河北省工业用地"零地价"、部分地区突破城乡建设用地增减挂钩和违规批地等；山东省济宁市违法用地；广东省从化市从都违规建设高尔夫球场；陕西省兵器工业园项目违规批准用地。	(1)违规调整土地利用总体规划占用基本农田；(2)非法批地；(3)征地补偿安置落实不到位，侵害被征地农民合法权益；(4)违反禁止、限制用地项目目录批准供地；(5)土地闲置及低效利用；(6)违规抵押融资贷款；(7)欠征土地出让收入；(8)有关部门违反土地管理有关规定审批建设项目、办理行政许可。

续表

公告	督查内容	违法违规特征（主要问题）
土地督察公告（第6号），2013年3月	（1）例行督察：29个省（区、市）的54个地区361个县（区、市），对地方政府2011年农地转用和土地征收等环节进行监督检查，共审核各类卷宗22.2万件，实地核查2.05万个项目，涉及土地面积122.51万亩。（2）重点督查：对地方政府建设用地审批、园区用地、土地抵押融资、征地补偿安置等重点问题；省级政府建设用地审批情况；对省级政府2011年至2012年期间的2.65万件农用地转用和土地征收审批事项进行审核，涉及新增建设用地659.72万亩，其中耕地345.79万亩；监督检查各类园区规划及用地情况；监督检查地方土地违规抵押融资情况，36个市（区）943个项目，违规抵押贷款1039.22亿元，涉及土地面积29.63万亩；监督检查地方征地补偿安置落实情况；监督检查重大土地违法违规情况。	（1）违法违规批准农用地转用和土地征收，征地补偿安置落实不到位，新增建设用地有偿使用费、耕地开垦费征收不到位；（2）土地出让金收支管理不规范，违法违规出让土地；（3）存在土地批而未供问题，闲置土地处置不到位，擅自改变土地用途；（4）存在土地违规抵押融资问题，违规办理土地登记；（5）违法违规占用土地，土地执法监管职责履行不到位；（6）耕地占补平衡落实不到位，基本农田保护不到位；（7）规划部门违规办理用地规划许可，发改部门未经土地预审或者违反产业政策批准、核准建设项目，住房建设部门违规办理施工许可；（8）违规下放土地管理审批权限。
土地督察公告（第7号），2014年3月	（1）例行督察：对2012年度土地利用和管理情况开展例行督察，涉及28个省（区、市）和新疆生产建设兵团的324个县（区、市），审核土地卷宗17.82万件，土地面积83.04万公顷；实地核查1.24万个项目，土地面积6.17万公顷。在土地利用和管理方面存在2.38万个问题，涉及土地面积20.12万公顷。（2）监督检查重大典型违规违法问题：违规向高尔夫球场和别墅供地；利用生态建设名义违规征占土地；基础设施和重点建设项目违规占用土地；土地闲置浪费；群众信访案件中反映的合法权益被侵害；农用地转用和土地征收审批事项。	（1）占用基本农田建设设施农业、观光农业园，将现状建设用地、未利用地划为基本农田；（2）违法违规办理土地审批手续，违反权限和程序规定，擅自批准农用地转用和土地征收；（3）征地补偿安置政策落实不到位，侵害被征地农民合法权益；（4）违规出让土地，欠缴土地出让收入；（5）违规利用土地抵押融资；（6）地方政府涉地职能部门履行职责不到位，违规办理有关审批手续。

资料来源：根据《国家土地督察公告》相关公告整理，载中华人民共和国国土资源部网站。

二、土地开发方面的有关问题

在这一方面,地方政府主要是围绕土地开发、建设用地以及经济发展等方面违反土地管理的法律法规及有关政策,如违法供地、违法开发、违法建造国家明令禁止的高尔夫球场与别墅、违法调整规划、违法批准禁止发展的过剩行业的建设用地等。

(一)违法建造高尔夫球场与园区

2011 年第 4 号公告中,针对一些地区违规开发房地产、高尔夫球场和别墅等问题开展专项督察。"查处了广东省四会市违法占地违规建设高尔夫球场和别墅,海南省海口市和陵水县违法建设高尔夫球场,内蒙古自治区保利(包头)房地产开发有限公司违法占地违规建设别墅和高尔夫球场,北京市昌平区违规建设高尔夫球场,湖南省郴州市小埠古村生态园投资开发有限公司违法占地违规建设高尔夫球场等。"[1]"2011 年 8 月至 9 月国家土地督察上海局实地核查了浙江省、福建省在建、拟建的主题公园(影视城)项目建设情况,发现存在以建设主题公园(影视城)为名圈占土地违规开发房地产。"[2]2014年第 7 号公告对湖南灰汤温泉华天城项目违规建设高尔夫球场和别墅问题进行了查处。

(二)违法设立各种开发园区

2013 年第 6 号公告通报了对 460 个开发区、工业园区规划及用地情况开展重点督察的情况。"发现 460 个园区实际规划土地面积 1144.8 万亩,其中不符合土地利用总体规划面积 361.95 万亩。未纳入《中国开发区四至范围公告目录(2006 年版)》的园区有 255 个,实际规划土地面积 776.25 万亩,其中

---

① 《国家土地督察公告第 4 号》,中华人民共和国国土资源部网站。
② 《国家土地督察公告第 5 号》,中华人民共和国国土资源部网站。

不符合土地利用总体规划的 305.55 万亩;实际使用土地面积 111.75 万亩,其中不符合土地利用总体规划的 9.9 万亩,未办理农用地转用和土地征收的 27.2 万亩。地方以各种名义违规设立园区圈占土地的问题比较突出。"①

(三)违反国家产业政策

2015 年第 1 号公告公布了在全国范围开展产能严重过剩行业用地情况专项督察。"截至 2013 年底,有 25 个省(区、市)和新疆生产建设兵团存在钢铁、水泥、电解铝、平板玻璃、船舶等产能严重过剩行业违法违规用地问题,共354 个项目,涉及土地面积 32.89 万亩。"②

(四)调整土地规划

2014 年第 7 号公告对土地违规现象进行了列举,主要有"违反土地利用总体规划和年度计划审批建设用地;违反审批权限和程序规定,以签订征地协议、供地协议、拆分审批等形式,擅自批准农用地转用和土地征收;将未办理审批手续的土地直接转为国有建设用地;规划部门擅自调整规划设计条件或未取得土地等前置手续违规办理用地规划许可问题。"③在对省级政府土地利用总体规划实施、土地利用年度计划执行情况的重点督察中发现,"有些省(区、市)城乡建设用地规模突破土地利用总体规划 2020 年控制指标,相当一部分省(区、市)存在违反土地利用总体规划批地问题,有些省(区、市)存在超出土地利用年度计划审批新增建设用地问题。"④

三、耕地保护方面的问题

地方政府没有按照相关要求对耕地给予应有的保护,包括占补平衡方面、

---

① 《国家土地督察公告第 6 号》,中华人民共和国国土资源部网站。
② 《国家土地督察公告(2015 年第 1 号)》,中华人民共和国国土资源部网站。
③ 《国家土地督察公告第 7 号》,中华人民共和国国土资源部网站。
④ 《国家土地督察公告第 7 号》,中华人民共和国国土资源部网站。

基本农田划定方面、以产业结构调整或新农村建设为名进行的非农开发、与土地增减挂钩进行的任意开发等方面。

2013 年第 6 号公告对耕地占补情况进行了专项督察,从专项督察结果来看,耕地占补平衡制度得到较好的落实。但仍有"极少数补充耕地项目虚报新增耕地,涉及面积 1.97 万亩,占核查新增耕地面积的 0.45%,主要是将养殖水面、林地、园地、未整治的废弃建设用地、未利用地等计入新增耕地,或者新增耕地面积计算不准确等。"①

2015 年第 1 号公告披露,以粮食主产区为重点对 56 个城市开展了例行督察,对耕地占补平衡不实、耕地保有量虚增等突出问题的督察发现,"有 47 个市的 1215 个项目(批次)没有按照规定的数量质量要求补充耕地,或未按规定缴纳耕地开垦费,涉及面积 15.3 万亩。有 45 个市将一些现状为住房、工厂、水库水面等建设用地认定为耕地,涉及面积 10.74 万亩。"②

2014 年土地督察部门约谈河北邯郸等 9 个地市中,其中的一个主要问题是"地方政府主导的道路、开发园区、新城区等建设项目违法占用大量耕地"③。

四、土地抵押融资及其他

2013 年第 6 号公告对土地融资问题进行了重点督察,监督检查地方土地违规抵押融资情况。"对 36 个市(区)的土地抵押融资情况开展督察,发现有 943 个项目涉及违规抵押贷款 1039.22 亿元,涉及土地面积 29.63 万亩。地方土地违规抵押融资的主要表现为:违规给集体土地核发国有土地使用权证用于抵押融资;未履行土地出让、划拨等供地程序,向地方政府融资平台违规供地并登记用于抵押融资;违规扩大土地储备实施主体,收储土地用于抵押融资;将水库、公园、绿地、党政机关团体用地等违规用于抵押融资;为虚假的土

---

① 《国家土地督察公告第 6 号》,中华人民共和国国土资源部网站。
② 《国家土地督察公告(2015 年第 1 号)》,中华人民共和国国土资源部网站。
③ 《国家土地督察公告第 9 号》,中华人民共和国国土资源部网站。

地办理登记用于抵押融资。"

此外,在《国家土地督察公告》的多个公告中,多次提到地方政府在土地管理中执行不力问题,同时也说明地方政府在土地管理方面存在着不遵守法律法规的"侥幸心理",以及与中央政府和法规博弈的"习惯思维"。

第三节　地方政府土地违规违法的实证分析①

地方政府土地违规违法行为是不是中国经济发展过程中的一种内生现象?是什么力量在推动地方政府持续地土地违法?土地违法、房地产投资、地方政府债务之间有没有必然的逻辑联系?本节试图对这一问题从实证的角度进行分析。

一、数据来源与模型设计

本文所分析的土地违法行为,主要指地方政府为了获得更为丰裕的土地资源对农用地的非法占用行为,分析的视角主要侧重于地方政府的资产运作。地方政府的"土地财政"包括:经济发展的增值税和所得税收入、与土地开发相关的税收收入、土地出让收入(招拍挂)、土地使用权转让收入、土地抵押融资收入。可以归结为税收、土地出让和政府负债收入。对于地方政府而言,要获取税收就必须先发展经济,要出让土地必须先进行土地开发,要进行土地抵押融资就必须先有土地储备。因此,我们认为城市空间扩张、各类园区开发、土地出让、土地抵押、房地产开发是促使地方政府土地违法的主要原因。由于在中国的农地非农化过程中,合法的农地征用与非法的农地非农化混在一起,上述原因也同样可以解释合法的农地非农化。因此,为了更好地分析地方政府土地违法的原因及其条件,我们将所有的农地非农化数量一并进行分析。

---

① 本节内容笔者作为阶段性成果以"地方政府土地违规为何屡禁不止?——地方政府债务的视角"为题发表于《世界经济文汇》2012年第6期。

基于这样的考虑,我们建立如下两个实证模型:

$$Lnland = \alpha_0 + \alpha_1 Lncitysq_{it} + \alpha_2 Lnfdi_{it} + \alpha_3 Lnlandsp_{it} + \alpha_4 Lnfloorss_{it} + \alpha_5 Lnlandincom_{it} + \alpha_6 Lntransfincom_{it} + \alpha_7 Lnmortage_{it} + \delta_i + \varepsilon_{it} \quad (3-1)$$

$$Lnillegland = \beta_0 + \beta_1 Lncitysq_{it} + \beta_2 Lnfdi_{it} + \beta_3 Lnlandsq_{it} + \beta_4 Lnfloorss_{it} + \beta_5 Lnlandincom_{it} + \beta_6 Lntransfincom_{it} + \beta_7 Lnmortgage_{it} + \gamma_i + \varepsilon_{it} \quad (3-2)$$

式(3-1)为合法的农地非农化的决定方程,式(3-2)表示土地非法情况下农地非农化的决定因素。其中,α_i,β_i分别为待估参数,δ_i,γ_i分别为不随时间变化的个体固定效应,ε_{it}为随机扰动项,表3-6列举各变量的定义。本文使用的数据为全国30个省(区、市)(不包括西藏)1999—2008年的面板数据。数据来源于相关年份《中国经济统计年鉴》《中国国土资源年鉴》以及中经网统计数据库。

表3-6 各变量的定义

变量	定义	单位
land	合法的农地非农化面积	公顷
illegland	违法的农地非农化面积	公顷
Citysq[a]	城市扩张面积	平方公里
fdi	国外直接投资	万美元
invest	固定资产投资(不包括房地产投资)	亿元
landsp	房地产开发商土地购置储备	万平方米
floorss	房屋建筑新开工面积	万平方米
landincom	土地出让净收入	万元
transfincom	土地使用权转让收入	万元
mortgage	土地抵押融资(包括土地抵押收入和抵押贷款)	万元

注:城市扩张面积为本年建成区面积减去上年建成区面积,对于面积没有变化的指标,或者为负的指标(主要是由于土地管理部门责令将违法土地返还为耕地导致),我们取1.0001来处理。

二、计量结果及分析

表3-7报告了方程(3-1)的回归结果,在回归中我们采用固定效应模型,

理由在于固定效应有利于克服不随时间变化的固定效应导致的遗漏变量内生性问题。从表3-7中的模型1可以看出:除房地产新开工投资为负值外,其他变量均显著通过;在模型2中,我们将该项指标滞后一期进行回归,结果发现,房地产新开工投资为正;模型3和模型4中,我们用资本投资来代替国外直接投资进行稳健性检验,发现回归结果稳定。

表3-7　合法农地非农化因素回归(固定效应)

变量	模型1	模型2	模型3	模型4
citysq	0.078 ** (2.48)	0.068 * (2.29)	0.086 *** (2.74)	0.068 ** (2.32)
fdi	0.035 ** (2.41)	0.035 *** (2.64)		
invest			0.066 (0.44)	−0.004 (−0.03)
landsp	0.391 *** (4.72)	0.323 *** (4.04)	0.404 *** (4.82)	0.338 *** (4.11)
landincom	0.114 * (1.78)	0.08 (1.29)	0.104 (1.52)	0.072 (1.15)
transfincom	0.113 * (1.88)	0.106 * (1.81)	0.111 * (1.83)	0.101 ** (1.84)
floorss	−0.017 (−1.18)		−0.017 (−1.11)	
mortgage	0.181 *** (3.11)	0.190 *** (3.6)	0.131 * (1.84)	
Floorss1		0.023 * (1.81)		0.042 *** (3.23)
Mortgage1				0.176 ** (2.84)
Cons	0.206 (0.36)	0.774 (1.24)	0.815 (1.56)	1.318 (2.33)
R^2	0.521	0.471	0.51	0.471

注: *** 、** 、* 分别表示置信区间在1%、5%、10%的水平上显著,括号内为t统计量值,*Fdi1*、*Floorss1*、*Mortgage1* 表示滞后一期指标,下表同。

综合分析我们可得出如下回归结果:第一,所有的解释变量都通过检验,说明我们所分析的解释变量都是主要的影响因素;第二,从影响结果上来看,房地产开发商土地购置储备、土地抵押融资、土地使用权转让收入、土地出让收入弹性系数都大于10%,其中房地产开发商土地购置为32.3%,土地抵押融资为19%,而城市扩张面积、国外直接投资和房屋建筑新开工面积则小于10%;第三,从回归结果上看,我们可以对中国的农地非农化的影响因素分为四类:城市空间扩张、经济发展、房地产开发和土地财政收入,显然,土地财政收入和房地产开发是主要的影响因素。因此,通过方程(3-1)的回归,我们可以得出如下基本结论:在中国城市化进程中,农地非农化的主要决定因素是土地财政收入和房地产开发,并不是城市空间扩张和企业投资所呈现的对土地的"刚性"需求;或者说,中国的农地非农化的决定因素更多地表现为财政收入的需求,而不是城市土地资源瓶颈的约束。合法的农地非农化因素分析的结果表明,我们有对非法的农地非农化分析的必要性和可行性。

表3-8报告了方程(3-2)的回归结果,我们也同样采用固定效应模型。在模型1中,我们将所有因素考虑进去进行回归,结果发现只有国外直接投资、土地使用权转让收入、土地抵押融资三个变量通过了显著性检验,其他均未通过,且城市扩张面积、开发商土地购置储备、房地产新开工投资的回归系数为负。在模型2中,我们分别对这三项系数为负的变量进行滞后一期回归,虽然房地产新开工投资为正值,但城市扩张面积和开发商土地购置储备不仅仍为负值,而且土地出让收入也转为负值。为此,在模型3中,我们将城市扩张面积滞后二期,开发商土地购置储备、房地产新开工投资仍滞后一期(开发商土地购置滞后二期仍为负),结果发现除开发商土地购置储备一项仍为负值外,其余均为正值,且除开发商土地购置和土地出让收入不显著外,其余均显著。模型4是在模型3的基础上用资本投资替代国外直接投资进行的稳健性检验,除土地抵押融资一项滞后一期显著外,其余结果均与模型3一致。通过逐步回归,我们以模型3为基准可以得出如下回归结果:第一,城市扩张、国

外直接投资、土地使用权转让收入、房地产新开工投资、土地抵押融资回归效果显著；第二，从对因变量影响的结果来看，土地抵押融资、土地使用权转让收入影响效果大，其弹性系数分别为 0.276 和 0.186；而城市扩张、国外直接投资以及房地产新开工建设影响较小，在 0.05—0.07 之间。从这一回归结果中我们可以得出初步结论：土地抵押融资和土地使用权转让收入是导致地方政府土地违法的最主要原因，城市扩张、企业投资和房地产开发是次要的因素，尤其是房地产开发的影响最小。

然而，这里面还有一个问题，地方政府虽然是靠土地储备进行融资，但也必须有收入来源作保障。我们认为，这一收入保障主要是靠地方政府税收和土地出让收入，而从目前的情况看，土地出让收入主要是通过房地产开发商的购买来实现。所以，我们有必要对房地产开发作进一步分析。

表 3-8　土地违法因素回归分析（固定效应）

变量	模型 1	模型 2	模型 3	模型 4
citysq	−0.050 (−1.43)			
Citysq1		−0.001 (−0.13)		
Citysq2			0.067 * (1.85)	0.081 ** (2.21)
landsp	−0.107 (−1.16)			
Landsp1		−0.159 * (−1.75)	−0.153 (−1.65)	−0.117 (−1.23)
landincom	0.065 (0.90)	−0.05 (−0.73)	0.056 (0.67)	0.023 (0.27)
transfincom	0.126 (1.88)	0.173 ** (2.5)	0.186 ** (2.44)	0.164 ** (2.21)
fdi	0.066 *** (4.07)	0.065 *** (4.18)	0.064 *** (4.20)	
invest				−0.017 (−0.09)

续表

变量	模型 1	模型 2	模型 3	模型 4
floorss	−0.033 ** (−2.01)			
Floorss1		0.023 * (1.52)	0.028 * (1.91)	0.054 *** (3.54)
mortgage	0.264 *** (4.06)	0.315 *** (4.77)	0.276 *** (4.00)	
Mortgage1				0.242 *** (3.00)
Cons	1.242 (1.93)	1.142 (1.59)	−0.112 (−0.11)	1.463 (1.62)
R^2	0.308	0.318	0.334	0.305

注：*Citysq2* 表示滞后两期指标。

按照陶然等人[1]的观点，房地产为区域内不可贸易的服务型产业，因而地方政府能够通过土地市场对房地产进行控制。本文认为，地方政府调控房地产的发展，除了作为支柱产业带动经济发展之外，另外一个重要的目的就是保证土地抵押融资的运作。因为，只要保持房地产正常开工，就能够获取土地出让收入和房地产营业税收入，进而获取土地抵押融资，至于房地产市场是否是有效的需求则并不重要。我国房地产开发的现实状况足以说明这一情况。

我们对 1999—2008 年全国 30 个省房地产新开工面积进行面板数据回归（数据来源《中国统计年鉴》相关年份）发现：房地产开发主要是居民住宅商品房和营业性商业房的开发；居民住宅开发的弹性系数为 0.822%，营业性商业房开发的弹性系数为 0.115%，二者之和为 0.937%；而低收入的经济房开发的弹性系数最低，仅为 0.003%，不及办公楼的开发和其他情况的开发，后两者的弹性系数为 0.022、0.038，分别是经济房开发的 7 倍和 12 倍。从现实情况来看，低收入住房应该是城市房地产开发的一个主要方面，为什么房地产商

① 陶然等：《地区竞争格局演变下的中国转轨：挑战与出路》，《国际经济评论》2010 年第 2 期。

和地方政府不关注这一方面的开发呢？就是因为经济房的开发不仅不能给地方政府带来最大的收入，而且，低收入住房开发还需要政府拿出土地出让收入的10%加以补贴，这对地方政府没有任何激励，所以不会去考虑低收入者对住房的需求情况。

考虑以上我国房地产开发的基本情况之后，我们可以这样认为，尽管房地产当年新开工面积对土地违法的直接影响较小，但其对地方政府土地融资具有重要的保障作用。据此，我们综合分析可以得出如下基本结论：(1)土地抵押融资和房地产开发是促使地方政府持续土地违法的主要原因；(2)地方政府持续的土地违法具有内生性，"土地违法—土地出让收入与房地产开发—土地抵押融资—土地财政依赖"，是地方政府"以地生财"的一个基本的经济发展模式。

为了更进一步分析地方政府土地违法的具体情况，考虑各地区经济发展的实际情况，我们对30个省(区、市)以经济区带为标准分东、中、西部地区分别进行回归。

表3-9是用回归方程(2)对东、中、西部不同地区分两种情况进行回归的结果。回归结果发现：东部地区土地使用权转让收入和国外直接投资因素非常显著，其他变量不显著；中部地区房地产开发和国外直接投资显著，其他变量不显著；而西部地区无论是城市空间扩张、外国直接投资，还是房地产开发、土地抵押融资都较为显著。由此，我们可以得出如下结论：东部地区吸引外资和获取土地使用权转让收入是促使地方政府土地违法的主要原因；中部地区吸引外资和房地产开发是促使地方政府土地违法的主要原因；西部地区土地抵押融资和城市空间扩张是促使地方政府土地违法的主要原因。

这一回归结果也基本上解释了中国经济发展的区域差异和特征。东部地区是中国经济的发达地区，对外开放先行一步，现代经济发展中的贸易区位优势(沿海岸线)十分明显，对外引资发展经济的动力和效果都非常显著，因此，东部地区土地违法的主要动因和表现就是大规模地吸引外资和工业园区开发。由于东部地区在利用外资和经济发展方面的优势明显,地方政府财政税收收入也相对丰裕,所以,税收收入和土地使用权转让收入基本能够满足工业园区的配套建设和城市公共产品的供给,因而土地抵押融资相对较弱。中部地区为中国的内陆区域,是粮食主产区,一方面对外开放相对较晚,区位优势不甚明显,虽然先后在 20 世纪 90 年代和 2003 年前后也大规模地设置开发园区,但是,在引进外资方面并不具有优势,无法与东部地区竞争。另一方面,中部地区城市化率较低,尽管不能大规模引进外资,但在园区开发和城市扩张方面具有较大的发展空间,因此,土地违法主要表现为房地产开发和利用外资(大规模招商引资)。其基本的发展模式是:首先设立开发园区引进外资,当开发园区无法引进外资,则让部分民营企业和改制后的国有企业入驻,当什么企业都不能引入时,则直接开发为房地产住宅区。同时,原有的老城区内置换的改制国有企业的场地也开发为房地产住宅小区。西部地区在引进外资和工业发展方面又次于中部地区,主要通过城市化(城市空间扩张)带动经济发展,通过土地融资进行城市基础设施扩建。因此,其土地违法就更主要表现为城市空间扩张和土地抵押融资。同时,这一回归结果也表明,在中国区域经济的发展中,东部模式不宜简单照搬,在不具备相应的经济发展条件时,同样的政策会在不同的地区走形变样,导致资源的无端浪费。

表 3-9 土地违法因素分地区回归分析(固定效应)

变量	东部		中部		西部	
	模型 1	模型 2	模型 1	模型 2	模型 1	模型 2
$Citysq2$	0.022 (0.35)	0.026 (0.39)	−0.003 (−0.06)	0.053 (1.03)	0.184*** (2.66)	0.176** (2.53)
$Landsp$	−0.257 (−1.73)	−0.212 (−1.38)	−0.193 (−0.74)	−0.263 (−0.98)	−0.008 (−0.05)	0.010 (0.06)

续表

变量	东部		中部		西部	
	模型 1	模型 2	模型 1	模型 2	模型 1	模型 2
landincom	−0.219 (−1.45)	−0.197 (−1.20)	0.158 (0.83)	−0.074 (−0.38)	0.179 (1.32)	0.173 (1.26)
transfincom	0.310** (2.15)	0.296* (1.92)	0.244 (1.55)	0.074 (0.44)	0.020 (0.18)	0.073 (0.65)
Fdi	0.051** (2.57)		0.068*** (2.69)		0.078** (2.17)	
invest		−0.295 (−0.72)		0.309 (1.02)		−0.035 (−0.11)
Floorss1	0.030 (1.19)	0.050 (1.74)	0.047** (2.03)	0.063*** (2.67)	0.015 (0.55)	0.049* (1.77)
Mortgage	0.20 (1.69)		0.201 (1.61)		0.311*** (2.67)	
Mortgage1		0.236 (1.28)		0.178 (1.19)		0.270** (2.04)
Cons	3.835** (2.03)	5.696** (3.01)	−0.443 (−0.24)	3.506* (2.00)	−1.215 (−0.77)	−0.484 (−0.33)
R^2	0.380	0.325	0.389	0.364	0.431	0.420

总之,上述实证分析表明,土地抵押融资和房地产开发是促使地方政府持续土地违规违法的主要动因。土地抵押融资是地方政府提供区域公共产品所必需的财政基础,房地产开发是地方政府土地抵押融资得以实现的未来现金流的收入基础。

三、简要的总结与讨论

上述实证研究表明,城市化、财政分权、土地管理制度以及政府官员绩效考核等一系列制度促成了中国地方政府土地违规违法的内生性。经济发展、土地财政、房地产开发、土地违法、地方政府债务累积是地方政府在目前的制度安排下"合理"倒逼机制的结果:(1)土地财政是财政分权体制下的催生物;

（2）以地方政府为主体的经济竞争放大了土地财政,促进了地方政府的土地违法行为;（3）地方政府对土地的违法重在土地资产的运作;（4）土地资产运作的结果是大量的土地抵押贷款和地方政府债务积累。本节实证分析表明,土地抵押融资和房地产开发是促使地方政府持续土地违法的主要原因。

本节的研究为我们理解中国的土地资产与地方财政收入和经济发展之间的关系提供了重要启示:首先,地方政府土地财政的一个主要内容是土地抵押融资,而不仅仅是土地出让收入。在人们的感性认识中,土地出让收入是土地财政的主要内容,其实这只是土地财政的一个显性方面,土地财政更为隐性和主要的内容是土地抵押融资。为了使地方政府土地抵押融资得以实现,房地产开发被推到了至为重要的地位,它既是中国经济发展的一个支柱产业,也是地方政府获取土地抵押的一个重要保障。2009 年地方政府负债陡增 3 万亿元,融资平台如雨后春笋般萌生,只不过是在 2008 年反危机政策下的一个放大而已,其实,这一现象早已存在。土地抵押融资不仅不利于耕地保护,而且也可能带来地方政府的债务危机和经济的资产泡沫化现象。因此,解决地方政府债务问题和土地违法问题是连在一起的。

本文的分析还表明:中国地方政府土地财政和政府债务的问题,必须从根本上解决地方政府的财政困境和经济发展方式。就土地财政本身来说并没有问题,关键是如何利用土地资产。我们认为,首先,地方政府财政困境是地方政府土地违法和地方政府债务的根源,不从根本上解决地方政府财政困境,不可能解决地方政府持续的土地违法问题。如果依靠发行地方政府债券加以解决,只会使问题进一步恶化。其次,改变目前土地财政的性质。在目前中国的经济环境和发展水平下,地方政府土地财政的获取应由目前的土地增量转向土地存量,不是依靠大量的土地出让收入和房产营业税,而是应依靠土地存量和房地产财产税。同时,根据区域发展差异解决地方政府的收入来源,使房地产税成为东中部省份的税收支柱,资源税成为经济欠发达但资源富集的西部省份的税收支柱。第三,土地财产税应成为地方政府公共产品投资的资金来源。未来中国经济发展依靠资本驱动带动经济增长的效应已不太明显,必须转向城市化的内需消费。而要使城市化作为未来中国经济增长的引擎,必须解决大量的城市移民和相应的城市服务产业,需要地方政府提供大量的城市基础设施和公共产品,这反过来又进一步增加了地方政府的财政支出。按照一般市场经济国家的规则,城市公共产品的供给取决于土地财产税收,所以,财产税的设置不仅可以解决地方政府财政来源,也有利于经济发展方式的转变。

本 章 小 结

(1)土地违规违法非农化是中国农地非农化的一个重要因素。土地违规违法非农化具有普遍性、严重性和不可制约性。违规违法的农地非农化占全部非农化的比重在 1999—2010 年阶段平均为 20%,2011—2016 年平均为10%,个别年份最高者可达80%以上,最低者也在 4%以上。土地违规违法非农化与制度设计及发展导向有关系。

(2)土地违规违法的内容包括多个方面,从《国家土地督察公告》中可以发现,在土地征收、土地补偿、违规开发、占补平衡等方面都存在违规违法问题。《国家土地督察公告》的问题说明,地方政府在土地管理方面存在着不遵守法律法规的"侥幸心理",以及与中央政府和法规博弈的"习惯思维"。

(3)实证分析表明,地方政府土地违规违法的主要目的在于获取土地收入,其来源的主要途径是土地抵押和房地产开发。经济发展、土地财政、房地产开发、土地违法、地方政府债务累积是地方政府在目前的制度安排下"合理"倒逼机制的结果。

第四章　房地产支柱产业的超常发展

为了获得尽可能多的土地资源,地方政府利用了各种政策和措施进行农地非农化。显然,其中很多做法是与土地管理法规和中央政府的政策相违背的,所以,这也就不难理解,为什么在农地非农化过程中有大量的地方政府土地违规违法。

有了土地之后,另一个问题就是如何保障土地的开发与价值贴现问题,在这一方面,地方政府无不利用"房地产支柱产业"来作为一个基本的开发途径。首先,只有通过大规模的房地产开发,才能显现出土地开发的价值,才能够将土地资源贴现为社会财富;其次,只有通过房地产开发,才能带动土地需求,活跃土地市场。由此可见,房地产经济成为土地资源资产化的基础与根本。房地产市场的开发,带动土地需求,可看成是土地财政收入的"通道";地方政府融资平台,在房地产"繁荣"和土地升值的基础上,进行抵押融资可看成是土地财政的"暗道"。但问题是房地产经济还能够持续下去吗? 这正是我们所必须正视和应该理性地研究的问题。

中国土地资源资本化、土地财政与融资平台的实施需要一个聚焦点,这个聚焦点能够起到土地资产的放大效应,从而能够不断地带动土地资源的贴现、土地出让收入的实现以及融资平台的抵押担保。这个聚焦就是中国的房地产。确实,自中国房产货币化改革以来,房地产作为各地的支柱产业获得了超常的发展,为农地非农化的"功能附加"提供了实施的基础与平台。

第一节 房地产是基础产业还是增长引擎?

一、中国住宅产业的双重功能

(一)住宅产业是城镇发展的基础产业

房地产业在城市化过程中具有基础性的作用,一方面,房产开发为城市居民提供了栖居之所;另一方面,房地产的繁荣发展为城市管理和运行提供了充裕的财税来源。因此,房地产的健康发展是城市化的一项重要内容。住房是一种特殊的商品,具有必需性、重要性、耐久性、空间固定性、不可分割性、市场的分散性等特征。在对住房的消费过程中,住房不仅仅指建筑物结构,而是与其他商品和服务组合消费的商品。首先,住房消费包括居住点的土地和土地之上的服务设施,例如供水、供电、垃圾回收以及居住环境等基本的设施消费;其次,以住宅为基础所提供的通往外部的服务,如交通、通信、教育、医疗等;最后,提供了就业和其他城市便利设施的途径,如购物、休闲等。① 所以,住房具有部分福利的性质,或者说具有准公共产品的性质,住宅作为城市化发展中重要的基础性产业,直接关系到城市的集聚效应和居民的福利水平。

(二)房地产成为各级地方政府的支柱产业

然而,中国在城市化过程中,房地产的开发远远超出城市基础功能的定位,提到了城市经济增长引擎的高度。这主要是基于三个方面的因素考虑的:第一,房地产业具有较大的发展空间。我国目前仍是一个"非城市国家",城

---

① [美]埃德温·S.米尔斯主编:《区域和城市经济学手册》第 2 卷,《城市经济学》,郝寿义等译,经济科学出版社 2003 年版,第 476 页。

市化率还很低。统计显示,2010 年我国常住城市人口超过 50%,但户籍人口只有 35% 左右,所以,城市化发展空间很大。一般说来,在城镇化加速发展时期,房地产的开发具有先导作用,因为,在这一过程中,会有大量的农村人口迁往城镇,而他们要定居下来,必须有一定的住宅。第二,房地产业是一个相关性很强的产业,能够带动很多产业发展,具有经济增长的引擎作用。第三,房地产经济能够为地方政府带来税收效应。分税制改革之后,由于在税制上的设计没有做到"事权与财权"的匹配,所以,地方政府在收入上存在财政的困惑。房地产经济不仅能够促进本地区大规模的投资,同时还能在营业税上带来相应的税收贡献。因此,近年来各地政府越来越重视楼宇经济的发展。

表 4-1 反映出房地产投资对我国经济增长的带动作用,从中可以看出,房地产开发对经济增长的贡献率呈波动增长趋势,房地产的发展远远超出GDP 的增长,表现出明显的对经济增长的带动作用。

表 4-1　房地产开发增长率及其对 GDP 增长贡献率

年份	1998	1999	2000	2001	2002	2003	2004	2005	2006	2007	2008	2009
GDP 增长率(名义)[a]	0.07	0.06	0.11	0.11	0.10	0.13	0.18	0.16	0.17	0.23	0.18	0.08
房地产开发增长率	0.14	0.14	0.21	0.27	0.23	0.30	0.29	0.21	0.22	0.30	0.23	0.16
房产对GDP 增长贡献率	3.36	3.26	3.39	8.51	8.69	11.55	10.18	6.99	7.75	7.86	8.58	15.36

注 a:根据《中国统计年鉴(2010)》整理,2005—2008 年数据在第二次经济普查后做了修订。
资料来源:《中国统计年鉴》相关年份整理。

(三)房地产发展与"土地财政"管道

城镇化是资源、人口和产业的积聚,并由此带来高效的经济增长。而积聚效应的显现有赖于城市政府提供良好的公共产品和公共服务,例如,城市基础设施、教育、医疗、社会保障和相应的管理制度,这些公共产品需要城市政府财政的大量投入或支出。由于我国财税制度改革不彻底所形成的公共财政的缺陷,再加上对 GDP 的过度追求,城市政府对这些公共产品的提供力不从心,结果导致了对"土地财政"的严重依赖。其一般模式是"经济赶超—政府主导的区域经济竞争—城市空间扩张—公共产品供给—土地财政依赖—城市土地出让与抵押"。而在这一模式中,房地产开发呈现出一种扭曲的、超常的发展:第一,只有房地产开发,才能保证土地的"招拍挂"出让,实现土地资源资产化的租金收入;第二,只有房地产的大规模开发,才能带来其他相关产业的发展,带动经济的快速增长;第三,只有房地产的持续大规模开发,才能提升土地开发的价值,才能使土地开发贡献租金和税收,才能使土地抵押能够获得高额负债融资。

房地产的这种扭曲发展是在制度缺失下地方政府的一种"理性选择",需要从制度上加以认真的反思。现行分税制背景下,与企业相关的大部分税收需要上缴中央政府,与土地相关的租金收入则绝大部分归于地方财政。在预算内收入中,建筑业和房地产业的营业税、所得税及耕地占用税等都由地方财政享有;作为预算外收入的土地出让金更是地方财政收入最重要的来源。[①]另外,土地出让金作为预算外收入,地方政府对其使用具有更加自由的支配权。在这样的激励机制下,地方政府有更强的动力推高房价,以获取更高的土地收入。

同时,地方政府将房地产业作为发展引擎,既切合了社会的部分需求,也助长了部分投机者的需求,使得房地产业的发展呈现出某种退出障碍。"地方政府对'一次性'的土地出让收入预期很高,且要通过房产价值的攀爬来实

---

①　2007 年,土地出让收入纳入政府性基金收入,但仍与一般预算分开核算,实行专款专用。2014 年《预算法》修改之后,从 2015 年起作为统一的政府预算收入。但这并不影响本文的分析。

现,客观上使得地方政府对于推高地价、房价具有足够的动力。"由于我国在个人住房上实施免征财产税,没有保有环节的税负制约,加之传统的为后代置业的观念,整个社会对房产投资、投机意愿十分强烈,从而从需求的角度拉起了地价和房价。于是,"房地产市场对于地方政府收入客观上形成了某种'绑架'效应:当市场流动性充裕、房地产交易活跃时,地方政府收入自然受益于高地价和高房价,并继而会投入加以支持;而当楼市出现降温、土地交易冷清时,地方政府出于对收入的考虑,便面临巨大压力,甚至会采取政策性的救地市救房市措施,如2008年出台的反危机措施。"①

二、房地产开发有助于经济增长吗?

房地产持续快速的发展一定能带来 GDP 的增长吗?地方政府几乎都在重复"高房价—房地产快速发展—GDP 高速增长"的发展模式。但是,房地产的空前发展不能否认的基本事实是:(1)在资源总量一定的情况下,房地产业占用资源太多,必然挤占其他产业所需要的资源,从而影响其他产业发展,即不同产业发展之间的替代关系,尤其是资本投资的替代,我们前面所揭示的土地资源的"荷兰病"就是这种情况。(2)各地区之间的恶性竞争会导致"租金耗散"和加大商务成本,一方面,地方政府为了招商引资,会以各种优惠政策减免税收或变相减免税收;另一方面,高商务成本既会影响新的、潜在的投资者进入,又会使已有投资者撤资转移。(3)房地产发展在总量上受到空间容量的限制,在消费上有一个时间的吸纳过程。总量上不能突破城镇人口需求的上限,房产销售过程中受制于人们的收入水平,需要一定的时间才能逐步出清。

从 20 世纪 90 年代中期以来,学界和政府都认定加大住宅投资会拉动中国经济的增长,将住宅建设确定为国民经济的支柱产业,出台了一系列促进住宅建设和消费的政策措施。基于这一认识,整个社会形成了住宅建设和消费

---

① 贾康、刘微:《"土地财政"论析——在深化财税改革中构建合理、规范、可持续的地方"土地生财"机制》,《经济学动态》2012 年第 1 期。

共识,并通过房地产开发来积累财富并带动内需。然而,事实是不是这样的情况？张清勇和郑环环利用1985—2009年的省级面板数据实证研究表明,"在中国,是经济增长带动了住宅投资的增长,住宅投资并未直接促进经济增长,所谓的'住宅引领增长'假说并不成立。"①黄少安等人更是提出"租税替代"原理进行分析,以回答房地产价格过度上涨、房地产片面发展,是否真的促进了地方政府财政收入及本地区经济增长。他们认为"在现实经济中,住房价格上升会提高本地的商务成本和工资成本,而企业成本太高会影响本地的招商引资。地方政府为了招商引资,需保证本地多数企业至少能获得正常利润,则各地政府不得不竞相提供优惠政策,例如廉价或免费提供土地、变相减税或免税,这等于把高房价增加的租金返还给了企业,政府总收入并没有提高……高房价在给政府带来更多房地产租金收入的同时,降低了政府来自企业的税收,高房价对政府税收收入起到不可忽视的负面影响。"②

第二节　房地产的超强供给及其
增量住宅空置率

　　城市住宅业的发展在城镇化初期确实能够带动经济增长,但是,这种增长引擎必须控制在合理的限度内,否则,不仅会影响城市化的健康发展,而且,可能会影响整体经济的竞争力。20世纪90年代日本地产泡沫的破灭,2008年美国次贷危机,无不与地产业的过度发展有关。所以,从理性的角度分析,中国房地产业的大规模、快速发展也必须控制在合理的范围之内。本章下面两节内容,我们试图从住宅增量空置率和住房收入比的角度对此进行尝试。

---

①　张清勇、郑环环:《中国住宅投资引领经济增长吗?》,《经济研究》2012年第2期。
②　黄少安、陈斌开、刘姿彤:《"租税替代"、财政收入与政府的房地产政策》,《经济研究》2012年第8期。

一、住宅空置率及其功用

住房空置率是反映房地产市场供求信息的重要指标,在房地产调控的大环境下,一份真实有效的动态空置率统计数据不仅是我们了解房地产市场运行情况的重要依据,也是引导普通消费者理性购房遏制恐慌性购房的重要工具,更是国家制定宏观政策的重要参考。[①] 在房地产经济学中,空置是指建筑物的整体或部分目前尚未得到使用,处于等待出租或出售的状态。从本质上来说,空置也是一种供给,它既不等于浪费,也不等于不良资产,是住宅市场运行中的一种自然现象。[②]

按照联合国的统计标准,"在普查或调查时点上没有人口入住记录的房子"为空置房,"调查时点一国或一地区的空置住房单位占全部住房单位的比重"称之为空置率。[③] 欧美各国在实际调查中也是采用这一标准,认为空置住宅是指现有未被居住的住宅,相应的"空置率"则是指空置住宅占全部存量住宅之比。空置住宅或是由于房东的主观因素(不愿推向市场)而闲置不用,或者是由于市场的客观因素(无法找到客户)而空屋以待[④]。由此我们可知,房屋空置及房屋空置率强调的是房屋的有效利用情况,虽然在统计上表现为一个时点指标,但更倾向于理解为一个时期的存量指标。

从存量的角度来理解住宅或房屋空置率,不仅能够更好地反映存量市场房产资源的利用效率,而且能够更好地调节房地产投资的流量。空置率是反映一定时期市场吸纳能力的重要指标,空置房屋的类型、占市场的可供应比例

---

① 赵奉军、王先柱:《城市住房空置率统计的国际经验与初步估计》,《现代经济探讨》2011年第9期。

② 孙峤、郑思齐、刘洪玉:《住宅空置统计的国际比较及借鉴意义》,《统计研究》2005年第8期。

③ 国外住房空置统计方法研究课题组:《境外住房空置率定义及统计方法》,《中国统计》2010年第12期。

④ 邓卫、宋扬:《住宅经济学》,清华大学出版社2008年版,第159—160页。

反映了市场的有效需求。空置率的变化将会引导市场供应的变化,在一定程度上影响房地产投资的规模及市场的走势。适度的空置房是房地产市场健康、稳定发展的重要标志,可看成是房地产健康发展的中间指标。

由于房地产商品特殊的地域性,商品房的供给与需求的矛盾及流通渠道与空间,决定了商品房的价值实现必须有一个合理的流通时间,商品房空置的存在也就成为必然。从需求的角度看,空置房的存在意味着房地产市场的供给大于需求,房地产的存量使得买方或承租者有更多的选择机会,并在购买或签订租赁合约时处于有利地位。过高的空置率可以在一定程度上抑制房价和租金的上涨,从而对市场需求产生一定的刺激作用。反之,空置率过低,由于建设周期较长,将会出现有效供给不足,买方或者承租方的选择余地小,承担的费用增加。从供给的角度看,房地产开发商为追求经济效益的最大化,也需要保持一定的空置房。由于增量房地产的供给是一个长周期的过程,供给弹性较低,不可能及时通过调整增量房地产的供给来适应市场需求的变化①。因此,一方面,一定量的空置面积,可以在需求增加时得到消化;另一方面,房地产商也可以通过存量房地产的变化获得市场供求信息,来调整房地产的供给量和供给结构以满足市场的需求变化。所以,保持适度的空置房,是保证房地产市场健康、稳定发展的需要。这就要求房地产市场有一个合理的、可控制的范围,可称之为自然空置率。

那么,应该如何确定自然空置率?部分研究认为可以借鉴国际通行的做法。但《国外住房空置率统计方法研究》课题组(2010)认为,国际上目前并未有统一的空置率标准。贾海②根据中国房地产发展的实际情况及借鉴发达国家经验,认为中国目前处于房地产发展的初期阶段,监管政策、机构、措施及评估机制还不健全,应该首先关注增量空置率。通过对房地产增量年度空置率

---

① 何元斌:《空置房存在的必然性与控制空置率的必要性分析》,《经济问题探索》2011年第5期。

② 贾海:《商品房空置率计算方法研究》,《统计研究》2003年第9期。

和吸纳率(吸纳率=1-空置率)的分析,判断房地产市场运行状况。国外将空置率的合理区间设置在3%—10%之间,10%为警戒线,但其空置率包括存量房产,是指全部房产空置率。考虑中国的各种因素,贾海认为"0—14%之间,空置偏少,影响发展;15%—30%之间,空置适量,良性发展;31%—40%之间,空置偏多,缓慢发展;41%—50%之间,产生积压,停止发展"。如果超过31%,意味着当年的租售面积明显小于当年的竣工面积,造成空置增加。所以,应该以31%作为住宅空置率的警戒线。本文也持增量空置率观点,并在已有的基础上做进一步分析。

总之,房产空置是一种市场失衡现象,是由于一定时期内需求与供给的脱节造成的。如果不加以人为的干涉,则房产市场本身会对此作出反映,在价格机制调解下自动趋向自然空置率。但房地产是一种高档耐用品,具有消费、资产和投资的价值,以及地域性和公共产品特征,极易产生资产的泡沫化,所以,通过空置率对其发展进行规制是使其健康发展的保障。

二、我国增量住宅空置率及其核算方法

(一)住宅增量空置率

我国对住宅空置率的计算实际上是对增量住宅空置率的计算。我国的"空置"概念,仅限于增量房屋中的新建商品房屋,不包括存量房屋,也不包括增量房屋中非房地产开发企业建设的房屋,并以面积为统计单位。在计算方法上,主要是用商品房屋空置面积与近三年商品房屋竣工面积之和的商计算房屋空置率,或者用报告期商品住宅空置面积与报告期可供销售、出租的商品住宅面积计算的房屋空置率,这实际上是开发商尚未卖出去的房子。按照联合国和欧美的统计标准,房产空置率主要是一个存量指标,但是,国外为了统计上的方便,依据不同的标准对房产空置率进行了划分。例如,美国依据投入市场时间的不同,将空置率分为存量市场空置率和增量市场空置率。存量市

场空置率指在存量市场上某一时刻空置房套数占全部房屋套数的比率,增量市场空置率指某一时刻新建房屋空置套数占一段时期新建房屋总套数的比率。①

仅考虑增量市场中新建住宅的空置情况,本质上是对新增供给被市场吸纳情况的统计,无法反映住宅市场的整体空置情况。我国由于住宅制度的转变以及统计方面的原因,目前还未能对存量住宅进行全面的统计,只能对房产增量市场空置现象进行核算和分析。② 按照现有的标准,一般认为,新增住宅三年以上闲置的为空置房。尽管这一标准很不完整,也与国际不接轨,无法简单地与国际标准进行比较,特别是与警戒率的比较③,但是,增量空置率也能简单地反映出我国房地产市场吸纳率和发展状况。

(二)我国目前房屋空置率的几种计算方法

我国迄今为止,无论是学术界,还是政策制定或执行层面,没有一个住房空置率公认的定义,导致学术界和理论界研究的分歧。目前,业界和学术界常用的空置率计算方法有三种:

一是以上海市房地产经济学会为代表的计算方法,采用年度数据进行核算,即年内商品房空置面积与年内竣工面积之比。④ 该核算方法能够较好地反映出本年度内的市场需求,是业内比较常用的计算方法,但是并没有考虑到房屋的建设周期和销售周期的现实情况,不能合理地反映出房产市场出清的市场情况和特征,存在一定的缺陷。其计算方法为式(4-1):

---

① 高峰:《我国住房空置率调查统计制度与方法简析》,《城市》2012 年第 6 期。
② 贾海:《商品房空置率计算方法研究》,《统计研究》2003 年第 9 期。
③ 按照国际公认的标准,商品房空置率在 5%—10%之间为合理区,商品房供求平衡;空置率在 10%—20%之间为空置危险区,要采取一定措施,加大商品房销售力度;空置率在 20%以上为商品房严重挤压区。另据邓卫和宋扬介绍,西方国家公认的空置率安全线一般为 3%—10%,但空置率不能仅看空置数量,还要看所处的时间;在美国,1975—2004 年,供出售的住宅空置率稳定在 1.0%—1.8%,供出租的住宅空置率稳定在 5.0%—9.0%。
④ 贾海:《商品房空置率计算方法研究》,《统计研究》2003 年第 9 期。

$$商品房空置率 = \frac{商品房空置面积}{\sum 商品房竣工面积} \times 100\% \qquad (4-1)$$

二是以蔺涛和戚少成（1998）为代表的累积计算方法，即商品房累积的空置面积与近三年商品房竣工面积之比。该核算方法考虑了三年期内的累积情况，考虑到了一定周期内的商品房市场交易和出售情况，能够反映出建筑行业周期性特征和经济发展的情况。其计算方法为式（4-2）。

$$商品房空置率 = \frac{商品房空置面积}{\sum 近三年的商品房竣工面积} \times 100\% \qquad (4-2)$$

三是以贾海为代表的报告期计算方法，这一方法实际上是联合国统一指导的方法。该核算方法能够较好地反映房地产市场的流动性，对于经济的发展速度具有监测意义，但是指标值的获取存在着较大的困难，目前在我国还不具有可行性。其计算方法为式（4-3）：

$$商品房空置率 = \frac{报告期商品住宅空置面积}{报告期可供销售、出租的商品住宅面积} \times 100\% \quad (4-3)$$

（三）本文住宅空置率计算方法

借鉴已有的三种计算方法，兼顾数据获取的可行性，我们提出了如下的计算思路与方法：

首先，本文所估算的空置率为房地产市场增量动态空置率。本文将住房空置率理解为一个按时期指标估算的时点指标，即在形式上是"时点"或年度指标，但在估算方法上是"时期"指标。增量是指只考虑房地产市场每年的供需、交易情况，不考虑交易之后存量的利用情况；动态是指在估算合理性的条件下，以"最小时期"为计算单元平均移动估算一定时期内的空置率，形成"年度"动态空置率。为什么我们要以"最小计算单元期"进行动态计算？这是因为，如果用一个长时期进行计算，那么，可以得到这一时期内的一个总体结果，但是无法获得这一时期具体的发展情况，利用动态指标更能反映出发展的轨迹和存在的问题。

其次,将空置率作为时期指标的计算方法。按照我国的统计标准,1年以上为库存房,2年以上为滞销房,3年以上的为空置房。这一标准在理论上有其合理性,但对如何界定可供出售的住房面积未做明确规定,空置率也就不宜简单地计算出来。所以,在《中国房地产统计年鉴》中,只是统计了空置面积,未统计空置率。为了克服这一数据的缺陷,我们借鉴邓卫和宋扬(2008)的思路,其计算公式为(4-4):

$$V = \sum_{t=2}^{n} A_t \bigg/ \sum_{t=2}^{n} Q_t \qquad\qquad\qquad (4-4)$$

其中,V 为住宅空置率,A_t 为商品房空置面积,Q_t 为房屋竣工面积,t 为考察的计算期年数。

利用这一公式进行计算有两个问题需要说明:一是可供出售的住房面积,主要是中国房地产市场有不可销售的面积、出租、预售等因素,需要加以整理。不可销售面积主要是指单位自建住房,这一部分名义上标为不可销售,未进入商品房市场,但从事后结果来看是有户主居住的房屋,应该按已完成的交易从可供出售的面积中剔除。出租是指房地产开发企业一定时期内租赁的房屋,需要从可供住房面积中扣除。还有一个重要的问题是,当年未完成交易空置的房屋,次年可继续进入市场参与交易,这一部分应该加进来,该方法通过一定时期的累积相加能够解决这一问题。二是如何界定"最小时期"。按时期指标计算,从 t=2 开始,意味着1年以内待售房屋不能作为空置房,必须1年以上才能作为空置房屋,而按照我国的空置房界定,必须是3年以上。这样,至少 t=4 才能有3年以上的空置房屋,所以,我们在进行动态计算时,将"最小时期"设定为4年。

再次,慎重地考虑期房的统计处理。考虑我国住房开发中期房销售的情况,所以必须把这一因素考虑进去。期房销售同样改变了当年可供销售的住房面积,也需要加以重新梳理。问题是"跨时期"的长度如何确定?本文在计算空置面积时,假设房屋的建设周期平均为3年,则当年可供销售面积=竣工面积-(t-2)期期房销售面积(t=0)。① 这样才能较为客观地反映出房产增量市场的空置现象。

三、中国房产市场住宅增量空置率的估算

(一)指标的核算及其说明

表1是利用历年《中国房地产统计年鉴》的数据,通过式(4-4)计算的我国房地产全国及各省(区、市,不包括西藏)2000—2015年以4年为"计算单元期"的动态房产增量空置率。此处的房产只包括商品房交易中的住宅部分,不包括办公楼和商业用房。其计算的思路及其数据处理如下:

首先,我们在这里计算的是"时期"动态空置率,例如,2000年的空置率实际上是指1997—2000年4年时期的空置率,按照式(4-4)的计算方法,是1998年、1999年、2000年3年内的空置累积面积与三年内的竣工累积面积之比。同样,2001年的空置率为1998—2001年4年的空置率,以此类推。

其次,年内空置面积的计算,我们做这样的处理,即空置面积=[竣工面积-(t-2)期期房销售]-不可销售面积-房屋出租面积-实际销售面积。一般来说,年内空置面积=年内竣工面积-年内销售面积+上年累积的空置面积,但是,由于有期房销售因素,所以,年内竣工面积作为可供销售的房产已经减小,必须将期房销售量扣除,才能准确反映年内空置面积。

第三,缺漏指标的处理。在对2000年空置面积的整理中,仅有个别省份有1997年、1998年期房销售指标,绝大多数省份缺漏,我们以1999年、2000

① 这一假设是按总体情况来说的,是指房地产商从住房预售开始到交付给业主这段时间。不同区域、不同的开发商,这段时间的长短不一,所以作出这一假设有很大的主观性,而且也会影响对空置率估算的结果,即时间越短,空置率越大。但从实际情况来看,这一假设又具有合理性,符合国家建筑的规定和实际居住的最低时间要求。

年期房指标占当年竣工面积的比重为参考,对其进行了推测处理。

表4-2　全国及各省(区、市)1997—2015年动态住宅增量空置率

（单位:%）

年份	全国	北京	天津	河北	山西	内蒙古	辽宁	吉林	黑龙江	上海	江苏
2000	9.00	10.51	19.05	21.91	33.52	15.16	29.62	29.10	30.34	-12.09	2.01
2001	-0.69	-2.97	6.60	12.53	24.90	9.34	27.31	21.17	29.72	-31.86	-7.50
2002	-5.84	-6.84	-0.41	0.44	17.53	10.81	24.87	18.80	16.23	-41.83	-13.30
2003	-9.88	-2.53	-9.16	-3.59	7.62	6.35	19.85	18.32	19.61	-50.12	-12.82
2004	-20.69	-3.84	-7.32	-19.09	-1.41	-3.40	9.81	8.77	4.25	-51.52	-14.09
2005	-10.99	-10.65	-0.69	-11.48	1.33	-2.95	7.02	-6.43	17.92	-27.10	-2.28
2006	-5.20	-3.71	3.76	-9.65	13.32	11.11	8.47	-8.16	14.52	-12.42	3.35
2007	2.73	-0.72	15.61	-2.69	13.15	20.70	11.57	3.10	17.72	-3.64	7.46
2008	-1.90	5.86	25.82	-7.59	5.34	18.17	7.94	8.82	9.32	-25.56	9.25
2009	-11.75	-15.03	26.64	-5.94	-6.54	8.94	-6.32	0.33	3.28	-57.11	1.96
2010	-10.55	-23.95	26.07	8.32	-2.26	-8.70	-14.79	-2.74	15.57	-69.31	6.95
2011	-14.99	-14.74	16.73	14.72	-1.12	-19.23	-13.58	-7.60	7.47	-75.51	-6.38
2012	-14.83	-12.31	17.24	7.89	-0.57	-28.03	-14.19	-14.03	7.30	-46.91	-4.25
2013	-23.98	-2.48	13.07	-14.11	5.03	-29.30	-19.10	-26.89	-4.57	-44.54	-8.30
2014	-27.17	-3.08	19.94	-39.23	12.62	-33.13	-34.52	-41.36	-14.25	-22.71	-8.49
2015	-39.55	7.93	22.61	-58.45	17.07	-44.32	-70.06	-53.78	-24.31	-26.10	-19.36
年份	浙江	安徽	福建	江西	山东	河南	湖北	湖南	广东	广西	海南
2000	-25.78	9.07	-32.90	8.32	16.73	9.21	17.69	24.31	-5.25	-4.47	-54.69
2001	-36.10	4.74	-32.35	5.16	8.39	0.66	10.56	18.60	-12.94	-10.96	-41.61
2002	-33.38	3.49	-23.57	-0.76	-1.19	-2.07	6.92	11.82	-12.81	-15.82	-34.97
2003	-35.39	-1.53	-26.00	-2.44	-3.39	-9.40	3.18	6.27	-12.54	-16.41	-25.77
2004	-51.09	-6.93	-36.02	-17.08	-15.57	-19.23	-4.50	-1.39	-31.24	-28.68	-41.09
2005	-33.66	0.32	-26.95	-0.21	-7.82	-10.71	-1.50	3.54	-28.83	-8.33	-31.82
2006	-25.17	9.51	-20.57	7.13	-3.90	-1.33	2.43	8.31	-32.34	-5.85	-49.83
2007	-5.08	14.65	-9.96	15.67	4.23	9.29	6.05	10.23	-21.74	0.05	-19.48
2008	-7.04	10.53	-17.97	0.25	-0.80	5.50	4.54	5.49	-20.12	-14.49	-8.27
2009	-16.45	-2.44	-21.12	-20.80	-9.99	-7.59	-4.31	-4.48	-28.88	-31.07	12.39

续表

年份	浙江	安徽	福建	江西	山东	河南	湖北	湖南	广东	广西	海南
2010	-11.87	-8.23	-12.13	-25.36	-16.43	-6.93	-7.65	-3.43	-20.55	-34.87	18.71
2011	-31.74	-17.23	-14.60	-22.85	-18.21	-4.20	-11.69	-2.99	-25.98	-29.59	5.56
2012	-27.23	-19.11	-18.64	-20.20	-21.92	-1.07	-12.29	-6.76	-21.18	-27.51	-12.98
2013	-27.76	-18.30	-20.51	-33.47	-30.84	-11.46	-26.90	-15.80	-31.39	-50.20	-48.77
2014	-5.76	-17.62	-17.73	-41.82	-35.20	-15.89	-37.07	-30.14	-33.73	-73.77	-21.89
2015	-4.64	-25.89	-31.11	-61.65	-42.65	-30.82	-67.52	-48.08	-58.90	-99.80	-22.92

年份	重庆	四川	贵州	云南	陕西	甘肃	青海	宁夏	新疆		
2000	1.45	25.44	9.71	-0.16	17.24	21.74	38.28	29.04	9.64		
2001	-4.94	17.20	3.08	-10.47	18.10	20.59	31.17	20.14	19.75		
2002	-5.09	11.74	-14.49	-11.03	2.42	10.78	27.40	26.13	10.62		
2003	-9.68	5.89	-22.56	-13.03	-6.01	3.20	38.13	33.90	2.78		
2004	-22.38	-3.05	-29.21	-25.83	-25.02	-4.98	33.41	23.52	-22.74		
2005	-8.15	6.24	-18.11	-24.72	-7.96	-1.77	16.14	23.97	-21.22		
2006	0.93	0.86	-25.87	-23.81	-5.63	-6.09	-0.43	19.09	-19.13		
2007	6.71	6.02	-25.52	-20.94	-4.51	-9.05	12.49	14.76	6.59		
2008	-3.13	0.31	-29.84	-32.14	-23.31	-12.84	39.31	11.31	16.38		
2009	-21.22	-10.99	-16.99	-33.48	-40.14	-14.31	33.01	8.81	7.92		
2010	-22.61	-3.99	-12.74	-30.58	-53.36	-8.75	30.34	18.71	0.58		
2011	-31.40	-27.37	-17.05	-38.73	-72.29	-8.32	35.24	16.84	-21.22		
2012	-27.87	-8.43	-29.29	-57.84	-79.61	-6.37	37.07	11.38	-18.09		
2013	-34.14	-30.14	-34.47	-82.83	-101.01	-14.86	33.22	3.42	-22.45		
2014	-39.15	-20.79	-25.06	-103.91	-81.89	-27.95	25.31	1.63	-7.77		
2015	-45.12	-44.15	-29.00	-90.63	-97.10	-42.07	13.92	-7.63	-20.18		

资料来源:《中国房地产统计年鉴》。

首先需要说明的是多数指标为负值。住宅空置表示房地产市场上需求不足的现象,空置率表示需求不足的程度,指标为负数,则说明了相反的情况。据此,本文赋予指标负值如下经济含义:从绝对量指标上看,表示过度需求,市场短缺缺口,从相对量指标上看,表示供给的短缺程度。

从全国的整个情况来看,2000 年为 9.00%,2007 年为 2.73%,空置率为正,其余均为负,所以,总体表明并没有空置现象,反而表现为住宅供给的不足,特别是 2004 年、2013 年、2014 年、2015 年,这 4 年绝对值超过 20%。如果仅从房地产业本身来看,说明住宅需求远大于供给,存在短缺,没有"去库存"的压力。而且,从 2008 年之后逐渐增加的空置率的绝对值来看,房地产需求的缺口程度似乎很大,房地产业有较大的发展空间。

分地区来看,大致可以分为四类情况:(1)一直表现为短缺缺口;上海、浙江、福建、广东、广西(仅一年为 0.05,可忽略)、云南 6 省在分析期内全部为负值。(2)总体上表现为短缺;北京、山东、河南、海南、重庆、贵州、陕西、甘肃 8 省、市在分析期内空置率为正值年份在 5 次以下。(3)短缺与空置各半;河北、内蒙古、辽宁、吉林、江苏、安徽、江西、湖北、湖南、四川、新疆 11 省、区空置率为正值的年份在 5—9 次之间。(4)总体上表现为空置现象;天津、山西、黑龙江、青海、宁夏 5 省、区、市空置率为负值年份在 5 次以下。同时还发现 2009 年为一个拐点,多个省份空置率由正值转为负值,与当时反危机政策有关。

综合来看,本文估算的住宅增量空置率表明,中国房地产业发展不存在市场受限、库存积压严重、交易不畅等问题,相反,表现出巨大的市场缺口和供给不足。中国房地产市场保持持续上涨的态势是由巨大的市场需求拉动的,对于房产的任何"限购限价"政策如果不从根本上解决市场的需求动量,都将无济于事。

(二)对空置率指标的进一步分析

空置本应是表示市场的一种过剩状态,本文的分析却得出与之相反的情况,似乎是矛盾的。[①] 然而,之所以出现负值以及所反映的短缺信息,是因为

[①]　孙峤等认为,除非市场上所有的需求都非常狂热,一遇到房子就买或租,否则,在任何一个住宅市场中都不可能出现零空置。零空置意味着需求方没有任何选择的余地,不能充分地在空置房屋中选择合适和满意的房屋。参见孙峤、郑思齐、刘洪玉:《住宅空置统计的国际比较及借鉴意义》,《统计研究》2005 年第 8 期。

我国房地产市场期房销售的缘故。期房销售是我国房地产市场销售的重要渠道和组成部分,且呈增长的趋势,不仅导致价格水平难以下降,而且推动房地产业强劲发展,对中国房地产业的分析不能忽视这一因素。1997—2004 年,住宅现房交易呈上升趋势,2005 年则大幅下降,之后呈稳定交易状态。期房交易从一开始就呈稳步增长之势,2005 年之后超出现房交易,并逐步拉大与现房交易的差距,不仅超出现房销售,而且在 2009 年之后超过当年竣工面积,表现出异常的需求态势。由此可见,房地产业强劲的发展与期房交易需求有莫大的关系。那么,这种期房交易是一种功能性需求,还是资产性需求?[①] 或者说,是城镇化人口的快速增长的压力所导致,还是被"城镇化经济增长引擎"的预期所诱导? 房地产本身具有实体经济与虚拟经济两重特征,对房产的需求一旦超出"功能型"需求,就会表现为强烈的资产型需求。在这一意义上,房屋空置率的负值也具有重要的政策含义,住宅增量动态空置率的"负值"现象更能表明房地产业的非理性发展,以及作为中间指标对房产健康发展监控作用的必要性。

我们从两个方面对房地产资产需求效应进行分析,一是城市化人口与住宅供给关系,二是低收入住房的空置情况。

1. 新增城镇人口与住宅供给的匹配

表 4-2 将住宅供给与新增城镇人口做了一个简单的对比。从全国的情况来看,分析期 2006—2015 年内住宅累积供给面积按人均城市住宅面积计算,可提供 27751 万新增人口,但实际新增城镇人口为 37667 万人,新增城镇人口与可满足住房需求的人口差额为 9916 万人。总体来看,住宅还有很大的发展空间。但是,分地区来看,则有 14 个省(区、市)住宅能够满足的新增城

---

① 在工业化社会中,房地产具有提供居住服务、财富积累、资产投资等多种功用,可以满足消费者不同的需求,为了分析方便,将对房产的需求分为功能型需求和资产型需求两类,将满足居住的服务型需求界定为功能型需求,将财富积累、资产投资、户籍红利(如学区房)界定为资产型需求。

市人口大于实际新增城市人口,1 个自治区基本持平(差额 2 万人)。也就是说,一半的省(区、市)住宅开发建设并没有与城市化人口有紧密的关联,没有定位于"房子是用来住的"基本的住宅功能,而是偏向于资产投资功能,是对资产效应的追求。我们推测有这样三个原因:一是城镇居民对住宅的投资需求。现有城镇居民认为城镇化的发展会增加更多的城市居民,城市居民的增加必然增加对住宅的需求,住宅的资产价格必定看涨;二是具有购买能力的非城镇居民对住宅的需求。非城镇居民认为城镇公共产品优于农村,但要获取城镇公共产品(例如教育)必须首先购买住宅,购买住宅等于部分购买城镇户籍福利;三是地方政府有意放大房地产的先导作用。在目前财税制度不完善的机制下,"土地财政"成为地方政府的主要来源,房地产业成为土地收入来源的通道。地方政府"理性"地将房地产作为支柱产业甚至独大产业。这样,在对"城镇化增长引擎"片面理解与非理性的驱动下,地方政府对"土地财政"的追逐与居民对房产"资产效应"渴求的相互推动,借助于房产金融,期房销售就成为放大市场空间的有效途径,从而使房地产业由实体经济为主转变为虚拟经济为主。

表 4-3　2006—2015 年住宅供给与城市人口增长

	累计建筑面积 (万平方米)	可提供的 城市人口 (万人)	新增城市人口 (万人)	新增人口与可供 人口差额(万人)
全国	888029.80	27751	37667	9916
北京	16271.73	508	545	37
天津	17374.54	543	464	−79
河北	27024.93	845	1186	341
山西	12233.29	382	564	182
内蒙古	16706.68	522	348	−174
辽宁	38298.60	1197	433	−764
吉林	13279.75	415	81	−334
黑龙江	19343.96	604	196	−408

续表

	累计建筑面积（万平方米）	可提供的城市人口（万人）	新增城市人口（万人）	新增人口与可供人口差额（万人）
上海	17954.38	561	506	−55
江苏	66482.23	2078	1388	−690
浙江	32034.07	1001	831	−170
安徽	28483.02	890	836	−54
福建	19484.45	609	695	86
江西	14580.74	456	679	223
山东	48423.18	1513	1323	−190
河南	37801.60	1181	1391	210
湖北	22428.73	701	833	132
湖南	27601.63	863	1001	138
广东	43843.43	1370	1592	222
广西	13672.86	427	622	195
海南	5099.78	159	117	−42
重庆	25022.94	782	527	−255
四川	34251.69	1070	1111	41
贵州	11000.18	344	451	107
云南	12567.56	393	688	295
陕西	10799.86	337	584	247
甘肃	5715.84	179	313	134
青海	2924.86	91	81	−10
宁夏	6805.90	213	109	−104
新疆	10733.42	335	337	2

注：累计建筑面积指累计年度住宅竣工建筑面积；可供城市人口＝累积住宅建筑面积/人均住房面积32平方米，人均住房32平方米取2006—2015年城市人均住房面积均值；新增城市人口＝2015年末城市人口−2006年末城市人口。

资料来源：《中国统计年鉴》《中国房地产统计年鉴》。

2. 经济适用房住宅增量空置率

房产的需求既反映出人们消费的需要，更反映出消费的能力。所以，从结构上看，低收入消费者住房更能反映出市场发展的现实问题。如果低收入者住房市场表现出同样的供给短缺,则表明我国房地产市场处于发展严重不足时期,如果低收入者住房市场存在着空置,则表明我国房产市场应该进入良性发展时期。在我国,低收入群体的住房主要由经济适用房来解决,但统计年鉴在 2010 年之后不再统计此类指标,只能以 2010 年之前的情况做分析。表 4-4 是全国及各省 2001—2010 年以 4 年为"计算单元期"的经济适用房动态房产增量空置率。其指标和计算方法与全国房地产市场相同。

表 4-4　全国及各省 2001—2010 年动态经济适用房住宅增量空置率

（单位:%）

年份	全国	北京	天津	河北	山西	内蒙古	辽宁	吉林	黑龙江	上海	江苏
2001	25.99	2.68	27.17	23.79	7.65	41.23	40.27	23.56	40.26	—	11.47
2002	16.76	3.42	17.41	16.68	-11.55	32.24	34.40	30.13	33.19	—	-3.39
2003	3.99	-3.01	-1.36	8.51	6.75	11.11	25.64	29.03	16.86	—	-2.44
2004	-10.00	-21.48	-20.55	-10.61	-4.49	-16.76	17.41	21.78	-1.03	—	3.32
2005	-8.82	-8.10	-19.23	-26.22	-5.20	-43.66	6.06	10.55	-11.11	—	19.92
2006	-1.91	-16.43	-2.57	-25.98	14.87	-23.39	37.37	-11.24	-0.29	—	16.61
2007	12.36	3.56	33.00	-1.47	21.45	-3.19	57.87	-12.77	-14.82	—	25.66
2008	9.88	-14.46	42.09	-12.40	4.56	0.70	54.53	16.44	-6.88	—	29.13
2009	10.98	7.11	68.35	-28.52	-47.96	4.41	42.39	26.24	20.44	—	33.41
2010	5.84	6.04	73.14	-85.73	-48.24	-15.72	34.30	28.41	34.89	—	20.97
1999—2010	6.95	-4.52	35.96	-8.43	-7.61	2.37	37.26	22.98	17.47	—	13.29
年份	浙江	安徽	福建	江西	山东	河南	湖北	湖南	广东	广西	海南
2001	15.45	23.38	22.99	30.07	38.92	13.41	25.37	37.17	34.71	2.10	-6.49
2002	4.70	16.13	7.69	13.50	16.84	0.47	14.97	22.69	29.47	-9.61	-9.80
2003	-4.53	-2.02	-21.17	3.16	4.50	-18.45	4.96	16.91	17.62	-31.55	-21.78
2004	-1.97	-17.84	-57.88	-13.89	-24.92	-31.66	-4.62	5.35	0.10	-46.40	-53.58
2005	14.91	-12.98	-19.99	-4.02	-4.10	-33.46	-6.37	-0.06	-20.87	-69.60	-81.28
2006	19.59	0.26	-19.05	3.91	-6.18	2.24	-3.03	-12.60	-97.60	-8.00	-57.80
2007	33.44	18.33	-8.75	32.02	1.54	9.23	12.88	-6.62	-84.04	17.96	-6.60
2008	24.16	27.70	-49.07	25.27	-14.76	6.51	29.92	5.51	-127.90	27.66	23.12

续表

年份	浙江	安徽	福建	江西	山东	河南	湖北	湖南	广东	广西	海南
2009	39.14	34.00	-2.28	16.27	-26.60	-12.44	23.26	12.92	-82.37	-10.09	-1.66
2010	22.37	42.04	0.61	-30.77	-17.59	-18.07	-0.04	12.33	-65.75	-23.16	
1999—2010	18.30	14.28	-6.78	2.85	-0.38	-9.19	6.48	10.98	0.09	-14.1	-36.77

年份	重庆	四川	贵州	云南	陕西	甘肃	青海	宁夏	新疆		
2001	4.83	17.90	29.38	0.40	25.97	39.50	49.72	46.08	19.32		
2002	9.51	16.33	14.79	7.83	4.82	38.18	27.82	42.40	20.01		
2003	-5.74	6.57	-10.84	-8.34	-27.77	44.73	33.28	27.99	12.06		
2004	-9.95	5.50	-28.15	-24.41	-50.53	39.42	26.85	24.44	-6.98		
2005	-10.73	9.59	-19.91	-52.27	-38.29	31.28	30.26	28.02	-12.76		
2006	13.25	31.64	-16.20	-38.18	-22.19	-64.39	-19.68	14.63	5.90		
2007	32.37	17.23	-27.08	-17.50	-17.84	-81.97	-55.43	-2.99	14.67		
2008	19.71	-0.47	-37.13	-17.63	-31.83	-101.41	-44.86	-37.54	-12.20		
2009	-6.40	-49.57	11.81	-31.59	-77.48	-11.49	28.12	39.05	-40.90		
2010	-23.26	-29.90	12.46	-42.33	-91.42	-18.99	74.67	42.53	-53.32		
1999—2010	-3.19	9.46	-1.56	-19.68	-19.64	-1.58	25.23	27.60	-1.48		

资料来源:《中国房地产统计年鉴》。

从全国的情况看,2001—2003 年为空置现象,需求不足,2004—2006 年为负值,表现为供给的短缺,但 2006—2010 年之后又呈现为空置现象。从全部考察期来看,1999—2010 年时期空置为 6.95%,说明经济适用房在 12 年的开发期内存在空置现象,经济适用房没有像其他商品住宅那样吸纳顺畅,间接折射出经济适用房资格主体的受限或者是购买主体的收入约束,同时也反映出住房市场在"居者有其屋"方面已基本满足城市居民需求。①

———————————

① 据邵挺研究,我国房地产市场进入"供求基本平衡、城市深度分化、风险快速积累"的新阶段。2014 年,城镇家庭户均住房超过 1 套,拥有多套住房(2 套及以上)的比率在 2013 年达到 18.6%,显著高于美国(14.4%)、加拿大(9.0%)、法国(11.0%)等发达经济体水平。参见邵挺:《2017 年房地产市场趋势判断和政策建议》,《财经智库》2017 年第 1 期。

从各地区的情况来看,恰好出现两种相对现象。上海多年来没有经济适用房的供给,天津、东北三省、江苏、浙江、安徽、湖南、青海、宁夏等一半的省市区存在空置现象;北京、河北、山西、福建、广东、广西、海南、重庆、贵州、云南、陕西、甘肃、新疆一半的省市区空置率为负值,表现市场的短缺,尤其是广东、广西、海南、陕西、甘肃等地表现出极强的需求潜力。说明低收入阶层的住房问题还远未解决。但从政策走向来看,2010 年之后就不再进行经济适用房的政策投资,表明中国住宅市场之后的发展主要定位于中高收入阶层,而没有很好地覆盖全部城镇居民;而事实上,中国收入阶层已经满足了对住宅的功能性需求,现实的需求更多地表现为对资产的需求。对这种现象也可以作如下解释:一是经济适用房主体资格受限,导致需求不畅,造成空置;二是已经解决所有经济适用房的需求住户,供给剩余造成的空置;三是经济适用房不利于地方"土地财政"的实施(不仅无法实现土地收益,反而要补贴财政收入),放弃"准公共产品"的房产政策,地方政府迫于政策压力主要集中于棚户区改造。

（三）基本结论

综合上述整理分析,本书认为,房屋(住宅)增量空置率过高固然反映出房地产业发展中存在问题,需要及时调整与关注;同样,空置率出现负值也是一个非常值得关注的现象:需求过盛,隐藏风险。

首先,过盛的需求释放的市场信号是房产供给的严重不足,有较高的供给缺口,这必将促使房价持续上涨,刺激房地产企业加大开发力度,导致房地产业的超常发展。其次,过盛的需求不是来自对住宅的功能需求,而是对资产效应的追求,一旦形成对资产效应追求的主导,房地产业就会由实体经济转变为虚拟经济,并形成自身的运行轨迹,从而形成房地产业对实体经济的"抽血效应"、居民消费的"挤出效应"和金融经济的"风险效应"[1],极易产生资产

---

① 许宪春等:《房地产经济对中国国民经济增长的作用研究》,《中国社会科学》2005 年第 1 期。

泡沫。

在住宅增量空置率长期负值的情况下,对房地产业的规制就必须转移到存量的监控上。长期大量的房产供给会形成庞大的存量市场,当存量市场积累到一定的程度,就会反馈到增量市场,造成增量市场的戛然而止,泡沫破灭,带动整个房产资产的下跌。从这一方面看,房地产业同样存在"去库存"的重任,只不过,这种去库存应从存量上、从房产的功能型需求上来衡量,需要通过租赁市场和财税制度的改革上加以解决。租赁市场的活跃有助于减少存量空置,减少对增量需求的压力,例如,2014年出台的"租售同权"就是对户籍红利(学区房)的回应。财税制度主要解决如何使地方政府财政收入由房地产的增量开发转入存量资产上,从而解决地方政府对城市公共产品融资的困境,解决对房地产"准公共产品"发展的政策规制。

另一方面,就目前的情况看,住宅增量空置率有助于对各地房地产业发展差异情况的了解,从而有针对性地解决问题,回避产业政策的高度一致所导致的市场扭曲。例如,一半省市区住宅开发能够提供的城镇新增人口大于实际增加的城镇人口,但在市场上仍表现出房产开发的巨大缺口,怎么去执行同样的"限价限购"政策?显然应该从结构调整的角度去解决。从供给侧结构性改革的角度看,应该进行分类施策:一二线城市既要"限价限购",防止房价进一步上涨带来资产泡沫的风险积累,又要实施"租售同权",增加房产的供给功能;三四线城市则应该摒弃房地产"支柱产业"的发展思路,在制造业和服务业上下功夫,增加城市的集聚效应,加大城市人口化移民的制度供给,积极化解存量房产库存。

总之,通过上述分析,得出如下结论:(1)中国住宅增量空置率表现出空置和短缺两种现象,但总体上呈现出房产供给的短缺,从而从根本上决定了中国房地产市场长期内的"持续繁荣"。然而,在房地产业繁荣的背后却隐藏着风险因素,这种风险因素主要是通过逐渐增大的"期房交易"积累的,需要及时地监控存量空置率,以降低隐藏的资产风险。(2)中国房地产20年的快速发展在增量空置率上总体表现为负值,从表征上看或者仅从销售的角度看,中国房地产业不存在去库存任务。但是,从旺盛的期房需求,房产发展存量与人口增长规模部分地区的不相称,以及低收入阶层的需求状况看,房产增量销售的顺畅并不表明资源配置的合理有效,反而折射出出于资产需求的资产效应,需要引起高度重视。从这一点看,中国房地产供给侧结构性改革去库存的主要任务在于存量市场,而不在于增量市场。(3)房地产供给侧结构性改革必须定位于房产的居住功能需求,重在制度改革。房产市场的结构调整不在于市场的扩张,而在于存量住宅市场的有效利用。制度改革重在放弃户籍红利,对常住人口实施同等的公共产品消费政策;实行财产税制度,从根本上解决地方政府城市融资对"土地财政"的依赖问题。

第三节　房产经济的虚拟化及其供给侧结构性改革

一、房地产业的虚拟性及其运行特征

(一)虚拟资本及其运动

虚拟资本本质上是一种生息资本,是一种没有概念形式的运动。从产业资本的运动来看,产业资本只有经过生产和流通过程才能完成价值增值,而虚拟资本只是通过买卖就可以完成。这种买卖是对收入权证的买卖,权证成为虚拟资本的载体工具,有了这种收入权证,到期就会借此获得一定的收入。从权证的形成上来看,虚拟资本具有两种来源:一种是有价证券的买卖,一种是收入的资本化。

马克思在《资本论》中对虚拟资本的产生、变异与运动进行了分析。虚拟资本运动的二重性表明,任何资产在一定的经济环境下都可以转化为资本,但虚拟资本一经产生,就会按照自己的内在要求强制运行,突破环境的约束,产

生与实体经济相偏离的轨迹,最终在实体经济无法支撑的情况下导致资产泡沫的破灭。房地产业一方面具有实体经济的特征,另一方面也具有资产化收益虚拟经济的特征,即资产的二重性,在其发展过程中极易产生资产泡沫化的实体虚拟分离运动,这是房地产经济为什么极易形成泡沫经济的原因。

(二)房地产业的实体及虚拟的双重性

房地产经济具有实体和虚拟双重经济特征,在合理的限度内,房地产业是经济发展中的重要产业,超出合理的限度,极易产生资产泡沫。这种双重性是房地产业的多功能性及居民需求的多样性决定的。

在工业化和城市化社会中,房地产具有提供居住服务、财富积累、资产投资等多种功用,可以满足消费者的不同需求。就居住服务来看,包括私人产品的消费和公共产品的消费。私人产品的消费是指消费者个人对建筑物空间的占有及其享用,甚至包括对邻里的选择;公共产品的消费是指消费者对城市政府提供的基础设施与基本服务的消费,特别是教育、医疗、生态环境等服务内容越来越成为购买者的首选。公共产品构成房产价格的一部分,所以,对房地产业及住宅的消费必须拓展至公共产品领域,如果仅限于建筑物本身是极其不完整的。财富积累功能是指房地产的财富效应,房地产作为不动产具有较好的保值增值功能。在一定的限度内,房地产具有财产的稳定性和与社会财富一同增长的增值性。房地产是一种耐用性消费品,只要符合居住要求,就能保证其财产的完整性;房地产的价值评估是与经济发展状况高度相关的,作为一种存量资产,房地产随着社会财富的增加而增值,如果维护与修缮妥当,房地产的增值会大于其贬值程度。所以,对于居民来说,房地产是一种理想的理财工具与保值产品。也正因为房地产具有财富效应,促使房地产又成为一种投资工具,其投资的理论基础就是收入的资本化。即一套房产可以通过出租保证获得连续的收入,通过对权证(所有权证书)的出让获得资本的偿还利得。从而,作为一种纯粹的投资品,房地产就具有了虚拟资本的性质。当然,这种资产的资本化必须配之于必要的经济环境与制度安排,在我国,1998 年住房货币化改革与住房信用制度以及城市化的大规模发展等形成了其虚拟化的基础条件。

(三)房地产业虚拟经济的运行表征

房地产经济的虚拟性是指对房地产资产功能的过度追求所导致的房地产业在某一时期的过度发展,且超出了"房子是用来住"的基本功能,导致房产资产价格的持续上涨,社会资本的大量聚集,进而影响产业资本的正常运动,具有高度资本回流中断风险的金融资产现象。在一定的发展时期,房地产业是经济发展的基础产业和关联性较强的产业,既可以在生产、投资和消费领域对国民经济增长做出重要的贡献,同样也可以在这些领域对国民经济增长产生反向作用。在经济发展过程中,如果过分倚重房地产,就会出现房地产过热、房价上涨过快、房地产泡沫、房地产信贷风险等诸多问题,从而影响国民经济的持续稳定健康发展,显现出房地产虚拟经济的运行特征。从总体情况判断,我国房地产业已经具有虚拟经济的显著特征。

1. 资金的吸附效应

资金的吸附效应是指房地产业的超常发展导致社会资本快速大量地涌入房地产行业,包括固定资本投资和消费资金的转化。大量的资本进入房地产业之后会造成如下后果:(1)使房地产业的开发、销售和持有环节积聚大量资本,从而形成对其他产业资本的"挤出效应",影响其他产业的发展。例如,1998—2013 年,房地产开发企业到位资金中的国内贷款年均增长 21.9%,占全部国内贷款的比重由 21.4%提高到 33.5%,上升了 12.1 个百分点。而同期制造业国内贷款年均增速为 20.6%,比房地产开发低 1.3 个百分点;制造业国内贷款占全部国内贷款的比重由 15.6%提高到 21.9%,与房地产开发的差距由 1998 年的 5.8 个百分点扩大到 11.6 个百分点。[①] (2)在房地产的持有环

---

① 许宪春等:《房地产经济对中国国民经济增长的作用研究》,《中国社会科学》2015 年第 1 期。

节形成大量的虚拟资本,其资本回流的要求形成对房产价格持续上涨的压力,其资本投资回报的期望形成对其他产业利润的严重侵蚀(即对平均利润分割的要求导致其他行业利润的下降)。尽管我们无法从存量上推算房产的空置率,但是,中国房产市场"高收入锁定"应是一个不争的事实。①

表4-4显示:1998—2014年,流入房地产业的货币资本占城乡居民存款的比重逐年增加,特别是2010年之后,每年有1/4的居民储蓄进入房地产业,无形中将会影响其他产业对扩大再生产资本的需求。房地产业对资金的吸附效应会造成一种"荷兰病"的经济现象,导致制造业的停滞或衰落。

2. 资产投机及其期房需求的过度膨胀

房地产业虚拟运行的另一个表现是对"房地产的炒作",这种炒作主要表现在房地产的期房销售上。我国房地产真正意义上的市场化是从1998年开始的。在全面推行住房分配货币化改革和全面实施住房按揭信用制度,以及对城市化快速发展的良性预期的支撑下,房地产业出现了长达近二十多年的快速增长。其中,期房销售是我国房地产市场销售的重要渠道和组成部分,且呈增长的趋势,不仅导致价格水平难以下降,而且推动房地产业强劲发展。图4-1显示,1997—2004年,住宅现房交易呈上升趋势,2005年则大幅下降,之后呈稳定交易状态。期房交易从一开始就呈稳步增长之势,2005年之后超出现房交易,并逐步拉大与现房交易的差距,不仅超出现房销售,而且在2009年之后超过当年竣工面积,表现出异常的需求态势。

---

① 冯燮刚、李子奈(2009)提出一个"黑洞效应"的概念对这一现象进行描述:在住房升值预期下,高收入群体购入的相当部分住房既没有出售,也基本不住,也没有出租。这些住房进入高收入群体手中后就从市场上消失了,就像被"黑洞"吞吸了一样。参见冯燮刚、李子奈:《当前形势下化解中国经济金融困境的对策——兼论扩大内需应从房地产入手》,《经济学动态》2009年第1期。

表 4-5　房地产业货币资本占城乡居民存款的比重

年份	房地产开发企业 国内贷款（亿元）	年末个人住房贷 款余额（亿元）	城乡年末存款 余额（亿元）	房地产开发吸纳 存款余额（%）
1998	1053.17	491	53407.47	2.89
1999	1111.57	1372	59621.80	4.17
2000	1385.08	3305	64332.40	7.29
2001	1692.20	5598	73762.40	9.88
2002	2220.34	8258	86910.60	12.06
2003	3138.27	11780	103617.30	14.40
2004	3158.41	15922	119555.40	15.96
2005	3918.08	18432	141051.00	15.85
2006	5357.00	19854	161587.30	15.60
2007	7015.64	27031	172534.20	19.73
2008	7605.69	33000	217885.40	18.64
2009	11364.51	49000	260771.66	23.15
2010	12563.70	65000	303302.49	25.74
2011	13056.80	75162	343635.89	26.17
2012	14778.39	84990	399551.00	26.20
2013	19672.66	103163	447601.57	27.79
2014	21242.61	121169	485261.30	29.14
2015	20214.38	148512	546078.00	30.89
2016	21512.40	201159	597751.00	37.25

注：房地产开发吸纳城乡居民储蓄用比率来表示，该比率等于房地产开发企业贷款与个人住房贷款余
额对城乡居民年末存款之比，2008 年之后年末个人住房贷款余额为个人贷款长期投资，根据 2015
年修订的金融统计制度，2015 年之后的城乡年末存款余额为住户存款。
资料来源：《中国统计年鉴》《国民经济和社会发展统计公报》。

　　然而，这种期房交易并没有定位于"房子是用来住的"基本的住宅功能，
而是偏向于资产投资功能，是对资产效应的追求。（1）期房销售助长了房地
产开发商的短期性和盲目性。期房销售的初衷是为解决房地产企业发展融资
困难问题。但是，房地产商在信息不对称的情况下，可以将住房延期交付进行
"抵押房再预售、预售房再抵押"的融资循环制造多倍虚拟资本。① （2）住宅

────────────

　　①　邵挺：《2017 年房地产市场趋势判断和政策建议》，《财经智库》2017 年第 1 期。

投资需求。现有城镇居民认为城镇化的发展会增加更多的城市居民,城市居民的增加必然增加其对住宅的需求,住宅的资产价格必定看涨;具有购买能力的非城镇居民认为城镇公共产品优于农村,但要获取城镇公共产品必须首先购买住宅(例如教育),购买住宅等于部分购买城镇户籍福利。(3)地方政府有意放大房地产的先导作用。在目前财税制度不完善的机制下,"土地财政"成为地方政府收入的主要来源,房地产业成为土地收入来源的通道。① 地方政府"理性"地将房地产作为支柱产业甚至独大产业。②

由于这三个方面的原因,于是在对"城镇化增长引擎"片面理解与非理性的驱动下,地方政府对"土地财政"的追逐与居民对房产"资产效应"渴求的相互推动,借助于房产金融,期房销售就成为放大市场空间的有效途径,从而使房地产业由实体经济为主转变为虚拟经济为主,形成了房产开发的"增长机器"。

二、房价收入比及其资产泡沫

(一)中国房价收入比

房地产经济虚拟化的另一个重要表现就是房地产资产的泡沫化。一般来

---

① "城市空间扩张—公共产品供给—土地财政依赖—城市土地出让"可概括为中国目前城市化的一般模式,土地财政收入包括预算内财政收入、土地出让收入与土地抵押与贷款。而这种收入的实现需要房地产的繁荣将土地价格大幅提升,所以,房地产就成为"土地财政"的管道。参见张良悦、田广增、陈豹:《房地产的健康发展与耕地保护》,《管理学刊》2013 年第 5 期。

② 关于房地产对地方政府收入的贡献,贾康给出一个详细的分析:由于土地收入集中在土地及其附属物的交易环节,地方政府对"一次性"的土地出让收入预期很高,并往往要通过房产地价值的攀爬高价来实现,客观上使得地方政府对于推高地价、房价具有足够的动力。加之土地及其附属物保有环节税制缺失,对于买方而言,一次出价几乎一劳永逸,无保有成本,购买意愿、投机意愿十分强烈,更是成为助推地价、房价的动力。在这些综合因素的作用下,房地产市场对于地方政府收入客观上形成了某种"绑架"效应:当市场流动性充裕、房地产交易活跃时,地方政府收入自然受益于高地价和高房价,并继而会投入其支出来支持战略重点。而当楼市出现降温、土地交易冷清时,地方政府出于对收入的考虑,便面临巨大压力,甚至会采取政策性的救地市救房市措施。参见贾康、刘微:《"土地财政"论析——在深化财税改革中构建合理、规范、可持续的地方"土地生财"机制》,《经济学动态》2012 年第 1 期。

（单位：万平方米）

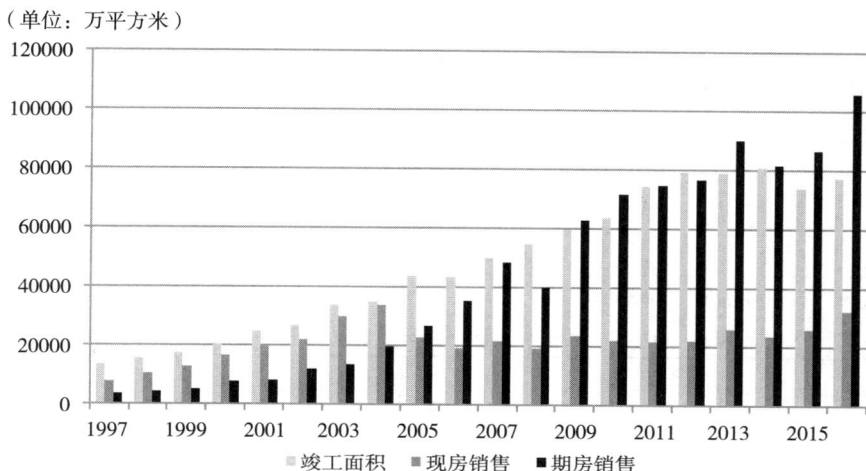

图 4-1　中国房地产市场 1997—2015 年住宅供给与需求状况

资料来源：《中国房地产统计年鉴》。

说，房地产的资产泡沫化主要用房价收入比、房价租金比、住宅空置率来判断。但在我国，由于后两个指标无法取得，或者说不可能全国范围内取得统一的客观的指标，所以，我们只参考房价收入比来说明。

住房的可支付性（Housing Affordability）是国际上用来评价不同国家和地区住房状况的一个重要评判标准，反映了住房市场上的居住成本与家庭收入之间的关系。常用的指标是房价收入比（Housing Price to Income Ratio，PIR）和住房可支付指数（Housing Affordability Index，HAI）。"房价收入比一般是指所有住房的中位数价格与城市居民中位住户年收入之比。联合国人类住区规划署认为，房价收入比在 3—5 之间属于合理范围。任荣荣和满燕云利用 2007 年城镇住户基本情况抽样调查问卷数据，计算出 2007 年中国主要城市房价收入比（如表 4-6 所示），2007 年全国房价收入比为 5.56，超出了联合国人类住区规划署划定的 3—5 的合理范围。"[1]

----

[1]　任荣荣、满燕云：《中国城市住房的可支付性评价》，北大林肯研究中心工作论文，http://new.plc.pku.edu.cn/publictions_ch.aspx；张良悦、田广增、陈豹：《房地产的健康发展与耕地保护》，《管理学刊》2013 年第 5 期。

表 4-6　全国主要城市的房价收入比

城市	PIR	城市	PIR	城市	PIR	城市	PIR	城市	PIR	城市	PIR
北京	9.33	上海	9.81	合肥	7.25	海口	4.67	哈尔滨	6.67	长春	5.80
天津	8.06	南京	10.00	武汉	5.83	重庆	4.46	济南	7.67	南昌	6.94
太原	5.21	杭州	8.67	郑州	6.00	成都	8.33	乌鲁木齐	6.25	银川	4.67
兰州	6.02	宁波	8.33	长沙	5.09	贵阳	5.00	西宁	5.00	西安	5.43
沈阳	6.00	福州	8.33	广州	5.16	昆明	6.00	石家庄	8.68	南宁	5.63
大连	9.66	厦门	10.42	深圳	9.58	拉萨	2.46	呼和浩特	4.72	全国	5.56

资料来源：任荣荣、满燕云：《中国城市住房的可支付性评价》，北大林肯研究中心工作论文，2010 年。

　　按照任荣荣和满燕云（2010）的观点，房价收入比通常基于市场中的全部住房，即存量住房进行估算，而目前国内很多研究对房价收入比的计算均采用新增住房平均销售价格，这将低估家庭的住房支付能力。但是，我们知道，中国的住房市场实际上在 1998 年住房货币化改革之后才真正形成和发展起来，之前的计划分配住房或者是单位住房多是按照现行市场价格逐步的资产货币化进行交易，也与现行市场价格有关或同步。所以，我们认为，从动态上看，即使使用新增住房的销售价格，也可反映出房价收入比。为了更好地观察我国住房可支付情况，我们利用《中国统计年鉴》相关数据对我国 2001—2016 年的房价收入比进行了估算（见表 4-7）。

　　为了数据整理的方便，我们借鉴冯俊（2009）的计算公式（式 4-5），并根据数据的可获得性作如下调整①：

$$房价收入比 = \frac{每平方米住房价格 \times 一套住房面积}{家庭年收入} =$$

$$\frac{每平方米平均住宅价格 \times 90\,平方米}{人均可支配收入 \times 户均人口} \tag{4-5}$$

　　表 4-3 为根据式 4-5 估算结果。从中可以看出，我国的房价收入比一直

---

　　①　60—90 平方米的套房是住建部指导的住房价格上限，我们取 90 平方米的面积符合这一规定，另外也便于比较。

处于很高的水平,全国平均房价收入比一直维持在 7 左右,最高为北京 2010 年的 21.64,最低为江西 2002 年的 3.57。这从一个方面说明,我国的房产市场实际上是处于一种"高端消费锁定"状况。分地区来看:(1)北京、上海两地最高,超过两位数,特别是北京最高,2010 年达到 21.64;(2)天津、浙江、海南三省在 9—10 之间;(3)江西、湖南两省基本在 5 以下徘徊;(4)其余省份都在 5—7 之间波动。从房价比的合理范围来看,全国的房价运行都处于严重的泡沫之中,具有严重的虚拟经济的特征。

表 4-7　全国及各省(直辖市、自治区)2001—2016 年房价收入比

(单位:%)

年份	全国	北京	天津	河北	山西	内蒙古	辽宁	吉林	黑龙江	上海	江苏
2001	7.69	12.60	7.48	5.57	5.73	4.99	9.82	7.37	8.35	9.16	6.25
2002	7.06	11.24	7.58	5.08	5.01	4.93	8.75	6.55	7.33	9.42	6.31
2003	6.88	10.54	6.78	4.83	4.42	4.35	8.54	5.67	6.96	10.75	6.16
2004	7.37	9.80	7.47	4.82	4.95	4.34	8.32	6.23	6.49	10.87	6.59
2005	7.50	12.82	9.89	5.54	6.60	5.60	9.47	6.23	7.69	12.46	8.43
2006	7.63	12.59	9.90	5.37	4.77	4.70	8.51	5.59	6.67	11.57	7.19
2007	7.51	16.47	10.23	5.84	4.75	4.95	8.43	5.75	7.08	11.87	7.05
2008	6.43	16.43	8.59	5.53	4.66	4.76	7.87	5.55	7.23	10.50	6.07
2009	7.42	17.60	9.38	5.97	5.03	5.17	7.73	5.82	7.63	14.90	7.06
2010	7.18	21.64	10.50	5.67	5.93	5.38	7.85	6.94	7.96	16.19	7.46
2011	6.82	17.54	10.47	5.57	4.98	5.40	7.34	7.23	7.52	16.06	7.19
2012	6.59	16.15	8.82	5.57	5.32	5.11	6.80	5.99	6.82	13.22	6.56
2013	6.55	15.27	8.76	5.83	5.61	4.98	6.36	6.17	7.43	14.14	6.24
2014	6.23	13.78	9.63	5.81	5.45	4.54	6.01	6.85	6.73	12.93	6.00
2015	6.52	16.28	10.20	6.36	5.76	4.58	6.13	6.92	6.87	16.11	6.09
2016	6.68	18.51	12.26	6.64	5.36	4.36	6.20	6.27	6.80	17.83	6.65
年份	浙江	安徽	福建	江西	山东	河南	湖北	湖南	广东	广西	海南
2001	5.22	4.46	5.42	3.72	5.36	5.45	5.71	4.31	7.21	5.85	7.14
2002	5.58	5.01	5.30	3.57	5.82	5.17	5.70	4.32	6.69	5.51	5.60
2003	5.73	5.29	5.67	3.65	5.65	4.76	5.44	4.11	5.68	5.29	6.28

续表

年份	浙江	安徽	福建	江西	山东	河南	湖北	湖南	广东	广西	海南
2004	5.80	5.60	5.82	3.94	5.92	4.82	5.34	3.83	5.73	5.13	6.66
2005	8.66	7.81	7.72	4.85	7.00	5.67	7.53	4.89	7.96	5.77	8.45
2006	7.83	6.42	7.64	4.45	6.03	5.00	7.20	4.56	7.56	5.10	9.10
2007	8.66	6.46	8.38	4.59	6.00	4.80	7.45	4.78	8.52	4.92	8.70
2008	8.66	6.40	7.39	4.01	5.32	4.29	6.44	4.26	7.65	4.72	10.36
2009	10.30	6.80	8.33	4.44	5.75	4.69	6.94	4.59	8.04	5.11	10.98
2010	11.72	7.19	8.43	4.69	5.76	4.65	6.22	4.93	8.24	5.34	14.00
2011	11.00	6.98	0.96	5.72	5.85	4.56	6.63	5.52	7.60	5.39	12.57
2012	10.38	6.37	9.52	5.79	5.47	4.59	6.65	5.05	7.00	4.99	9.23
2013	10.31	6.14	9.25	5.90	5.46	4.70	6.48	4.62	7.31	4.92	9.63
2014	9.29	5.90	9.63	5.40	5.45	4.45	6.22	4.08	7.48	5.02	9.48
2015	8.91	5.65	8.09	5.30	5.66	4.84	6.72	4.10	8.23	4.77	9.29
2016	8.79	5.67	8.14	4.97	5.69	4.83	6.91	4.17	9.13	4.84	8.83

年份	重庆	四川	贵州	云南	陕西	甘肃	青海	宁夏	新疆		
2001	4.70	4.98	4.53	6.56	6.43	4.99	4.36	5.56	5.34		
2002	4.74	4.97	4.42	5.85	5.78	4.40	4.14	6.29	5.38		
2003	4.30	4.73	4.28	5.30	5.16	3.99	4.58	5.58	5.24		
2004	5.26	4.72	3.98	5.07	5.33	4.97	4.48	5.66	4.55		
2005	6.63	7.08	5.14	5.86	6.87	5.87	5.58	6.94	5.84		
2006	5.43	6.88	4.38	5.38	6.88	4.62	5.01	5.01	4.73		
2007	6.36	7.37	4.52	4.92	6.46	5.23	5.29	4.46	4.83		
2008	5.74	7.21	4.51	4.57	6.19	4.22	5.02	4.32	4.68		
2009	6.79	7.42	5.12	4.75	6.28	5.05	4.84	5.22	5.19		
2010	7.49	7.85	6.17	4.59	6.54	5.75	5.43	5.61	5.81		
2011	7.18	8.16	6.12	4.96	7.34	5.80	5.11	5.26	6.10		
2012	7.05	7.71	5.74	5.06	6.79	5.50	5.57	4.91	5.71		
2013	7.03	7.41	5.30	4.93	6.44	5.22	5.42	5.05	5.42		
2014	6.70	7.03	4.77	5.00	5.80	5.22	5.43	4.53	4.92		
2015	6.29	6.19	4.29	5.09	5.98	5.39	4.95	4.83	4.92		
2016	6.20	6.20	4.07	4.63	5.55	5.29	5.03	4.42	4.32		

资料来源:《中国统计年鉴》。

三、房地产业供给侧结构性改革

（一）房地产虚拟资本生成的制度因素

房地产市场的虚拟化及其对实体经济的偏离,其根本原因在于社会资本对投机资产的追求,以及各级政府抑制投机需求有效制度的短缺。尽管中央政府对房地产发展的调控政策频频出台,但是,多数政策并没有从根本上阻止虚拟经济产生的根源,所以,政策效果最多只能是"扬汤止沸",出现房地产市场与政策调控逆向而行的趋势。

首先,房地产支柱产业的定位与地方政府对"土地财政"的高度依赖是房地产虚拟经济生成的根本。这种发展模式是地方政府与中央政府博弈的结果,获得了中央政府的默许。"城镇化—公共产品—政府融资"是一个发展的基本逻辑,目前,我国各地城镇化公共基础设施和公共服务提供的融资渠道主要来源于"土地财政",即土地出让收入和土地抵押收入进行的政府投资。然而,这种融资方式具有不可克服的缺陷:首先,依靠土地出让收入和土地抵押收入,形成了"公共基础设施建设—土地出让和抵押收入—农地非农化—城市框架拉大—城市公共基础提供"的恶性循环。其次,对房地产支柱产业的严重依赖。土地出让和土地抵押都需要房地产的开发,否则,没有土地的需求方,土地资产不会显现。同时,城市基础设施的投资也需要通过房地产价值来体现,如果不能通过居民的住宅显现出来,城市基础设施的投资就成为完全沉淀的投资。所以,土地的出让、开发、价值显现都离不开房地产业。正是这种定位,使得政府对房产的产业规制无法消除通过房地产业来促进经济发展的内在"基因"。

1998—2003年间,中央政府房地产调控政策决策的逻辑起点是一种单向的GDP增长逻辑。2003年之后,尽管开始注重对房价的调控,防止房价过快上涨,考虑居民的消费承受能力,但是发展经济的基本基调并没有放弃。2003年,中央《关于促进房地产市场持续健康发展的通知》认为房地产业已经成为国民经济的支柱产业,能够"促进消费、扩大内需、拉动投资增长,保持国民经济持续快速健康发展"。2008 年,在反危机政策中,房地产业更是承担了重要的产业工具。① 特别是当下,在经济新常态下,一些城市没有按照供给侧结构性改革的方案正确实施去库存,反而采取了加杠杆方式消化库存。例如,2015年以来,各类中介机构通过提供"首付贷""过桥贷""赎楼贷"等金融业务,推广众筹买房等行为,违反了房地产贷款业务规则和国家金融调控政策。结果住房金融信贷政策过度宽松,全社会流动性过剩,刺激了投机投资需求,导致大量资金从实体部门转到房地产领域,共同推高房价过快过高上涨。②

其次,对房地产投机资产的有效规制不足导致房地产投资资本的"稳定"预期。房地产业的规制政策包括金融政策、税收政策、土地政策、住房保障政策,但在实施过程中,过度依赖限购及信贷调整等短期政策,没有建立起调控的长效机制。之所以依赖限购和信贷政策,是因为这些政策不仅容易操作,而且能够立竿见影,不仅易于决策,而且有利于中央政府与地方政府形成合意。税收政策需要从总体上加以改进,出台较为困难,土地政策和住房保障政策都有博弈的空间。实际上,在对房地产的规制中,房产的税收政策才是有效的措施。房产的税收包括财产税、交易税和所得税三大类,其中,财产税为资产税,主要从持有成本上来为地方政府提供公共产品进行融资,对投机资本的利息回报进行对冲。作为融资渠道有助于减少或消除地方政府对"土地财政"的依赖,作为对冲手段有助于抑制房产的过度投机,特别是有些国家还实施了惩罚性税收政策。我国在这一方面至今仍未推出覆盖全部个人住房的房产税,只是在交易税上进行了调整,是一个严重的缺陷。回顾过去十多年的调控政策,每次都是出台最严厉的限购、限价、限贷政策,但是每次在房价短暂的降温之后紧接着又是一轮强劲的反弹。这就给了投资资本一个稳定的预期,即房

---

① 黄新华、屈站:《中央政府房地产调控政策决策逻辑的理论解释——基于 1998—2013 年间相关政策文本的研究》,《厦门大学学报》(哲学社会科学版)2014 年第 4 期。

② 邵挺:《2017 年房地产市场趋势判断和政策建议》,《财经智库》2017 年第 1 期。

价必涨无疑。目前，虽然房价没有大幅上涨，但是，不少城市和开发商都在惜盘待价而沽。

第三，城镇化制度的滞后与人口城镇化的不畅为投机资本提供了"套现"的政策空间。尽管我国提出了"经济发展引擎"的城镇化定位，出台了多项促进城镇化发展的政策，但是，至今未从根本上打破"户籍制度"的约束与红利，导致我国的城镇化不能形成正常的人口流动。城乡之间、城市之间人口流动的不畅，以及首位城市的过度集聚，就会形成对住宅需求的稳定预期，从而形成对房产投机"套利"的政策空间。如果说一二线城市由于人口的高度集聚会形成对住宅的需求压力，导致房价持续上涨，那么，三四线城市不该有需求缺口过大带来的压力。事实上确实如此，三四线部分城市开始出现人口的净流出现象。但是，由于中国农村人口的基数过大，城市化发展的引擎定位与"土地财政"通道的功用，以及对一二线城市的跟风效应等因素，也必然会导致对三四线城市住宅的投机追求。

（二）房地产供给侧结构性改革

中国房地产发展的一个突出特点在于受政策性的影响大于经济基本面的影响，表现出发展轨迹政策外生性的特征。目前，无论是经济增长的引擎功能，还是居者有其屋的民生功能，都不再具有外生增长动能的发展空间。我国房地产市场进入"供求基本平衡、城市深度分化、风险快速积累"的新阶段。2014年，城镇家庭户均住房超过1套，拥有多套住房（2套及以上）的比率在2013年达到18.6%，显著高于美国（14.4%）、加拿大（9.0%）、法国（11.0%）等发达经济体水平。[①] 在经济新常态和供给侧结构性改革的发展背景下，中国房地产业的发展必须遵循新的发展理念，回归基本面的产业发展轨道。

首先，必须做好房地产业发展的基本定位。2016年，中央经济工作会议

---

① 邵挺:《2017年房地产市场趋势判断和政策建议》,《财经智库》2017年第1期。

提出了"房子是用来住的,不是炒的"基本定位。这就要求在对房地产业的发展中,不能再将房地产业作为支柱产业,不能再将房地产业作为"土地财政"的变现通道。必须将经济的发展放在制造业与服务业的重心上,将政府对公共产品供给的融资转换到房地产存量的财产税和市政债券上。

其次,做好房地产资产的规制政策,谨防虚拟资本膨胀的经济环境。城市房地产业的发展包括两个方面:一是房地产本身的发展,要根据城市人口的增长需要,根据城市居民对房产更新的需要实施开发,要尽快推出房产税政策,有意增加投机资本的成本,保持房地产业的健康发展。二是公共住房政策,要从公共产品的角度解决低收入住房问题,减少房产的炒作空间,比如,加大对住宅的租赁制度的供给解决住宅问题,2014年推出的"租售同权"制度就是一个很好的发展思路与对策。

第三,做好城镇化发展的制度政策,尽快实施有效的人口流动政策,促进城市化的健康发展;分类施策,有效化解房地产存量库存与房价持续上涨问题。中国目前的城市化只是关注了城市规模的扩张,没有注重城市内涵的建设,没有重视产业的集聚效应与人口的城市化。城市化发展的正常次序应是产业集聚—人口集聚—城市扩张。目前的城市化主要是通过基础设施与房地产扩大城市边界,人口集聚动能明显不足,是一种本末倒置。必须将未来的城市化发展放在人口的城市化的重心上,而这将会导致中国城市的分化,打破之前各级城市同向性城市蔓延扩张的态势。城市分化发展对房地产业的影响会造成两种相反的情况:一种是房价进一步上涨,一种是房产存量积压严重,从而形成控房价与去库存相反的政策要求。①

---

① 从区域分布看,未来住房需求会更集中在人口净流入的城市。一些转型较快、结构调整成效显著的城市,会吸引人才尤其是高素质人才持续流入,住房供不应求的矛盾将长期存在,推动房价上涨的因素仍然存在。另外一些城市产业集聚能力不强,教育、医疗、市政基础设施等资源薄弱,三四线城市普遍面临人口流入速度放缓甚至净流出的现象,去库存将成为一项长期任务。面对控房价和去库存的双重压力,既要做好地产去库存工作,又要切实做好热点城市控房价、防泡沫、防风险工作。邵挺:《2017年房地产市场趋势判断和政策建议》,《财经智库》2017年第1期。

第四,要做好房产空置率中间指标的统计工作,以住宅空置率作为中间指标,配之于房价收入比、低收入住房状况等进行产业管制。目前,对房产的统计上主要集中在经济增长指标上,集中在增量房产的销售上,对销售之后的存量房产没有进行应有的统计与评估。房地产业潜在的问题主要集中在存量上,发达的市场经济主要通过住宅空置率加以监控。我国目前通过近20年的空前发展,房产的存量规模已经很大,已经成为城市居民的主要财富。所以,对存量住房的监控就成为房地产业健康发展的常规措施。

本 章 小 结

(1)中国房地产具有双重功能,一方面是城市发展的基础产业和一定时期内经济增长的引擎,另一方面是"土地财政"的管道。地方政府土地出让收入、土地抵押贷款、融资平台运作最根本的支撑都离不开房地产的繁荣发展。反过来,作为支柱产业房地产的发展并不必然带来经济的发展,尤其是高质量发展。

(2)出于"土地财政"和经济发展的直接目的,房地产业获得了超强的发展和供给。房地产住宅动态增量空置率似乎表明,目前中国的房地产市场具有巨大的需求潜力,但是,仔细分析就会发现,负的住宅增量空置率只不过是市场需求的提前释放(期房)和资产投资需求的结果,具有巨大的潜在风险。

(3)事实上,过度发展的房地产已经形成了虚拟经济,主要表现在资金的吸附效应和房价收入比上。2010年之后,每年有1/4的居民储蓄进入房地产业,挤出了其他产业对资本的需求,进而造成一种"荷兰病"的经济现象,导致制造业的停滞或衰落。据我们的估算,全国平均房价收入比一直维持在7左右,处于严重的泡沫之中。房地产业的供给侧结构性改革,必须从根本上摒弃将房地产业作为支柱产业和"土地财政"变现通道的功能,回归"房子是用来住的"发展本位上来。

第五章　公权视域下土地资产的
开发与运作

农地非农化的过程同时也是土地资源资产化过程。在这一过程中，与其说财富是土地开发的产物，不如说是社会制度安排的结果。土地要素的资本化，或者说土地资产的开发必然会给相关者带来财富的增损和再分配，例如，最极端的例子造成的"暴损"和"暴利"现象，这就需要通过合理的制度加以解决。所以，在土地开发中，制度安排显得十分重要，不仅要有完善的产权制度，还需要健全的保持土地时序开发、对土地开发财富公平调节的公权制度。

中国土地开发过程中涉及两个不完善的制度环节：一是产权制度不完善，被征地者没有相应的产权诉求，只是进行被动的赔偿，没有主动的参与权，只是被动的告知权，其结果导致土地被过度的开发以及与此相应的大量的失地农民。二是公权的不正当使用，地方政府没有很好地履行土地规划、财富再分配调节的公共职能，反而直接参与土地开发，挤占了私权空间，从而使土地征用程序失范，并形成严重的"土地财政"。这两个环节的不完善造成中国城镇化进程中土地开发的主要问题是：土地的过速开发、"暴损""暴利"以及部分失地农民的相对贫困。

不少人主张通过产权制度改革，甚至是土地所有权制度改革来解决这一问题。固然，改革可以使产权明晰，提高土地的开发效率，但是，并不能解决土地开发的时序化和财富公平分配的问题。如果任其在市场机制引导下进行土地资产的运作,很可能会导致规划、开发的无序和泛滥。土地开发中公权的介入主要是保护公共利益和私人权益,可是我们在现实中更多看到的是,公权对私权的掠夺,而不是公权对私权的保护。但同时,不能反过来由此就忽视公权的作用,甚至是由于地方政府公权的过度使用而否认公权。土地是财富之母,问题的关键是如何获取这一财富。人们在现实中更多地注意到地方政府"土地财政"的"掠夺之手",没有认真思考政府尤其是地方政府在土地开发税源上的大量损失(不动产税)。政府从公共产品提供的职能上进行基础设施和公共服务的供给,如果不通过土地税收来获取投资回报,这是否可以说是土地财产的私权对公权的侵夺;同样,如果不对"暴利""暴损"者通过税收进行再分配,必然会造成财富积累的两极分化。不加强这一功能的调节,政府在公权上是否失责? 在土地开发上,整个社会似乎十分关注土地开发的初次分配,而对土地的再分配却较少关注,这种认识很难解决土地的合理开发和有效利用等问题。

所以,单纯地解决土地产权制度,可以解决土地开发的效率问题,但并不能很好地解决土地资产开发的分配问题,还必须利用政府的公权力对土地开发加以规划和制衡,做到土地的时序化开发和财富再分配。

第一节　土地资产上的公权与私权

一、公权与私权的内涵

(一)土地公权与私权的基本概念

一般来说,公权就是指公权力,由各级政府机关来行使的权利,私权就是对私有财产所拥有的权利束①,在一定的法律制度约束下,私人拥有使用、转

---

①　潘士远:《公权和私产结合:一个理论分析》,《浙江学刊》2006 年第 1 期。

让这些财产的权利,并获取相应的收益。也有学者认为所谓私权,是指那些属于个人和非政府拥有的产权,公权通常指某种形式的国家或政府产权。广义上,由政府或国家行使的名义上与私权相对立的代表社会利益的权力,也可以看作是公权。① 需要说明的是,对私权与公权的讨论,很容易与土地所有制的私人所有制与公有制相混淆。前者是一个产权与资源配置的范畴,后者是一个物权占有与归属的范畴。私权不等于私有,且私权的主体也不限于个人,可能是公民、企业、社会组织甚或是国家。例如,土地的国家所有制,在实际使用中可能是某个具体的单位或个人,集体所有制的具体使用者是该集体内的成员。这些使用者都可以看成是对私权的行使,但并不代表土地私有,土地私有制和土地的私权利用并不是一回事。土地私有表明土地在最终归属上为某个私有主体所拥有,强调一种状态;土地私权表明在土地的利用上为某个私人主体所行使,强调土地的资源利用及收益。在市场经济环境下,私权通过自主、独立、平等地交往,成为资源配置与市场经济运行的基础。

现代经济学在对资源的配置过程中强调产权是对物的支配权利,而不是财物本身;同时将产权界定为一组权利束,认为这些权利束可以被一个人全部拥有,也可以被分置于不同的权利主体。当产权的权利束被不同的主体所持有或行使时,就会出现权力行使的障碍,这一情况被称之为产权的"残缺"。产权残缺的根本原因在于产权的"公共领域"难以界定,也不可能消失。此处的"公共领域"是指由于技术条件的限制,或者目前尚未显现出其经济效益,无法界定清晰的,多个权利主体所支配的权利束。土地资源不仅是人类社会经济活动不可缺少的自然资源,而且是一种不可再生的资源。在现代社会中,土地虽然是以平面来界定的,但是其权利的界定是立体的,包括空中和地下的权力②,而这些权利多数表现为"公共领域"的内容和"公共利益"的体现,例

---

① 南岭:《私权的公权规制与公权的私权介入》,《开放时代》1999 年第 2 期。
② 周诚、唐忠:《市地立体观》,《土地资源永续利用与土地使用管制——1998 海峡两岸土地学术研讨会论文集》,1998 年,第 185—196 页。

如,土地的地役权与生态权。而且,随着经济社会的发展,土地资源的各种社会经济价值不断地被显现与开发,也就是说其权利束不断地被衍生。因此,土地作为一种财产权是最不具有"私人财产"性质的财富,具有严重的"残缺"特征。

按照产权理论对公权与私权的理解,产权可以看成是一个权利束的谱系,一个极端是完全的私权,一个极端是完全的公权,而实际上,现实中大多是处于二者之间的融合。所以,在现代社会中,产权的一个特点是公权与私权的有机混合。地权概念涵盖土地之上所有可能的权利(rights)和权力(power),亦即私权与公权,从法理上说,权利(rights)是私权,权力(power)是公权。在同一块土地上,既有私权,也有公权。私权不等于私有,财产权更不限于所有权。公有土地有其私权,私有土地更受到公权的限制①。

正是因为土地不同的权利束,以及这些权利束与经济发展水平和社会制度的紧密联系,所以,在土地的利用上,各国都有专门的土地利用制度。土地利用制度是指人们在使用土地时所形成的一系列关系,涉及土地所有者与使用者及其双方的权利、义务和国家对土地使用的管理。土地使用是以法律和契约等为基础的,在经济和法权上都有一定的限制。土地使用……从来都不是自由的、任意的,而是由土地所有者与使用者按照一定的规范来确定双方权利和义务的一种经济行为,受到国家的干预与调节。② 而土地利用制度的基础是土地的权利束,特别是土地产权上的私权、公权以及二者之间的关系。

(二)土地公权的主要内容

从发达经济土地利用和开发的过程来看,土地公权包括规划权、警察权、征用权、公共土地开发投资权、征税权等,主要是从规划、利用与分配的角度加以规制。

---

① 陈林:《中国土地问题的要害不在所有制》,《南方周末》2013 年 6 月 30 日。
② 周诚:《土地经济学原理》,商务出版社 2003 年版,第 190 页。

通过土地规划来控制土地的开发与有效利用是发达国家的普遍做法,包括区域规划和土地利用规划。土地利用规划大致可以分为两个层次,第一个层次是土地利用的总体规划;第二个层次是在总体规划基础上制定的详细规划。① 例如,英国政府关于城乡规划的第一部法律是 1909 年颁布的《住宅、城市规划及其他事物法》,这是英国现代土地利用规划制度的开端。1947 年颁布的《城乡规划法》规定,一切土地的发展权归国家所有,任何土地所有人或其他人如欲变更土地用途,必须申请规划许可。②

"警察权是指当个人的权利同促进和维护公众利益相冲突时,所容许的国家对个人进行干预的权力,是立法保护公共卫生、公共道德、公共安全和整体福利的内在权力基础。"③警察权具有巨大的和没有限定范围的权力,按照发达国家对公权的理解,当社会文明遇到紧急情况需要政府提供服务时,这一权力可以延伸和扩大到政府的许多活动范围。这是政府独特的功能,即在其由立法给予的支配中,为了保护和推进公共福利可以实施的权力。

土地征收权(Eminent Domain Power)是指政府的最高权力或者说支配权力,这种权力是一种为了公共利益不需要所有者同意即可被行使的最高权力。该权力的基础来源是:国家拥有对财产的最终权力,普遍地被作为一种政府固有的权力所接受和实施。作为一个对财产的共同控制权,该权力可以单独实施,也可以与政府的其他权力配合实施。

公共土地开发投资权是一种独占权,其目的是为了公共利益而有效地影响和引导土地利用。主要是通过设立公共基金而不是直接控制财产的方式进行运作,例如,用于兴建公共设施和环境设施等。

警察权、土地征用权与政府投资开发权是公权在土地利用方面直接规制

① 张瑜编译:《各国土地制度比较研究》,《经济研究参考资料》1989 年第 96 期。
② 张艳芳、Alex Gardner:《英国土地管理法律制度及借鉴》,《中国国土资源经济》2014 年第 4 期。
③ 孙弘:《中国土地发展权研究:土地开发与资源保护的新视角》,中国人民大学出版社 2004 年版,第 86 页。

的权力。

征税权主要是对土地增值收益进行的税收调节,对土地开发过程中收益的增损进行再平衡。除此之外,还可调节土地的利用方向与程度。例如,通过优惠税收对耕地和生态用地进行保护,也可以作为惩罚措施禁止某些土地开发,或者消除土地闲置,提高土地的利用效率。发达市场经济国家通常通过税收豁免和优惠安排的方式使土地经营者调整或者接受政府意愿的开发活动。空地税、荒地税可以促使城市土地和农地的充分利用;农地变更适用税,有利于农地用途管制和保护耕地;把纳税负担适度地设定在一般土地使用水平上,可以引导土地更集约利用和改进土地管理等。[①]

我国在土地利用上也有相应的公权设置,主要包括土地的规划权、使用权、土地的征用权与税收权。

土地的规划包括国家及地方土地利用总体规划的中长期规划、五年规划和年度规划。土地规划权是指城乡土地规划利用的权力,主要由城建部门和国土部门行使。

土地使用权即公民个人、公司企业、政府组织和事业单位等对土地的各方面的利用。我国在土地利用上实行严格的土地利用管理制度,所有土地分为农用土地和非农用土地,集体土地或农用土地必须严格用于农业生产和经营用途,不得进行非农开发;国有土地或建设用地可以用于土地开发。同时,对权利人不行使土地权利或消极使用土地权利的给予限制。例如《中华人民共和国土地管理法》第38条规定,禁止任何单位和个人闲置、荒芜耕地,承包耕地的单位或个人连续两年弃耕抛荒的,原发包单位有权终止合同,收回发包的土地。《中华人民共和国城市房地产管理法》第25条规定,不按规划年限开发土地也要征收土地闲置费甚至由政府无偿收回。

土地征用权是指国家为了公共利益而对集体土地的征用,也即土地由农

---

① 刘书楷:《国外与台湾地区土地使用管制和农地保护的经验》,《中国土地科学》1998年第6期。

用转为非农用的过程。我国的《中华人民共和国宪法》《中华人民共和国土地管理法》《中华人民共和国物权法》都对这一权利做了明确的界定。

（三）土地私权的主要内容

所谓私权是指市场经济中微观主体，在法律和制度约束下具有支配和行使的各种经济权利，随着经济的发展，产权的权利束在内容和范围上在不断地丰富与扩大。按照现代法治思想和市场理念，只要不是法律无明文禁止的权利都可以看成是私权利的行使范围。所以，土地利用上的私权是指土地所有者主体与土地使用者主体及其相关者等，对土地资源的各种配置与交换的经济行为。包括土地的占有、收益、转让、抵押等权利以及在他人土地上设立的通行、采光、通风、取水等便役权和将土地利用约定权延伸至继受人的地约权与衡役权。[①]

二、公权与私权间的冲突及平衡

现代社会中，公共利益越来越凸显，需要在交易过程中去不断地界定新的产权。在产权的动态界定中，当边界和范围不清晰时，土地利用中公权和私权之间就会存在各种冲突，而且极易形成两个极端：规划公权力的过度膨胀、开发私权利的任意行使。所以，在土地的开发利用上，既不能忽视公权力和放任私权利，也不能膨胀公权力和损害私权利，而应该使二者相互制约，既做到效率，又做到公平，使土地得到充分合理的利用。

（一）如何看待公权对私权的制约

首先，为什么会出现公权对私权的制约？土地具有多功能性，具有重要的经济、社会和生态价值，是不可再生的自然资源。随着社会经济的发展，人们

---

① 王向东、刘卫东：《土地利用规划：公权力与私权利》，《中国土地科学》2012 年第 3 期。

已经形成了如下的社会共识,即土地不只是承载个人利益,而且体现了社会利益,甚至国家利益。因此,必须对土地的利用进行规划,克服土地利用中的外部性,协调开发中相互冲突的利益等。当然,这里面有一个问题,就是政府在行使公权力的时候,必须将自己的职能界定清晰,即哪些是由于公共利益需要政府以"公权"的方式行使的,哪些是由于政府是一个"私权"主体而应当按照市场规则运行的。"当政府在竞争性领域参与土地利用开发时,它应当界定为'企业'的角色,遵守市场规则;当政府在解决私人土地利用开发冲突的时候,它应界定为'调停者'的角色,行使公权力。"①

其次,从权力行使的法理上来看,必须兼顾二者的利益。作为一种政府行为,它对私权的干预和限制必须有正当的理由,在执行上应当是严格和公正的;但另一方面,私权也是受到宪法和法律保护的。正是基于这两类利益均是正当的,所以应当处理好二者之间的关系。② 这就是说,土地利用规划中公权力和私权利界限的划分应当遵循现代法治精神和财产运作原则,社会法治是对产权的保护,是对公平的保障,财产运作是对财富的追求,对资源利用效率的提高。公权力和私权利分别主要由公法和私法进行调整,特别是公权力的行使应严格局限于国家和整个社会目的,需要通过立法将其具体化。

第三,为什么会有公权力的"膨胀"或"边界外推"? 这主要是一个权力再界定的问题。随着经济社会的发展,留在产权"公共领域"内的权利必须加以界定,否则,会出现发展中的"公地悲剧"。例如生态环境建设,在发展初期被物欲所掩盖的社会利益和生态价值,只有在经济达到一定的水平时才会凸显出来,需要对土地开发利用在更大的范围内重新界定。这实际上是把公权对私权的规制看作是对人的发展与社会有机联系深化的一种法制回应。③ 如果

---

① Sax Joseph:"Taking,Private Property and Public Rights",*The Yale Law Journal*,Vol.81,No.2,1971,pp.49-186.

② 朱长根、梁海芬:《刍议我国土地规划对土地私权的干预》,《中国商界》2008 年第 2 期。

③ 南岭:《私权的公权规制与公权的私权介入》,《开放时代》1999 年第 2 期。

说早期人们追求的最大化是通过物或者通过使用价值来实现的话,那么,现在人们追求最大化则不仅是物质财富,而且是生态文明与社会公正;另一方面,现代科学技术的发展和广泛应用,不仅给人类带来了巨大的收益,改变了人类的生产方式,而且也引发了某些公害,需要对其外部性加以克服。私权的公权规制其实是一种制度变迁过程,这种制度的确立和演化,其社会原因在于,有的规制节约了社会的交易费用,也节约了个体之间的交易费用,是一种帕累托改进。①

（二）公权私权相互制约是一种效率改进

首先,从市场运行的实际情况来看,公权是对微观主体的一种规制。公权对私权的规制大致可分为两类:社会规制与经济规制。所谓社会规制是指偏重于从社会利益、社会公正的角度对私权加以规制。主要是对所有权的绝对无限制原则的修改,对契约自由原则的限制,对侵犯行为原则的规制。例如,防止公害、污染、补偿受害者等。所谓经济性规制,主要是为了校正市场失灵,以保证社会有序运转的法律措施。主要有对垄断的管理与限制,对外部性的规制,对信息不对称可能导致的损害他人行为的规制,以及对特殊行业的规制。②

其次,从土地利用效率上看又是一种有效利用的方式。土地利用私权利的自由行使常导致冲突和混乱,例如,不考虑土地开发的外部性,不考虑土地价值增值空间的随意开发,其结果必然导致整个区域土地资源的浪费与土地价值的损失。可以这样说,土地开发的公权力是为了保障土地利用私人主体的利益而产生的。但同时,如果对公权力利用不恰当也同样会出现问题。土地规划是以公共利益名义实施的行政行为,极易对公共利益泛化,如果不加以严格限定,很容易成为政府谋取部门利益的工具。这个时候,如果能够让土地

① 南岭:《私权的公权规制与公权的私权介入》,《开放时代》1999 年第 2 期。
② 南岭:《私权的公权规制与公权的私权介入》,《开放时代》1999 年第 2 期。

利用私权利合理充分地行使,就会对规划公权力形成一定的制约。所以,在对土地私权进行规制时不能忽视私权的利益,相反,应以保护私权的利益为基础。

（三）公权与私权冲突的再平衡

公权与私权之间的系列冲突可以采取两种方式加以解决,一是通过法律救济弥补损失,二是通过市场交易降低损失。

在法治社会中,为了保证公平与效率,权利冲突中受侵害的一方有权获得公平的补偿救济。对于权力间冲突的救济和保障总体上有引导性和强制性两种方式,并可以分为事前预防性和事后的响应性两类,目标是公正平衡地保障规划公权力和土地利用私权利,实现社会总体利益最大化。[①] 但总体上来看,是公权对私权的保护,同时也是对公权的进一步制约。

另一种解决方式就是给予土地私权的更公平的机会,让市场自发地来解决。因为,私权的保护,说到底就是给予私权一种市场交易的权利,从而能够获得个人收益。所以,如果能够在土地开发中,通过制度设计让所有涉及的私权通过市场交易的途径实施其财产的支配权,将会体现出更加公平的结果。例如,从发达国家的情况来看,土地发展权作为土地资产的运作工具在土地公权与私权的矛盾解决中发挥了重要作用。

三、土地不同开发模式下公权与私权的制衡

一般认为,现代农地产权的所有制形态可分为三种形态,即农地的私有制、公有制、私有与公有相结合的混合所有制形态,而且,从发展趋势上看,有土地的公有制或混合所有制加强的态势。同时,农地非农化的资源配置模式

---

① 王向东、刘卫东:《土地利用规划:公权力与私权利》,《中国土地科学》2012 年第 3 期。

基本可分为市场配置和非市场配置两种模式。① 但是,无论是哪种所有制形态,也无论是哪种开发模式,都会有公权对私权的制衡,主要是从加强土地交易管理、土地利用规划、完善土地税制等方面加以规制,其目的在于确保稀缺的土地资源得到最有效地利用(见表5-1)。

首先,土地的资源配置从根本上受土地利用规划的决定。市场模式主要是指在土地利用规划约束下,由土地的供求双方来决定土地开发的价值与开发时间;非市场模式则是由政府主导的土地资源配置模式,由政府单独决定土地的供给数量和开发时间。但是,这些具体的开发模式都是在政府土地利用规划的前提下进行的,如果没有政府的规划,则土地是不允许开发的。例如,荷兰的农地非农化必须满足两个前提:首先必须符合空间规划;其次是政府具有土地优先购买权。土地购买分为政府购买、私人投资者购买和政府与私人合作购买三种形式。② 除了土地利用的总体规划外,在土地资源稀缺的国家,还对土地实施许可交易制度。例如,在日本实施土地交易许可制度的主要目的,在于直接控制某些地区的地价水平及土地利用方向。当地方政府认为可能发生或已经发生,如土地投机活动集中地区或土地投机异常地区,地价急速上涨地区或某些上涨过快的地区,规划区以外难以控制的地区和难以实现合理利用的地区,可以确定为"限制地区"。③

表5-1 不同产权结构形态下的土地开发

	私有产权	公有产权	混合产权
开发的价值与目标	私人经济利益	社会利益	私人经济利益、社会效益、生态效益
实施模式	市场机制	政府主导	市场机制

① 王忠、揭俐:《农地非农化有效实现的法律保障机制》,《中国国土资源经济》2011年第6期。
② 谭荣:《荷兰农地非农化中政府的强势角色及启示》,《中国土地科学》2009年第12期。
③ 张瑜编译:《各国土地制度比较研究》,《经济研究参考资料》1989年第96期。

续表

	私有产权	公有产权	混合产权
外部性规制	公权制约	公权主导	公权制约
法律基础	私法	公法	私法与公法
实际结果	土地开发价值不能充分评估,外部负效应明显	土地资产价值被抑制,私人财产权益不能被保护	土地资产价值、社会效益、生态效益被综合评估,保证土地的时序化开发

资料来源:根据相关文献整理。

其次,对土地利用程度的直接控制。为了促进土地的有效利用,提高利用程度,政府可以对土地使用者或开发者采取措施。例如,在德国,对于不遵从规划者,政府可收回其土地;英国实施对空闲的公有土地进行登记制度。再如,日本在规划法中建立了"空闲土地"制度,对一定规模以上,经过许可批准后三年仍未利用,或没有达到有效利用的土地,可以由地方政府通知为空闲地,并建议或劝告土地所有者对已经确定为空闲地的土地提出利用处分计划。[①]

第三,对土地利用价值的经济控制。主要是通过土地税收来提高土地的利用效率。例如,韩国、法国、德国以及中国台湾地区土地资源较为稀缺的地方,将土地保有税作为一种土地政策,提高土地占有成本,促进土地的有效利用。

此外,在土地开发的增值收益如何进行社会化平衡方面,也需要公权进行深度的介入。

第二节　公权视域下的土地开发与运作

一、土地利用的规划

土地利用规划是发达市场国家在土地开发利用上的一个最基本的原则,

---

① 张瑜编译:《各国土地制度比较研究》,《经济研究参考资料》1989 年第 96 期。

几乎各个国家都有《城乡规划法》。土地利用规划是通过制定和实施规划,对人们利用土地的行为做出的相关约束,指导人们合理利用各类土地,使有限的土地资源在部门间得到合理配置,从而在区域整体上实现土地资源的可持续利用。

发达国家主要是通过规划管理来控制土地使用的。首先,规划的目的在于城乡的有序发展、公共利益、生态环境以及私人财产。特别是,农业用地一经确定即为永久保护,无人能够随意更改。例如,比利时、丹麦等《城市与乡村区域规划法》把整个国家分为城市、区、郊区和农村,要求各级地方政府制定区域规划方案,把土地划分为不同的用途,明确规定每一个区域的发展方向。① 英国在制定土地利用规划的过程中,十分重视可持续发展。在《城乡规划法》中重点强调从公共利益方面来管理土地使用开发;保护和改善环境;保护自然和建筑遗产;保护农村景观;保护绿化带。注重经济效益、环境效益和社会效益。② 荷兰的规划体系偏重于如何实现人类社会和自然环境的协调,实现城乡统筹发展,提高分权管理的效率。③ 其次,规划体系包含两个层次,即区域规划和土地利用规划设计。规划的内容包括分区、容积率、环境限制、税收优惠、可转移发展权以及城市发展边界等。第三,利用公权制约土地私权。这就是说,土地拥有者只有按规划使用土地的权力,而没有随意开发或改变它的使用目的的权力。在发达国家的土地规划中,"常常采用'占而不征'、'用而不购'的方式,把土地拥有权保留在私人手里,而把开发权引入公权领域,通过规划、税收等方式,引导土地为公共利益服务。"④

发达国家的土地规划是基于发展的目的对土地资源的综合利用。尽管上

---

① 曲福田:《西方农地法的特点及启示》,《中国土地科学》2004 年第 2 期。

② 张艳芳、Alex Gardner:《英国土地管理法律制度及借鉴》,《中国国土资源经济》2014 年第 4 期。

③ 谭荣:《荷兰农地非农化中政府的强势角色及启示》,《中国土地科学》2009 年第 12 期。

④ 叶齐茂:《发达国家乡村建设:考察与政策研究》,中国建筑工业出版社 2008 年版,第 371 页。

述规划对土地的开发利用提出了许多制约,但是,这种制约不是一种简单的限制,而是一种土地综合利用的指导。规划管理的目标是,在保护社区特征、环境资源、开放空间以及限制新的基础设施投资的前提下,进行新的开发。土地资源的利用涉及到效率、公平和生态功能的评估,这种评估必然涉及土地使用的转换与土地资产的开发,实际上是一个土地发展权问题。土地发展权既可以评估土地开发的价值,又可以评估土地被限制开发的价值。一块宗地是否开发,要综合评估经济发展需要、资产开发价值(社区建设的成本与收益)、粮食安全以及生态效益。所以,从资源配置的角度看土地规划就是土地资源开发的价值评估。土地利用规划的科学性和合理性决定了土地发展权分配的科学性和合理性。只有科学和合理的土地利用规划,才有公平和效益并重的土地发展权。土地利用规划中设定允许建设区、有条件建设区、限制建设区、禁止建设区等,明确其范围和界限,有利于土地发展权的价值实现。①

二、警察权与土地分区

规划必然涉及到对土地开发利用的分配,即有些区域需要加强开发,而有些区域则被限制开发或禁止开发。这就涉及了土地利用上的警察权和土地分区。

警察权既可以是对私人财产权的无偿"剥夺",也可以是对传统"私人财产权"归属的重新定位。从权力的设置来看,"警察权是美国一种独特的制度,它并没有出现在美国宪法中,而是作为一种司法解释的产物演化而来,最早在 1827 年在最高法庭中出现使用。之后,警察权就被作为政府的延伸权力对待,提供了限制和规制财产权的各种公共措施的法律基础。"②但是,当法庭接受扩展了的警察权时,对其行使的条件也实施了严格的控制。这就是,这一

---

　　①　严金明、刘杰:《关于土地利用规划本质、功能和战略导向的思考》,《中国土地科学》2012 年第 2 期。

　　②　Barlowe Raleigh: *Land Resource Economics*, Fourth Edition, Prentice-Hall, Inc. New Jersey, 1986, p.527.

权力必须是合理的,必须提高公共福利,必须不能武断和歧视使用,不能没有法律程序或者是平等的法律保护就"妄加"剥夺他人的权力。

分区是警察权一个最为典型的利用,分区是将土地分成不同的区域并进行不同的管制。在分区内土地的使用必须符合规则,建筑的高度、大小和使用以及人口的最大容积要符合分区管制。分区是实施土地利用规划的一个工具,但不能代替规划本身,其价值和效果常常依赖于计划本身的质量和特征。

1975 年,美国所有的州都实施了分区管制法令,在 3000 个县中,约有四分之三的县实施分区。尽管分区的程序在各个州不尽相同,但绝大多数的分区包括这样几个内容:(1)分区目的说明以及与此逐一对应的实施方案;(2)包括术语界定、禁止建筑的理由或者替代的建筑,或者符合法令条例的土地和建筑的例外情况等在内的总的法令条款;(3)关于居住、商业、工业和农业分区分类的说明,在规划图上每类分区边界的清楚描述;(4)每一分区管制条例的详细描述;(5)行政管理和实施的条例,包括土地建筑和占有的请求许可,可能出现情况的安排,对违规者不端行为罚金和监禁处罚的宣布;(6)法令条款可能的改变与修订。①

不同的分区有不同的土地使用规则,对于每一个分区,政府通常规定如下指导准则:(1)规定土地使用的类型:农业、居住、商业、工业;(2)使用的强度,通过地块大小、高度限制来加以规定;或者通过容积率和地块上的住宅数目来规定;(3)使用的尺度,即使用的高度和体积,通过直接或间接的方式加以规定,主要目的是保持建筑景观。②

在法国,根据城市法典,土地占用规划把城市分为五类区域:城市区域;自然区域;应保持或创建的特定林地;特种活动区域(工业活动区域、商业活动

---

① Barlowe Raleigh: *Land Resource Economics*, Fourth Edition, Prentice-Hall, Inc. New Jersey, 1986, p.532.

② 叶齐茂:《发达国家乡村建设:考察与政策研究》,中国建筑工业出版社 2008 年版,第 180—183 页。

区域）；为防止公害、保护资源、保护健康禁止进行建筑或禁止一切土地利用的场所。①

分区可以在许多方面用来提高社会公共利益的目标。但是，像其他许多公共权力一样，有时会出现被滥用的情况。法庭反对有污点的分区，例如，反对利用分区达到种族目的和以经济为基础的社会分层；分区不能用追溯力来禁止已经存在的土地利用；尽管从审美学的角度看必须考虑景观或者统一的建筑风格，但分区不能单独以审美为正当理由进行划分。

有些分区的法令由于法庭的武断和不合理的因素会导致空洞无效：（1）方案未被公众认可；（2）制定的规则产生了对极少数人的垄断权力；（3）借口不适合使用而限制某些土地区域的使用；（4）导致了分区内的孤岛，使其财产权比周围的财产受到更多的限制；（5）使用者由于事故性的原因以及并不与区域规划相冲突的原因而排除使用；（6）不公平和管理歧视的因素。② 所以，对于这些消极的因素应该加以规避。分区应该从规制的角度强调对土地资源利用动态规划的积极作用，分区还必须与社区资源、发展目标和发展潜能进行全面的衔接。

三、"暴利""暴损"与土地发展权转让

土地开发过程是以个体对市场信号的回应为特征的市场化的过程，分区政策最大的弱点是导致"暴利""暴损"的困境。这是土地开发公权指导下的一个负面结果。

此处所说的"暴利""暴损"是指由于土地的开发所带来的财富分配效应，比如由于分区的缘故，有的区域由于土地开发土地资产陡增，而有的区域则可能是土地价值的塌陷。对于"暴利"的习惯理解是，由于运气而不是勤劳、智

---

① 张瑜编译：《各国土地制度比较研究》，《经济研究参考资料》1989 年第 96 期。
② Barlowe Raleigh：*Land Resource Economics*，Fourth Edition，Prentice-Hall，Inc. New Jersey，1986，p.537.

慧或者甘愿承担风险的投资所带来的收益。Kades(1999)认为"暴利"是与工作、规划和生产性活动无关的经济收益。① 另一种解释是:实际资产的意外增加不是所有者所为,也不是一般的通货膨胀的结果。同样的情形,实际资产意外毁灭也不是所有者所为和通货紧缩所致。造成暴利和暴损的因素可分为两类:政府行为的结果和经济增长的结果。如果"暴损"是由于政府的规则产生的,那么,损失者能够对政府未能对其财产给予公平的补偿可进行索偿。② 这实际上提出了对公共政策导致的"暴损""暴利"的补救问题。当然,这种补救可以采取经济的办法和效率的标准,如果一个地区由于政府的行为获得"暴利",而且,这些暴利可被政府重新征回(比如说通过税收的方法),并作为补偿转移给利益损失者,就会存在一个潜在的帕雷托改进。③

土地发展权转让(Transfer of Development Rights,TDR)正是基于这样一种思路所进行的市场交易的政策设计,其引入至少将部分地抵消土地用途改变所产生的财富效应。④ 发展权转让是一种被提议的,用来克服"暴利—暴损"困境和维持由于可交易的土地区域所带来的经济刺激的土地利用的政策性工具。在TDR(机制下),首先必须对保护区和发展区进行认定,被限制的土地所有者将给定发展权单位,而发展区域的土地所有者在超出规定的密度之后将被禁止开发,除非从保护区域内被限制的土地所有者那里购买发展权。⑤

TDR依赖于这样一种概念和思想,即产权是一组权利束,对土地所有者来说可以卖出或转让其中的一束,而仍保留土地权利束中的其他权利。TDR项目或规划将"发展权"从土地的产权束中分离出来,并通过市场进行转让;

① Kades Eric:"Windfalls",*The Yale Law Journal*,Vol.108,No.7,1999,pp.1489-1568.
② Hagman,donald G.,and Misczynski,Dean J.,Ed:*Windfalls for Wipeout:Land Value Capture and Compensation*,Chicago:American Society of Planning Officials,1978.
③ 张良悦:《美国的农地发展权与农地保护》,《经济问题探索》2008年第7期。
④ Barrese James T.:"Efficiency and Equity Consideration in the Operation of Transfer of Development Rights Plans",*Land Economics*,Vol.59,No.2,1983,pp.235-241.
⑤ Barrows,Richard L.,and Bruce A.Prenguber:"Transfer of development rights:an analysis of a new land use policy tool",*American Journal Agricultural Economics*,No.57,1975,pp.59-57.

保护区内的土地所有者被给予一定数量的"发展权证"作为对土地开发损失的价值补偿。设置 TDR 规划,公共部门必须与社区居民一道决定哪一个地区需要开发,哪一个地区需要保护,从被限制的区域向适合发展的区域转让发展权。保护区域称之为"发送区"(sending sites or areas),开发的区域称之为"接受区"(receiving sites or areas)。

TDR 模型的主要优点是其能够非常简单地实现两个互补目标的转化,并在这一运作过程中做到"暴损—暴利"的平衡。理论上,TDR 市场通常被认为按如下思路运作:政府按照最大限度的居住开发量决策,为土地所有者充分分配开发的许可证或发展权,目的是为了使土地获得充分的开发。① 之后允许土地所有者相互交换许可证。如果土地所有者有不同的土地发展的机会成本,那么,一些土地所有者将卖出土地发展权,而另一些土地所有者将购买这些权利,并以比其初始分配的开发密度高的密度进行建筑开发。在对土地发展权总量控制的同时,通过给予土地所有者个体对发展权的弹性处理或者在他们初始分配的基础上,使开发过程中具有不同价值的土地被分配给最有价值的用途上。②

然而,TDR 能够使这些保护更加公平和政治上令人满意,或者说 TDR 是一个好的政策工具吗? Salamon 认为,应该从效果、效率、公平、管理和合法性五个方面加以综合评判。③

效果:政府管制取得了意愿的目标了吗? 这是最基本的问题。如上所述,TDR 有两个基本目标:保护和补偿。在保护土地上做得最好,而且总的来说,保护是永久的。然而,在补偿上却有一些障碍。由于缺少接受区域的需求,发

① 张良悦:《土地发展权及其交易——基于农地保护的政策工具》,《经济体制改革》2008年第 6 期。

② McConell et al.:"How well can market for development right work? Evaluating a farmland preservation program",*working paper*.

③ Salamon,Lester M.,Ed:*The Tools of Government:A guide to the New Governance*,New York:Oxford University Press,2002.

送区内仍持有发展权的农民发现其发展权价值要远低于规划设计所赋予的价值。

效率:取得这一结果的成本是合理的吗?有两种方法可用来评价其效果,一个是管理成本,另一个是保护成本。管理成本比传统的分区制来说相对较高,它需要培育市场和监管市场,需对 TDR 权证进行创设和管理。既然 TDR 是一个综合的计划,因此,它不可能比传统的计划在技术上更节约,必然有一套恰当的适合 TDR 运作的分区规则。另一方面,通过购买产权和发展权是保护土地和历史遗迹的唯一方法,这对于缺少资金的地方政府通过公共基金的方式参与保护是不可能的,TDR 规划应允许私人取得这一目标。

公平:TDR 规划本质上是公平的吗?是不是起到了对需要他们的人的资源再分配的作用呢?TDR 努力通过对土地所有者补偿其投资的办法来分散财富,尤其是拥有同等能力在他们退休之后再开发其土地的农民。为取得这一目标,发送和接收区域必须建立恰当的联系以确保 TDR 价值。否则,发送区域的土地所有者可能发现 TDR 权证毫无价值,且他们的土地仍被限制不能开发。然而,为发送区土地所有者创造的价值,也为接受区创造出了另一个同样的问题。接受区的居民可能不需要高密度开发,当接受区已是一个现存的郊区时,这一问题尤其严重。

管理:创造 TDR 市场是一个复杂的工作。在分区制、密度计划、权证比率的(规划)下,必须对发送区和接受区作出决策。一些规划也要求政府经管的 TDR 银行的支持。每一选择对 TDR 权证的需求、价格和规划的成功都有影响。随着成功模型的增加,管理将会变得容易些,但仍是一个复杂的工作。

合法性和政治上的可行性:TDR 规划以其对土地所有者的补偿作为根本的目标,自然要比典型的命令和控制的分区管制更有政治满意度。然而,任何土地使用限制都会产生相反的效果,市政当局必须建立社区支持这一目标。成功的 TDR 规划不能仅靠代理人的意愿来创造,政治合法性必须通过实践来确立,例如,典型成功的 TDR 都有在对土地需求控制周围已经存在的居民的支持,其中公共教育和买进是至关重要的。

　　总之,正如政策制定者努力寻求市场作为管制工具一样,地方政府将继续考虑 TDR 规划,TDR 规划是能够使分区在政治上更加公平和可行,在经济上更有效率的管制工具。该项目为地方政府提供了两个关键利益:补偿了土地所有者由于分区而造成的财产损失;利用市场的方法为公共品的保护提供了支付。然而,与典型的分区制相比较,TDR 规划也可能是高成本和监管困难的。地方政府必须对这种不寻常的商品的复杂运作、市场规则进行监管。即使通过教育和市场努力,社区也可能不支持该规划。TDR 是基于对土地和建筑的永久保护,既是这一工具的优点,也是其缺点。社区必须明白 TDR 不是对计划和分区的替代。相反,TDR 要求更强的分区。因此,它没有提供一个一定能够避免财产权冲突的方法,尽管一些创新的社区在设计这一项目时减少了可能产生的冲突。①

四、土地征收与公平补偿

(一)征收的来源与界定

　　土地征收是农地非农化的主要途径,任何国家的城市化过程都不能回避,但在土地征收问题上又十分慎重,对土地征收的条件、程序、实施主体、补偿等都有严格的规定。例如,美国宪法第五条规定"非合理补偿,不得征用私有财产供公共使用";英国《强制征购法》要求证明项目的实施必须是"一个令人信服的符合公众利益的案例";日本的《土地征用法》规定,重要的公用事业都可以进行土地征用,但必须给予补偿,且其补偿资金来源于租税和这些公用事业费所形成的公共财产;加拿大各级政府都依法强调,土地征用是国家为了公共

---

　　①　"Transfer of development rights",*American Farmland Trust*,Junary,2001.

利益向私人收回的一种权力,应严格限于公共利益和公用事业的范围。①

　　土地征收权是指政府的最高权力或者说支配权力,这种权力是一种为了公共利益不需要所有者同意即可实施的权力。从本质上看,它是一种政府的"强买"行为,土地转移双方的地位是不平等的,一旦政府做出征收的决策之后,被征收者是不可以讨价还价的。例如,美国各级政府认为,为了有序地对诸如高速公路、街道、公用设施和其他公共利益改善的场地进行建设投资,必须实施土地征收。否则,个人财产所有者只需通过简单的拒绝出售即可否决多数人对土地必须公共开发的意愿;或者,政府与所涉及的每个土地所有者进行谈判所带来的高额交易费用有可能使项目流产。所以,防止个别土地所有者延误且需要大量土地的公共项目,构成了征地权存在的理由。②

　　美国的土地征收权是伴随着法律实践发展逐步形成的,最早见诸于1831年的法庭审理。这一概念有两个重要的方面:一个是它必须正视国家是财产的唯一征收者,二是它假设对征收财产负有不可豁免的(最高最古老的)原则。围绕这两个方面,法庭逐渐接受,并在如下三个方面加以扩展:(1)联邦和州政府可以将其权力授权给政府部门、国家公司和私人公司;(2)其权力必须严格限于公共目的;(3)必须对被征收的所有财产进行公正补偿。③ 由此可见,对土地征收必须从三个方面进行理解,即谁有权征收,为什么征收,有什么样的约束。

（二）对征收代理人的限定

　　从资源的配置角度看,土地征收是对市场失灵的一种校正,但从土地所有

---

① 张良悦:《城市化进程中的土地利用与农地保护》,经济科学出版社2009年版,第106页。

② 汪晖、陶然:《如何实现征地制度改革的系统性突破——兼论对〈土地管理法〉修改草案的建议》,PLC工作论文,http://new.plc.pku.edu.cn/publications ch.aspx。

③ Barlowe Raleigh: *Land Resource Economics*, Fourth Edition, Prentice-Hall, Inc. New Jersey, 1986, p.520.

者私权的角度看,土地征收是对公民部分财产的争夺,所以,对土地的征收必须有"公共利益"的严格约束。费舍尔认为,限于公共使用或公共目的的土地征用权,是防止政府或者特殊利益集团寻租行为而构筑的一道防御屏障。①像许多法律概念一样,财产征收权也有很大的弹性范围,几乎从一开始,立法机关就认定征收权是一个可以授权国家代理机关、地方政府、私人公司和团体的权力。但法庭不能接受这种授权,而且,多年来一直把"公共目的"作为一个立法问题,因为,公共目的可能会被滥用、被延伸到包括土地资源开发等方面。果然,在美国 19 世纪 40—50 年代期间,随着工业革命高潮的兴起,征收权的滥用很快变成现实。于是,人们表现出这样的担心,即有些私人公司使用日益增长的政治权力,极有可能使他们通过对征收权的使用来夺取竞争者的财产,或者扫清妨碍他们扩张的"拦路人"。莫洛克把这种现象概括为"土地增长的机器"。所以,后来许多法庭限定(收窄)了公共利用的含义,特别在涉及私人使用者时。

从公共的视角看,土地征收权可以被认为非常必要使用的权力,以不时地促进为了公共目的而购买特需的空间场所。但土地的所有者通常发现,他们被期望放弃的土地资源是他们必须保持经济规模运营的资源,或者说是他们生存的根本。所以,征收必须有严格的法定程序,而且,必须时刻强调被征收财产的所有者和征收者的利益给予一样的保护。鉴于此,土地征收必须对如下五个的问题进行慎重的考虑,并对政府行为构成了严格的约束:(1)为了公共利用而征收财产的发端;(2)为了这一目的而对权力机关的恰当授权;(3)与指定的没收程序相一致;(4)公平补偿的决定;(5)多少财产被合法征收的界定。②

---

① Fischel William A.:"Eminent Domain and Just Compensation", in *The New Palgrave Dictionary of Economics and the Law*, London:Macmillan,1998.

② Barlowe Raleigh:*Land Resource Economics*, Fourth Edition, Prentice-Hall, Inc. New Jersey, 1986,p.522.

（三）征收的程序及被征收者的申诉

在何种情况下土地征收权可以或者不可以被使用,需要对公共利益和私人利益做一权衡。这一评估过程应从动议的公平性和提议开发的权威性开始,决定什么时间进行公众利益的申诉。新的开发计划的优势与成本,原有场地的优势与成本,以及任何与开发项目相关的目标或反对开发的提议必须认真地加以考虑和评估。一旦项目和财产征收被确定,公众利益的关注就会压倒对私人利益的考虑,此时考虑的问题只可能是土地具体征收的方位以及可能给予的价值补偿。

在美国,土地征收并没有一个简单的标准程序,每一个立法机构对于征收方法都有解释权。在不同的代理人和利益团体之间授权的请求也各不相同。当然,也有一些州制定了统一的行动程序。迟至1943年,在55个司法实践中有320个不同的程序影响高速公路的土地征用。财产所有者必须被告知没收程序的开始是对他们的侵犯,他们有法律的申诉权,补偿的决定是严格按照正常的惯例进行,或者由陪审团,或者是由知晓这一法律事件的人和可以了解财产没收的人组成的委员会进行裁决。①

（四）公平的补偿

"公正补偿"是对政府征地权力的一个根本制约。公正补偿条款同时起到两个作用,一是限制政府权力,防止政府征用过度;二是保护私人财产,确保社会公平和法律尊严。②

然而,这一问题在理论上容易界定,但在实际操作中却有一定的困难,主

---

① Barlowe Raleigh: *Land Resource Economics*, Fourth Edition, Prentice-Hall, Inc. New Jersey, 1986, p.523.

② 张良悦:《城市化进程中的土地利用与农地保护》,经济科学出版社2009年版,第107页。

要的问题是在财产的价值上产生分歧。即补偿范围的界定,首先是严格的征收土地面积的补偿,还是考虑对被征收者造成的所有土地使用的影响,例如,一个农场主的土地被征收后留下不规则的土地,使用起来很不方便,增加的生产成本是否给予补偿? 其次是仅仅限于物质方面的补偿,还是要考虑到其生活方式的影响,例如,如果要进行搬迁,被征收者能否很快适应迁入的环境,这种生活环境和方式的改变是否需要考虑?

所有者经常抱怨他们被迫牺牲的财产补偿不足,相反,征收代理人则感到他们被要求给予了高于市场公平价格的补偿。这一问题主要是由于不同的评价标准所引起。所有者不情愿出售,所以自然倾向于按照"所有者的价值"标准,而征收者则是以市场自由价格为基础进行财产计算和补偿。在决定什么是公平的补偿时,多数法庭拒绝"征收者的价格"和"所有者的价格"的标准。公平补偿通常被界定为"公平市场价值"或者说"购买者愿意支付出售者愿意接受的价格"。按照惯例,支付拒绝对由于征收而发生的诸如搬迁费用,造成个人的不便利,以及商业运营的干扰,甚至邻里友谊的丢失等方面的补偿。因而,当支付在名义上否决对由此引起的损害的价值时,补偿就应该允许考虑保留在所有者手中由于切割损害所造成的市场价值的减损。按照惯例,征收土地价值的补偿,其范围应在财产的最低估价与所有者诉求的价值之间。后来,立法活动也考虑吸收了一些州在对代理人授权财产价值补偿上对一些损毁价值补偿的请求。例如,密歇根州在1956年修改其高速公路征收程序时,允许名义补偿包括所有者的搬迁费用。当然,对切割损毁的补贴也提出了财产没收中极不寻常的问题。理论上,无论什么时候,只要财产征收极大地减少了剩余土地的生产价值,他们就应该得到充分的补偿,其价值超出市场价值,按照原有整体进行补偿。①

————————

① Barlowe Raleigh: *Land Resource Economics*, Fourth Edition, Prentice-Hall, Inc. New Jersey, 1986, pp.523-526.

五、土地开发的共同治理

尽管对土地征用的公权力做出了"恰当授权,公共利益,公平补偿"的限制性规则,但是,随着经济社会的发展,随着公权力行使的逐步展开,如何准确地把握这些原则,也是一个在实践中需要不断回应和完善的过程。例如,什么是公共利益,什么是公共产品?需要从动态的角度加以理解。美国最高法院2005年开始支持允许使用一个更宽泛的关于"公共使用"的定义;明尼苏达州直接将"减缓某个地区的衰败,挽救环境污染地区,降低不动产废弃程度,或者清除妨碍公益的东西界定为公共使用"。这实际上将某一区域的经济发展也纳入了公共利益的视野。[①] 如果考虑这一实际情况,用土地开发中的"共同治理"来解决公权与私权的冲突将更为合理,更具有持续性和包容性。

治理指的是一种有共同目标支持的互动的管理方式,强调的是充分考虑利益相关者诉求的管理制度与模式。按照利贝卡普的观点,所有权结构是由政治因素决定的,同时他们又对社会财富和政治权力实现配置。"在观察到的产权安排背后,每一个都有大量的但是各不相同的私人和政治缔约过程。"[②]所以,随着产权公共领域的价值不断显现时,权力的各方进行相互的协商就成为解决问题的一种方法。同样,在土地利用上,公权与私权的沟通也必然是一种发展趋势与要求。土地的公共治理并不是仅仅强调政府与公民之间的合作,也强调组织之间的相互合作,包括社区之间、社区与地方之间、部门与部门之间、地方与中央之间的合作与协作。[③]

首先,共同治理强调了一个共同的目标与价值追求。对土地资源的开发、管理、使用和保护的方式对于国家、社区和全体公民未来的福利有着重要的意

---

① 汪晖、陶然:《如何实现征地制度改革的系统性突破——兼论对〈土地管理法〉修改草案的建议》,PLC 工作论文,http://new.plc.pku.edu.cn/publications ch.aspx。

② [美]利贝卡普:《产权的缔约分析》,中国社会科学出版社 2001 年版,第 9 页。

③ 操小娟:《地方政府土地违法行为的治理与制度创新》,《中国地质大学学报》(社会科学版)2009 年第 2 期。

义。社会授予其公民确定的私人财产所有权是非常必要,但对这些权利的拥有并不仅仅代表一种优先使用权,它还涉及责任,不仅关系到个人,还关系到社区和社会对土地的利用。① 对于我们的土地资源,公共和私人的目标必定是多元的,共同体和它的土地拥有者的公民必须承担共同的目标。

其次,土地利用的两个基本事实决定了共同协商的重要意义。(1)土地利用与开发是不可回避的问题。随着人口的增加和经济的发展,对土地潜在的开发和使用者之间的竞争将日趋激烈,并由此导致对未来开发的冲突。显然,对未来土地利用"公共指导"的需求会越来越多而不是相反。(2)随着社会公共利益的凸显,以及政府公权对土地私权的约束,土地财产权利束会不断地再界定。过去理想化的观点是所有者对权利束的完全所有,而现在的情况则发生变化,私人财产的权利束尽管像以前一样包含许多可分离的权利,但由于现在更强调财产权的公共利益,从而使私人的权利束变得越来越小。比如,在这些变小的权利束中,对空中导航权的控制变大,在空气和水域中倾倒污染物的权利,甚至销毁自己房屋的权利也转移到公共领域。② 如果多元主体通过公共协商,在"土地利用的现状及问题;土地利用的需求及利益表达;土地利用可以开发的属性和规模;土地利用的计划安排和政策"等问题上达成共识,③那么,就能很好地处理公权与私权的冲突问题,就能够有效地解决土地的开发与利用问题。

第三,共同治理的模式将会更好地处理公权与私权的冲突。在对未来土地利用和开发指导的实践中,如果广泛地接受了共同目标,而且每人都支持并在他们土地资源的利用上自觉地服务于这一目标,将会减缓冲突和避免问题。

---

① 程传兴、张良悦、赵翠萍:《土地资产置换与农村劳动力城市化迁移》,《中州学刊》2013年第9期。

② Barlowe Raleigh: *Land Resource Economics*, Fourth Edition, Prentice-Hall, Inc. New Jersey, 1986, p.547.

③ 操小娟:《地方政府土地违法行为的治理与制度创新》,《中国地质大学学报》(社会科学版)2009年第2期。

由此,对公众进行教育,强调人类与土地之间的关系,强调土地财产权是以社会为基础的法律权利至为重要,必须对警察权、分区、土地征收和公共利益形成社会共识。如果缺少这一共同的认知,我们就必须尽最大努力去处理在不同的公民和经营者之间发生的利益冲突。在形成共识的基础上,土地利用开发的共同治理将成为一种更为公平、透明和有效的方式。

第三节 土地资产开发上公权私权的失衡

一、我国土地征收中公权的膨胀与公共利益的泛化

(一)规划公权力过度膨胀

根据我国现行土地制度,我国实行的是土地利用管理制度。所有的土地分为国家和集体所有,城市土地为国家所有,可用于土地开发与建设,农村土地为集体所有,严格用于农业生产(部分农村建设用地除外)。[①] 如果经济发展需要占用农村土地,必须先由国家通过征用转化为国有土地才能进行建设与开发。《土地管理法》规定"国家为了公共利益的需要,可以依法对土地实行征收或者征用并给予补偿"。当然,对农村土地的征用,或者说农地非农化是基于土地规划之上的。我国的土地利用规划包括中长期规划和年度规划,中长期规划如《全国土地利用总体规划纲要(2006—2020)》,近期五年的土地利用规划,年度规划主要是对年内土地征用数量的控制与分配。

从理论上说,我国的土地利用管理制度相对来说是科学合理的。但是,在实际利用中,由于政府集规划、征用、开发于一身,所以并不能保证规划的严肃性,更不能保证土地的集约、合理的开发利用。

首先,规划缺乏权威性和严肃性。我国在土地利用规划上有土地管理法、

---

① 张良悦:《论失地农民的身份补偿》,《经济问题探索》2007 年第 6 期。

城市规划法、水法、环境保护法等法律以及发展与改革委员会的政策文件,存在着相互冲突和矛盾的条款。仇保兴认为,土地利用总体规划是根据国家社会经济发展需要以及土地资源状况,对土地资源的开发、利用、整理与保护所做的总体性安排。应该由一个权威部门来制定,但在我国,在城市规划法和土地管理法中都有体现,出现了部门之间的冲突。实际上,城市规划法已经对城市土地利用做了总体规划,但土地管理法又对城市规划区范围做了规定,均应以"土地行政区划"和"耕地总量的动态平衡"为依据。① 这种矛盾现象就使规划失去了严肃性,不利于地方政府执行,反而,容易使地方政府凌驾于法律之上,按照自己的意图进行土地的利用与开发。曲福田认为西欧土地规划体系的重要特点是首先进行区域规划,明确规定每一个区域的发展方向,规划法凌驾于其他农地、城市开发法之上,在区域规划之下是土地利用规划,实施土地用途管制制度。② 加拿大虽然没有统一的联邦政府的规划职权,但是,各省分别制定和实施各自的法案,主要有市(地方)政府法案、规划法案、环境法和农地保护法。规划法确定规划范围,明确地区和市(地方)编制规划和规划分区细则的义务和责任,以及为确保有序发展所必需的管理工具。③

其次,规划重在技术而非法治,导致规划运行机制不灵。在我国土地利用规划中,虽然规划的目的在于保护耕地,集约化利用土地,但是,整个规划的精神并没有体现在对耕地保护和对土地浪费惩罚处置的法治观念上,而是重在技术指导上,这就使规划缺少一种对土地利用起到约束作用的"法治理念"。王向东和刘卫东对这一现象总结为:在规划编制中,受技术规程条款限制、资金能力制约、迎合审批要求、机械批量编制方法的影响,诸如规划方案单一、内容标准化、功能和用途分区机械、分区管制政策千篇一律等问题普遍存在。④

① 仇保兴:《从法治的原则来看〈城市规划法〉的缺陷》,《城市规划》2002 年第 4 期。
② 曲福田:《西方农地法的特点及启示》,《中国土地科学》2004 年第 2 期。
③ 陈莹等:《加拿大土地利用规划启示》,《中国土地科学》2003 年第 5 期。
④ 王向东、刘卫东:《土地利用规划:公权力与私权利》,《中国土地科学》2012 年第 3 期。

这种规划实际上是一种"宣言"式规划,没有从根本上重视规划的严肃性和权威性。"规划规划,墙上挂挂"就成为一种通行的规则,这就为地方政府行使规划公权力的膨胀打开了法律上的方便之门。

第三,规划的主要目的在于服务地方政府经济社会的发展。从世界各国土地利用规划来看,土地规划是最高的管理原则,一切土地利用与开发必须按照规划的要求去实施。但在我国,由于规划的混乱以及长期的行政主导,并不能保证规划的权威性,规划的最终目的在于服务地方经济社会发展。我国在城乡规划编制过程中偏重于授予政府规划权力和方便管理,规划编制、实施、调整等随意性大,"领导一换,规划思路全变"的现象广泛存在。一个基本的事实可以充分说明这一问题:2003 年全国清理各类开发区,规划面积由原来的 3.86 万平方公里压缩到 9949 平方公里。事实上,这些被清理的"开发区"的功能几乎没有任何改变。①

第四,现行土地收益分配机制助长了土地规划的膨胀,冲淡了规划的权威。在土地出让收益中,中央政府不参与土地出让分配收益,这等于没有税收调节,没有成本约束,无疑助长了地方政府对土地出让收入的追求。在土地利用管理上,中央政府和地方政府是一个委托代理关系,地方政府处于代理人位置,完全可以视为一个经济人,在委托人没有对代理人进行很好的激励约束下,代理人就会偏离委托人的目标行为。具体到土地利用规划上,地方政府的公权就有可能演变为私权,为地方经济发展而竞争。这会导致两种不公:一是土地收益分配中,农民等私权主体所占份额很低,缺少私权对公权的制衡;二是代际分配不公,现届政府提前支取下一届政府的收入,对土地收益进行"透支"。因此,土地收益分配机制也助推了地方政府对土地开发的冲动,导致规划公权的膨胀。

---

① 陶然等:《地区竞争格局演变下的中国转轨:财政激励与发展模式反思》,《经济研究》2009 年第 7 期。

（二）土地征用"公共利益"的泛化

这一问题也是与上一问题相联系的。按照土地管理法，国家对农村土地的征用必须有恰当的理由，这就是为了"公共利益"的需要。然而，地方政府虽然可以在规划上扩大其建设用地空间，但是，要将这些建设用地由农村集体土地变为国有土地，还必须找到征用的理由。这一理由最终都归结为"公共利益"，所以，地方政府为了实施其农地非农化，不可避免地会采取"公共利益"泛化的征地模式。关于这一方面的内容，已经有很多学者进行了研究（陈利根和陈会广，2003；钱忠好，2003；曲福田等，2004；刘东和张良悦，2007；刘守英，2013）我们在这里做一概括。这一模式主要包括这样几个内容：

首先，代理主体过宽，导致土地征用的泛化。各级地方政府都有土地的征用权，包括省级政府以下的各级地方政府，甚至是村级政府也以开发区、招商引资的名义进行征用。

其次，采取各种变相的方式进行征用，地方政府在土地利用上的违法现象屡见不鲜。如果能够取得正当的建设指标，采用合法的方式征用土地，则就按照正常的征用程序；如果不能获得正当的建设指标，则会采用变相的方法进行征用。比如，先租后征，以租代征，假借农地流转名义从事各种经营性开发，利用城乡土地建设用地增减挂钩占用农民住宅等。

第三，在土地征用过程中具有农地非农化的"垄断权"，保障了其农地征用公共利益泛化的实施。因为具有征用的垄断权，因而，在实施过程中能够压低征用成本，不充分考虑被征用者的利益。特别是，对被征地农民不仅在价值上没有进行充分的补偿，而且在未来的生活安置方面也缺乏长久的考虑。

第四，土地利用私权保障不足。一方面，没有对原土地所有者或使用者的财产诉求权给予应有的尊重与保护，土地利用规划中的知情权、参与权得不到保障；另一方面，公权力过度侵占私权利的救济机制存在诸多不足，没有对被征收者的意愿进行充分反映的可行性措施。所谓的救济不是本着保护私权的利益去制定与实施的,而是面向政府部门的。例如,通过向规划部门申请规划修改,向法院申请行政诉讼。这样,因规划编制而造成的贫富不均和对私权的侵害问题,不利于社会公正和对土地利用私权的平等保护。实际上,恰恰是这种暴富,导致了人们更愿意土地被开发,而不是从根本上保护耕地和环境,并由此保护自己的职业。

(三)土地储备成为政府土地资产化的重要政策工具

现行土地储备机制已经成为政府土地收益最大化的政策工具。政府土地储备是我国国有企业制度改革和城镇土地使用权制度的产物,初衷是要盘活城市存量土地[①]。但随后在全国推广的过程中发生了变化,土地储备的目的已超越为国企改制盘活土地资产,收储范围也扩大到市区内所需要盘活的存量土地,最终演化为地方政府土地资产化的政策工具。

土地储备是我国土地利用的重要组成部分。崔建远和陈进认为,所谓土地储备,是指各级人民政府依照法定程序在批准权限范围内,对通过收回、收购、征用或其他方式取得土地使用权的土地,进行储存或前期开发整理,并向社会提供各类建设用地的行为。[②] 在国外,土地储备称之为土地银行,多是指政府为实现促进土地利用效率、实现土地用途转化,为实现公共利益储备土地的工具。[③]

---

① "土地储备是通过对存量建设用地的收购和收回来获取土地,以备建设之需,其增减变化严格限定于存量土地。这类土地包括用地单位已经撤销或迁移的用地,连续两年未使用的土地,土地使用者擅自改变土地用途责令限期改正逾期不改的用地,土地使用期届满土地使用者未申请续期或申请未获批准的用地,长期荒芜闲置的土地,国有河滩地、公路、铁路、机场、矿场等核准报废的土地,因公共利益或实施城市规划调整而腾出的土地,土地使用者依法取得土地使用权后无力开发和不具备转让条件的土地,土地使用权人申请收回的土地,土地使用权转让价格明显低于市场价格的土地,城市规划区范围内通道两侧预留地或空地以及按照规划需要统征的土地。"参见刘守英:《中国的二元土地权利制度与土地市场残缺——对现行政策、法律与地方创新的回顾与评论》,《经济研究参考》2008年第31期。

② 崔建远、陈进:《土地储备制度的现状与完善》,中国人民大学出版社2014年版,第3页。

③ 崔建远、陈进:《土地储备制度的现状与完善》,中国人民大学出版社2014年版,第39页。

土地储备最初是上海、杭州、青岛各地为了盘活国有企业土地资产而引入的管理制度，随后，这一模式因便于政府进行土地开发而迅速在全国得到推广，截至2012年6月，全国大部分的地市都成立了土地储备机构。然而，土地储备机构在全国成立之后，并没有严格按照其功能定位进行运作，而是发生了严重的目标偏离。例如，实践中储备的土地大部分是"进行商品房开发"；土地储备的征收是为了"为卖而储"；"确保政府土地增值收益和为城市建设筹集积累资金"成为土地储备的目标；将土地储备视为"土地审批制度和用地制度"；通过土地权属变更获取"抵押贷款"。[①]

导致土地储备功能变化的主要原因仍是土地开发上公权膨胀的行为。在我国宏观政策中，土地储备被看成是土地调控的一个工具，用于对房地产以及整个经济投资的控制。例如，2001年5月，国务院《关于加强国有土地资产管理的通知》，提到"为增强政府对土地市场的调控能力，有条件的地方政府要对建设用地实行收购储备。市、县人民政府可划出部分土地收益用于收购土地，金融机构要依法提供信贷支持"。本来是为了通过有序的土地"闸门"来调控经济平稳地运行，但这一通知却为地方政府通过土地开发促进经济发展提供了一个"政策信号"。通知很快获得地方政府积极响应：一是加大了土地收储力度，纷纷将征用农民的集体土地纳入储备范围，新征用地取代城区存量建设用地成为入储的主要来源。二是积极推进商业、娱乐、旅游、住宅等经营性用地的招拍挂出让制度，进一步显化土地的市场价值。[②] 结果，土地储备变形走样，成为"圈占"农民集体土地的蓄水池。例如，2003—2004年，咸阳市土地储备中心收购储备的土地中，有92.2%来自于集体土地，其中有87%属于

---

　　①　崔建远、陈进：《土地储备制度的现状与完善》，中国人民大学出版社2014年版，第23—31页。
　　②　刘守英、蒋省三：《土地融资与财政和金融风险——来自东部一个发达地区的个案》，《中国土地科学》2005年第5期。

直接对农民集体土地的征用。① 追求土地收益最大化以及土地抵押融资成了政府储备土地的真实宗旨。

二、我国土地资产上公权与私权间的冲突

在我国土地利用开发的多个主体中,"地方政府是农地非农化和土地开发的最大受益者,拥有最大的激励对农地进行开发。地方政府作为中央政府的代理人,拥有对土地的征用权,在泛化公共利益名义下强制征用,且对被征用土地实行统一低标准补偿。表现出'与民争利'的产权冲突。"②

(一)简单的倍数补偿与失地农民财产诉求机制的缺失

1. 土地征用中的简单倍数补偿

我国土地征用是以"产值倍数法"为标准进行补偿的,虽然近年来补偿的金额有所提高,但是,在补偿的设计上并没有突破这一思路。例如,《土地管理法》第 47 条规定:"征收耕地的补偿费用包括土地补偿费、安置补助费以及地上附着物和青苗补偿费。土地补偿费和安置补助费的总和不能超过土地被征收前三年平均产值的三十倍。"这种补偿的最大缺陷,就是没有在农地非农化过程中对土地产权重新界定,是对农民财产诉求权的否定。主要表现在两个方面:一是在农地非农化过程中,农民的土地使用权丧失,没有对这一权利的丧失进行补偿。"产值倍数法"只是补偿了承包期内农民土地使用权收益,并没有考虑土地使用权丧失的补偿,带有明显的计划经济的痕迹。其暗含的前提条件是农村集体可以解决失地农民的社会保障。③ 二是土地发展权价值

---

① 蒋省三、刘守英、李青:《中国土地政策改革:政策演进与地方实施》,上海三联书店出版社 2010 年版,第 283 页。
② 张良悦、刘东:《道是非法却有情:小产权房开发的经济学分析》,《财贸经济》2009 年第 4 期。
③ 张良悦:《土地发展权框架下失地农民的补偿》,《东南学术》2007 年第 6 期。

完全被公权所捕获。农地非农化过程即是土地开发的过程,也是土地资产显现的过程。土地资源资产化可以看成是农地的耕地权向发展权的转化,既然农民失去了土地的耕种权,那么,相应地就应该获取土地发展权。但是,由于土地开发需要一定的经济发展水平和政策规划,所以,这一权利不能被农民完全占有,政府也应该相应地获取。这一权利在土地未开发前是潜在的,可以看成是"公共领域"的内容,农民和政府都自然地拥有,一旦开发,就需要双方或相关者进行重新界定。但是,在我国土地征用的制度框架下,土地发展权从原来的"公共领域"完全转到了政府的公权中。

这种现象同样也发生在城镇国有土地的征收上。在城镇对国有土地的征收,也只是对其房屋及其附属的财产进行相应的补偿,而对其土地发展权并没有给予补偿,也即否认了城镇土地使用者的"土地发展权",或者说其财产诉求的"私权"。

2. 农村居民宅基地财产权的缺失

农村居民土地财产权的缺失在农民的住宅上表现得更为突出。在我国,农村宅基地实行免费的"一户一宅"制度,仍然延续计划经济时代的管理制度。在计划经济体制下,住房制度是"实物化",住房的财产价值显现不出来;而在市场经济条件下,住房成为居民财产的重要组成部分,如果不给予农民宅基地的财产诉求,将会造成极大的财富分配不公。目前农民通常将很大一部分的储蓄投在房屋建筑上,以此作为财富的积累。如果他们将来迁入城镇并进行资产置换,那么,这部分资产就可以置换到城市,以减少其安家成本。但事实上,由于缺失财产诉求权以及交易市场几乎不存在,农民面临的难题是不能收回在房屋上的投资。[①]

农民在宅基地上缺失财产诉求权,其结果仍然是在土地征用中剥夺农民的土地发展权,也即对农民的私权进行否定。

---

① 我们在调研时发现这样一种情况,一户原农村居民现在已经在城镇安家,希望将农村中的宅基地卖掉,但是,由于没有人购买,他们想卖也卖不掉,至今仍在空置。

(二)我国土地资产化过程中规划权力之间的冲突

我国规划公权力间也发生严重的冲突现象,包括不同部门之间、上下级之间、同级政府之间、不同区域之间等。问题是,在目前的发展方式和管理制度下,这些公权力的冲突在实际上演变为一种私权利的博弈。

1. 同级部门之间的利益冲突

部门间规划的冲突尤以国土部门、建设部门和发改部门之间的规划公权力冲突最为明显和严重。仇保兴认为土地利用总体规划的用地数据是以行政区为范围进行统计的,而城市总体规划则以城市规划区作为各类用地统计的界限,两者之间缺乏数据的直接沟通和可比性。[①] 也是因为标准的不一致和和管辖的效力不同,导致了城市周边郊区发展的规划真空,形成无序的发展。发改部门与城建部门的冲突主要反映在,项目投资主导与区域规划布局以及建设用地指标的矛盾。发改部门主导下开展的以经济增长、社会发展与项目投资等非空间因素为主要内容的总体、区域、专项等发展规划,因与土地利用总体规划、城乡建设规划存在脱节而存在项目难以落地等实施问题。[②] 由于实践中各自强调自己的利益和工作目标,规划有时变成了部门间的权力博弈。

2. 上下级政府之间的博弈

上下级政府间或者由于利益的不一致,或者由于区域经济竞争的需要,在规划公权力方面也存在较多冲突,因而,在农地非农化问题上就存在各级地方政府违法的现象(如图5-1、图5-2所示)。在土地利用总体规划的编制中,下级政府与上级政府相比,更倾向于经济建设而较少关注耕地与生态保护,更重视外延扩张而回避内城的填充开发,不注重节约集约增长。

关于这一问题的原因,作者之前曾从农地非农化的扭曲上进行了分析,认为中央政府与地方政府在农地非农化上的博弈,以及农民在可能的条件下不

---

① 仇保兴:《从法治的原则来看〈城市规划法〉的缺陷》,《城市规划》2002年第4期。
② 王向东、刘卫东:《土地利用规划:公权力与私权利》,《中国土地科学》2012年第3期。

（单位：%）

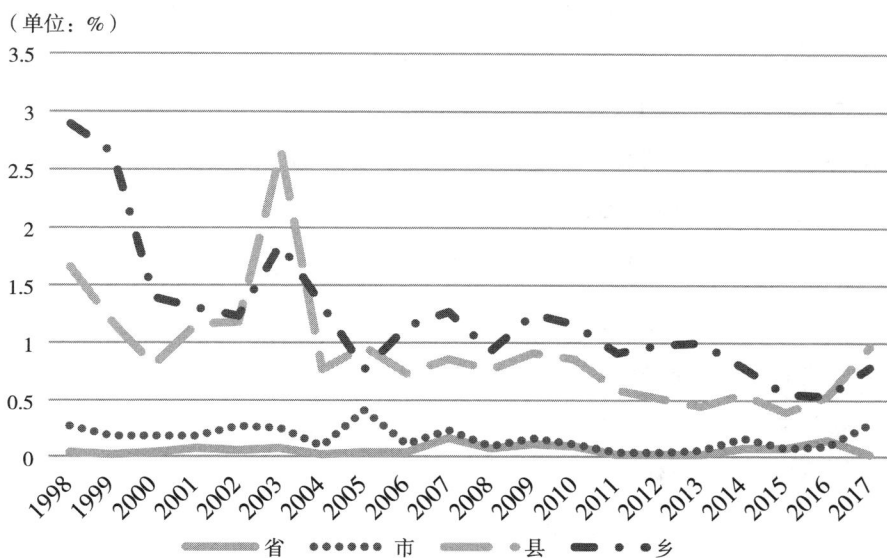

图 5-1　1998—2017 年各级地方政府土地违法案件所占比重

资料来源:《中国国土资源年鉴》。

（单位：%）

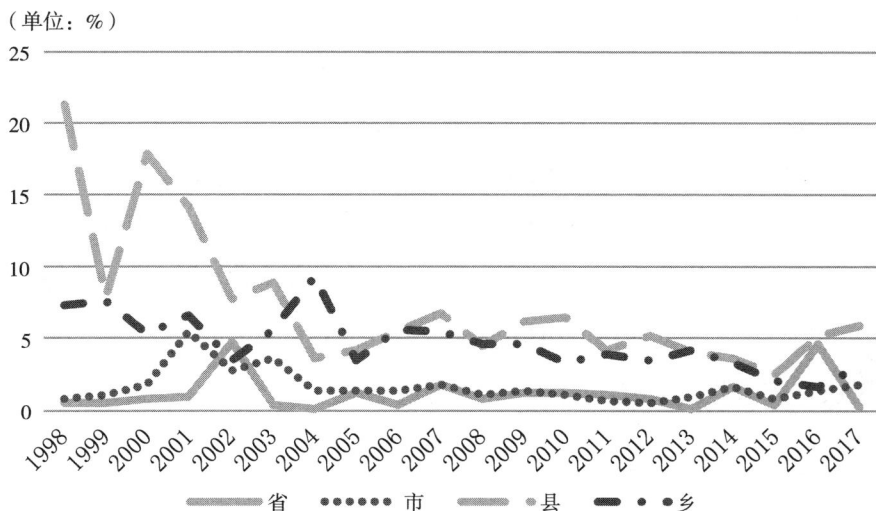

图 5-2　1998—2017 年各级地方政府土地违法面积所占比重

资料来源:《中国国土资源年鉴》。

断地通过土地的非法开发进行抗争,并造成农地非农化整体租金价值的缩水。
"中央政府上收财权——地方政府以农地非农化弥补财政困境——农地非农
化导致失地农民补偿不足——失地农民成为社会问题——中央政府最后负责
解决"这样一个不良的城市化过程,会导致土地征用的恶性循环。[1] 周立群和
张红星则从委托代理的角度进行了制度分析,认为在现行土地宏观管理体制
下,中央政府和地方政府分别处于委托人与代理人的位置。由于委托人与代
理人的目标函数不一致,自然会产生利益博弈,随着耕地的逐渐减少,耕地的
粮食安全价值日益凸显,这种不一致表现得尤其严重。[2] 由于这种体制性和
制度性缺陷,各级政府必然会从自己的利益出发,扩大土地规划和征用的公
权,甚至将这种公权转变为地方政府的"私权"。

3. 区域之间的不公平分配

中国农地非农化实行计划的管理制度可以概括为三个维度:土地利用总
体规划和年度规划;基本农田保护区;耕地总量动态平衡[3]。而耕地占补平衡
最终必然是将指标层层分解,变成以县甚至乡为单位的小区域平衡,其实施的
途径一是控制非农建设占用耕地,二是开发耕地后备资源[4]。

首先,计划指标管理的分解难以满足各地区的实际建设用地需求。建设
用地指标采用平均分配的办法,看似对各地区公平的分配方案,实际上却是与
发展内容不匹配的无奈选择。"平均分配的无效率是:各地区间发展潜力差
异很大,发展潜力小的地区获得较多的指标,开发效率低,过多地用土地替代
资本。发展潜力大的地区的用地需求高于所得指标,但无建设用地可供。"[5]
为解决这一问题,要么遵守法律要求,过多地用资本替代土地,要么就是土地

---

① 张良悦:《财产税、税源替代与耕地保护》,《财经科学》2009年第6期。
② 周立群、张红星:《农地适度非农化:寻求合理的实现机制》,《学术月刊》2011年第2期。
③ 周立群、张红星:《农地适度非农化:寻求合理的实现机制》,《学术月刊》2011年第2期。
④ 陈江龙、曲福田、陈雯:《农地非农化效率的空间差异及其对土地利用政策调整的启示》,《管理世界》2004年第8期。
⑤ 周立群、张红星:《农地适度非农化:寻求合理的实现机制》,《学术月刊》2011年第2期。

违法,满足建设用地指标。但是,如果考虑各地区差异,按实际需要供地,则很快会遭到信息不对称的"棘轮效应",地方政府都有激励多报建设用地。

其次,计划指标管理是一种"滞后"的管理办法,地方政府以区域经济发展为借口不断地突破建设用地指标。建设占用耕地指标分解的依据一般是各地区既有的经济总量、人口总数和耕地数量,这种划分的办法是一种静态的思维,没有考虑到区域间发展潜力和人口的动态变化……变相缩小了经济发达地区的建设占用耕地指标,进一步加剧土地供给和需求的矛盾。① 此外,逐年下达的计划指标难以与各地经济发展周期相一致,需要用地的没有指标,而不需要开发建设的,指标用不了。这些不合实际的管理制度都为地方政府公权的膨胀提供了"依据"。在目前中国土地资源资产化的过程中,如果没有农地非农化就没有经济增长。而在土地规划上,中央政府的政策给地方政府发送了一个混合的信号机制,鼓励地方政府利用他们可以支配的各种方式促进经济增长,为公共服务和基础设施提高政府收入,而同时又企图限制他们为了上述目的而对土地使用。②

(三)土地开发上私权对公权的抗争:居民土地违法

1. 居民个体小产权房的违法开发

所谓小产权房是指在城郊地区或者城中村,没有经过住建部门批准而私自开发的居民住宅。这种开发对原有土地所有者或使用者,对城镇居民都有较大的利益,从某种程度上说,是对"私权"的一种回报。但在实际上,因为其不符合发展规划,最多只能是一种抗争。如果说,在现有制度下,政府通过土地征用剥夺了被征用者土地发展权的"私权",那么,小产权房的开发则是土

---

① 陈江龙、曲福田、陈雯:《农地非农化效率的空间差异及其对土地利用政策调整的启示》,《管理世界》2004 年第 8 期。

② Lichtenberg Erik,Ding Chengri:"Assessing Farmland Protection Policy in China",*Land Use Policy*,No.25,2008,pp,59-68.

地使用者在开发中剥夺了土地发展权的"公权"。所以在小产权房开发问题上,首先必须认定它是违法的,不能随意开发;其次,必须考虑为什么它要抗争,要进行维权;第三,要从"公权"与"私权"利益的兼顾中,对土地开发的产权进行重新界定。在中国城镇化进程中,农地的非农化和土地的开发涉及的产权主体主要有国家(中央政府)、地方政府、农民集体、城市居民,它们分别代表整个社会利益、城市化利益、农民集体利益和城市居民个体利益。开发收益应该在他们之间做出合理的分割和平衡,才能使土地的利用效率达到最大化。①

2. 农村建设用地的蔓延与空心住宅

另一个同样让人棘手的问题是农村建设用地的蔓延。中国农地非农化有一个奇特的现象,即城镇进行摊大饼式蔓延,农村也进行摊大饼式蔓延。本来城镇化发展,农村人口向城镇流动,相应地,农村住宅和建设用地减少;但是,由于制度性原因,农村住宅和建设用地不仅没有减少,反而也在增加。据国研网统计资料显示,1990—2010 年农村居住人口由 7.92 亿人减少到 7.69 亿人,而居住面积却由 1990 年的 20.3 平方米增加到 2010 年的 31.6 平方米。另据刘守英(2011)的研究,1996 年至 2008 年,农村人口密度已从 55.87 人/公顷降到 42.60 人/公顷,但是农村人均居住用地却从 193 平方米增至 229 平方米。②

农村建设用地的蔓延与住宅空心化、农村发展凋敝连在一起。例如,我们通过对河南 430 个行政村调研,发现农村空心化问题相当严重,其中,旧房完全空置的农户占 9.61%,旧房废弃的农户占 4.62%,两项合起来完全空置的农户占 14.23%,半空置占 33.73%,到村外另建新房的农户占 18.66%。③

---

① 张良悦、刘东:《道是非法却有情:小产权房开发的经济学分析》,《财贸经济》2009 年第 4 期。
② 刘守英:《博弈"增减挂钩"》,《中国改革》2011 年第 6 期。
③ 项目组对河南农村空心村调研。

这种现象仍然与在土地资产开发中忽视甚至排除居民的"私权"相关。

三、土地产权的模糊：公权对私权的侵占

土地资源资产化过程中,公权与私权的冲突,主要是由于土地原有"公共领域"的权利界定不清的缘故。由于产权的不清晰,结果导致公权对私权的侵占甚至剥夺。为了更好地理解这一问题,在此有必要从理论上加以分析。

首先,必须明白产权模糊是指一种什么样的状态,产权清晰又是一种什么样的行为。概括地说,产权模糊就是指对相关的权利主体的责权利没有界定清楚,产权清晰就是指通过一定的谈判,重新签订了相关者权利范围与空间的新的契约。它表明,产权的模糊和冲突是一个不断发生的现象,产权的界定是一个动态的过程。在这个反复界定的过程中,所有权强调归属权,是资源配置的起点;产权强调支配权,是资源配置的过程。

关于这一内容,段毅才做了很好的分析。产权和所有权是相互生成的,在对产权的理解和运用中,产权和所有权、排他性失效(共同财产或资源)、责权利界定是三个必备的因素。"产权的形成:所有权——排他性失效,形成共同财产——界定权、责、利——产权;所有权的形成:产权(弱排他性)——形成共同财产——消除共同财产,建立排他性——所有权。"①

罗必良认为,所有权与产权都是对资源的排他权。所有权着眼于法律层面的排他性归属权利,产权则着眼于交换及收益的排他性权利。对于一项物品,谁拥有对它的权力以及拥有怎样的权力,涉及权力的界定。② 而所界定的权力是否完整取决于权利的范围与归属:法律赋予所有者的所有权同他能够实施的对该项资产的排他性权利(产权)在内容上和范围上并非一致。③ 之所

---

① 段毅才:《论"大产权"和"小产权"——关于产权概念的思考》,《经济研究参考》2005 年第 12 期。

② 罗必良:《分税制、财政压力与政府"土地财政"偏好》,《学术研究》2010 年第 10 期。

③ 罗必良:《公共领域、模糊产权与政府的产权模糊化倾向》,《改革》2005 年第 7 期。

以会出现这样的问题,就是由于权力的界定过程中存在着"公共领域"。

如果从资源配置的角度来动态地理解产权,就不会将所有权和产权静态化和固化,就会时刻关注产权在资源配置中出现的问题,并不断地通过制度的安排来加以解决。产权的"公共领域"为我们在实践中对资源的配置提出了应该避免的两种倾向:以为所有权可以凭空产生,可以不需要中介(的转换),就从毫无权利责任的空虚状态摇身一变,就变成了占有权、使用权、收益权和处分权等四项权能一应俱全的所有权。或者以为所有权一旦建立后,所有权的归属就已经非常清晰了,由此就能自动解决它所遇到的任何问题,不再关注产权问题。①

其次,为什么要不断缔结新的产权来消除公共领域的权力?在资源配置中,如果产权界定不清晰,竞争的压力会鼓励资源的使用者的短期行为,不考虑外在性。从经济运行的总体上看,就会出现"公地悲剧",就会使市场配置资源的机制失灵。"一般说来,未来使用资源的价值比现在使用的价值要高,所以,对资源的开发会因为市场竞争压力而延迟。但是,如果缺乏产权和与之相应的市场价格,经济当事人就几乎没有动力把资源的使用推迟到将来。因此,在共有资源条件普遍存在的地方,资源的价值将会下降,经济对现在和未来的机会也不能作出适当的反应。"②在资源具有多功能性的情况下,更应该避免这些现象的发生,否则,会从资源的整体利用上降低资源的功效。

第三,中国土地资源资产化过程中,公共领域内的土地发展权是一种模糊状态,事实上在开发过程中被政府所独占。发达国家对土地发展权有明确的界定,要么界定给私权,要么界定给公权。例如,在美国,发展权界定给私权,但这种私权受到土地规划公权的制约。在规划分区范围内,可以自由开发,获取土地开发的价值(当然要受到税收的调节),如果不在分区范围内,则可以

---

① 段毅才:《论"大产权"和"小产权"——关于产权概念的思考》,《经济研究参考》2005 年第 12 期。

② [美]利贝卡普:《产权的缔约分析》,中国社会科学出版社 2001 年版,第 16 页。

通过土地发展权交易来相应获取土地开发的收益。在英国,政府规定所有的土地发展权都归公权,私权没有土地开发的权力。所有的土地开发增值收益归国家,国家通过统一的分配来调控。所以,土地的开发首先必须获得政府的发展权。中国在土地开发过程中,没有明晰土地发展权,只是规定了建设用地的供给(农地非农化)的政府垄断,但土地开发的收益主要归各级地方政府所有。而地方政府在对这一权利的行使过程中,并没有从"公权"的角度去实施,而是作为一种"私权"去利用,主要服务于地方政府发展经济。罗必良认为产权模糊化的本质在于:政府权力控制者运用政府合法的强制性权利来追求自身的利益,它通过将私人物品界定为国有或集体所有,制定歧视性的产权制度,把一部分有价值资产属性的权利放置到公共领域,从而获得垄断性租金;或者通过自己所拥有的政治资源禀赋对属民进行行为约束,对弱势群体行为能力故意实施限制,从而获取公共领域中不当竞争的租金。[①]

第四节　公权与私权相互制约下的土地产权改革

一、我国土地资产改革的困难与目标

在中国土地利用用途管理制度上,城乡建设用地的二元制度是一个客观的现实,"同地不同权""同地不同价"也的确是农地非农化的主要问题。因此,不少学者认为,既然如此,就应该实行一元化的土地制度,或者对农村土地进行私有化的改革,或者是将农村建设用地直接入市。其实,二元化只是一种结果的表现,而不是问题的本源。问题的本源在于在土地财产制度上"公权"的滥用以及"公权"对"私权"的掠夺。

第一,为什么"公权"会被滥用,这是最要紧的问题,这一问题不解决,不

---

① 罗必良:《分税制、财政压力与政府"土地财政"偏好》,《学术研究》2010年第10期。

可能解决其他问题,比如农民利益的保护、耕地的保护、生态的保护。在国外,警察权的使用是有严格限制条件的,其目的就在于阻止其滥用。滥用的第一个条件是公共利益的泛化,把经济增长纳入公共利益的范畴,把财政收入纳入公共利益的范畴。第二个条件就是征地程序不公开和透明,没有充分尊重"私权"的利益,一味强调公权的利益,其实,这仍是计划经济的发展模式。

第二,为什么会导致"公权"对"私权"的掠夺,而不是相反?农地非农化是城市化进程中一种必然趋势,对农地进行开发是一种刚性需求,但这种趋势和需求必须符合经济社会发展的客观规律。我国城镇化的动力主要是地方政府,而且又是一种不全面的城镇化,只是考虑经济发展,而没有考虑人口城镇化及其所需要的社会服务。所以,在这种情况下,在农地非农化过程中,土地要素资产化的制度规则主要偏向于政府和城市发展,而根本不去关注公民的土地财产权。

第三,如果实行私有化,大家都寄希望自己的土地被开发,或者自行开发,那将是一种什么样的情形?显然,会出现私权的极度膨胀。在这个时候,是私有财产重要,还是土地开发上的"警察权"重要?在这样的情况下,可能反而会造成更多的失地农民,可能会造成更多的农地非农化。粮食安全和生态环境更加令人担忧。另外,即使私有化之后,如果国家为了公共利益,仍然可以对土地进行征用。

第四,在对农民土地利益的保护上,引入土地私有化的改革,或者尝试农村建设用地直接入市,表面上看,似乎保护了农民的权益,但其实助长了农地非农化。现在,在城市周边,有很多村庄希望通过城乡一体化来开发自己的土地,这样的制度,恰好迎合了他们的需要。① 这无疑会助长城市蔓延,不利于

---

① 课题组在进行实地调研时发现了这一问题:部分农民希望政府赶快将自己的土地征用,获得高价值补偿。他们认为,在家种地就好比"鸡肋",不能够在外地安心打工;如果被政府征用,可以获得楼房住宅,过城市人的生活。其实,他们根本没有从长远的角度考虑如何融入城市中去,没有考虑政府如果将他们变为市民需要多少公共产品的投入。这部分内容主要在附录中。

城市化的健康发展。另一方面,城市化的土地开发必须解决"暴利""暴损"的财富分配问题。如何对"土地增值收益"进行征税,如何为城市建设提供税源(没有财产税),这些制度有了相应的完善之后,农地直接入市才会有一个健康的开发环境。另外,城市蔓延之后,如何解决中心城市的"衰退"问题,目前,中心城市、老城区的改造非常困难,其主要原因是改造成本非常高。中心城区的衰落,导致原有中心城市价值的暴损。最终仍然需要政府来开发解决,这些费用怎样平衡,仍然需要通过土地财富的再分配来解决。

所以,农地非农化是一个综合的经济及社会发展问题,包括资源要素的效率、土地财富的公平分配、土地的多功能用途使用等问题。中国土地政策综合改革课题组认为,在农地非农化的土地资产改革方面存在的挑战是:解决农村和城市二元土地制度以及国家对城市土地一级市场的垄断问题;改善征地程序和补偿措施;加强农民的土地权利;减少地方政府对土地财政(融资)的过度依赖。① 这五个方面归结为一点,就是做好土地开发上公权与私权的平衡。

根据以上分析,我们认为,土地开发与利用改革的基本目标应该是:(1)根据全国主体功能区综合制定土地利用规划,提高土地规划的权威性;(2)严格控制农地非农化,保护现有耕地和生态用地;(3)严格限定城市发展边界,提高城市已有的建设用地的利用率,提升土地的开发价值;(4)对土地开发增值收益进行征税,为城市基础设施和公共服务提供融资渠道;(5)对城乡住宅征收财产税收,提高土地利用效率,为城市经济发展提供税收来源。

二、土地开发和利用的本质不在于所有制

农地非农化也即土地要素资本化或资产化的过程。由于土地的开发显现了土地资源要素的市场价值,所以会带来财富效应,驱使人们追逐。但是,这种财富效应需要一定的市场机制、产权基础、财富再分配规则加以合理的引

---

① 中国土地政策综合改革课题组:《强化中国城乡土地权利:整体性法律框架与政策设计》,《改革》2008 年第 3 期。

导,并不是简单地进行土地的私有产权改革,或者简单的农村集体建设用地入市就能解决的。否则,将会带来财富的消失(过度开发及资产泡沫)、社会的严重不公("暴利""暴损")以及其他经济问题(粗放的经济发展方式与"荷兰病")。

(一)土地要素资本化的政府偏向

土地要素资本化是指土地作为财富被转化为资本的过程,它是经济发展水平和市场化基础上土地价值开发的结果,要素资本化代表着市场经济的发展和进步,特别是土地要素合理化利用与时序化的资本化。然而,我国的要素资本化与其他市场经济国家相比,具有特殊性,主要表现在两个方面:一是我国的要素资本化主要是公有制生产要素的资本化,要求实现所有权与经营权的分离,没有经验可以借鉴;二是我国市场经济机制刚刚建立不久,市场发育尚不完善,尤其是要素市场明显滞后。[1]

中国土地出让始于20世纪80年代的外资企业,真正大规模的土地资产开发是在1998年房产货币化改革之后。在土地要素资本化过程中出现的主要问题是:(1)土地资本化收益主要被开发商、地方政府及利益集团过度占有,农民和集体的利益被严重侵蚀,出现财富分配的不均衡;(2)土地资本化为城镇化建设提供了重要的资金来源,加快了城镇化的发展,但是,在这一过程中拥有土地所有权的村集体和村民,并没有充分的财产诉求权,没有充分的控制权和收益分配权,不能共享城镇化发展的收益;(3)集体土地需要通过地方政府征用变为国有,才能进入市场交易,但是,由于上述的公权对私权的侵害,结果经常会出现权利抗争的现象。[2] 这实际上仍是沿用计划经济的分配

---

[1]　张车伟、程杰:《收入分配问题与要素资本化——我国收入分配问题的"症结"在哪里?》,《经济学动态》2013年第4期。

[2]　中国土地政策综合改革课题组:《强化中国城乡土地权利:整体性法律框架与政策设计》,《改革》2008年第3期。

模式,没有对要素资源进行市场化分配。在市场化分配中,政府可以而且应该获得土地开发收入,但是必须利用合理的方式,比如税收去获取,同时还要利用税收的手段进行调节,防止"暴利""暴损"的财富效应。概括起来说,土地开发的增值收益主要被国家所获取,这些增值收益又主要用于经济发展,这反过来,又成为地方政府过速开发土地的动力。同时,在各级政府追求土地资源资本化的过程中,没有对被征用土地的所有者和使用者的权益给予应有的尊重和重视,导致了许多矛盾和问题。

例如,有研究显示,在土地收益分配中,农民得到土地收益的 5%—10%,村集体为 25%—30%,村级以上政府及部门得到土地收益的 60%—70%。[1]再如,据张传玖估算,按照国土资源部的保守统计,从 1987—2001 年,全国非农建设占用耕地 3300 多万亩,近七成是政府用行政方式征占土地,如果每亩土地最终使用价格为 10 万元,按农民分得 10% 计算,那么近 20 年来,中国农民最少丧失了 3 万亿元的土地增值收益[2]。其实,这些只是对农地非农化交易环节的估算,事实上,我们只要注意到目前的"土地财政"和地方政府债务,就会看到土地资源资本化过程中城市化的偏向问题。

所以,中国土地要素资本化过程出现的主要问题是财富分配的不公,出现了偏向于政府的财富效应。

(二)中国土地要素资本化的本质在于政府垄断与公权的膨胀

中国土地要素资本化的症结在于政府对财富效应的获取,这种获取的渠道主要在于政府对土地一级市场的垄断:对于农用地实行"国家征收"的唯一转换途径,从中获取级差地租;对于城市土地,剥夺土地使用者的土地增值收益权。问题是,为什么在土地开发中会导致这样的后果?

中国在土地管理制度上实行的是城乡分治、政府垄断城市土地一级市场

---

① 蔡运龙、霍雅勤:《耕地非农化的供给驱动》,《中国土地》2002 年第 7 期。
② 张传玖:《04 中国地政热点直击》,《中国土地》2004 年第 7 期。

的土地制度,否决了农村集体和农民的私权。这一制度沿袭计划经济土地配置的思维,没有适应市场经济条件下土地资产的开发。一方面,农村与城市土地分属不同法律约束,由不同机构管理,形成不同的市场和权力体系;另一方面,只要涉及农地变为建设用地,就要通过政府征地,任何单位建设用地都要使用国有土地。政府作为农地转为非农用地的唯一仲裁者。① 从这一制度的本质上看,在土地进行市场化开发的过程中,没有对先前"公共领域"的产权进行及时界定,从而使土地发展权价值全部转归公权领域。在计划经济时期,土地同样分为集体所有和国家所有,集体土地用于农业生产,国家土地用于工业化、城市化和开发建设,土地根本没有资产开发的产权功能。所以,土地的发展权是留在"公共领域"内的,土地使用者没有赋予土地资产开发的权利,但也没有明确被排除在外。在市场经济条件下,当土地作为资产化进行开发时,这一"公共领域"内的发展权应该由土地使用者和国家重新界定与分割,但是,在公权的主导下,土地使用者的私权被排除在外。农民所得到的补偿仅仅是其使用权的部分补偿。王忠和揭俐认为,我国农地非农化采取的是政府管制式的农地配置模式。其价值取向反映了政府主导发展所需要的公权力的利益要求。农地非农化的需求者和供给者都是地方政府(集体建设用地除外),即地方政府成为土地储备或土地征收的强势主体,也是城镇建设用地以及市场高度垄断的供给主体。由于在这一过程中,许多未界定的权利都留在公共流域,所以,地方政府在委托代理关系中就会最大化地攫取农地转化的公共租金。②

(三)土地财产权的问题不在于所有制

从农地非农的角度看,学者们几乎一致认同,集体所有制农地缺失"转让

---

① 张曙光:《城市化背景下土地产权的实施和保护》,《管理世界》2007 年第 12 期。
② 王忠、揭俐:《农地非农化有效实现的法律保障机制》,《中国国土资源经济》2011 年第 6 期。

权"是造成公权对私权侵占的主要原因,但如何校正这一问题,却出现了不同的选择。一种观点认为,对集体土地实施私有化的确权,赋予农民土地转让开发权;另一观点强调,集体土地非农建设的直接流转入市权。然而,我们认为,这种解决思路是一种简单化的解决思路,没有认识到土地资源的多种产权属性。无论是农地的私有化还是集体土地建设用地的直接流转,对于确保土地所有者的财产权利无疑是一种正确的选择。但是,农地制度的安排不仅涉及到农地的保护,还涉及到农地制度的经营和农村劳动力的转移。当涉及这些问题时,农地产权的改革就变得极其复杂和困难。① 在土地所有权改革方面,还必须充分考虑其成本与收益问题。Griffin et al.通过对战后新成立国家土地制度改革的考察,认为以市场价格为基础的大规模的再分配的土地改革是不可能的,其主要的障碍在于制度的实施成本。其解决的办法是,政府要么必须采取措施降低土地交易价格,要么是对一些土地实施完全的征收,才能获得理想的目标。这虽然是一个痛苦的过程,但却是有望获得成功的不可回避的瓶颈问题。②

现代经济发展表明,土地不仅仅是一种生产要素,除了其生产功能外,还具有其他重要的功能,如农民的就业保障功能、社会生态功能、粮食安全功能。所以,在土地权利的分配上是多重的,权力的设置上也应是多主体的。这就要求在对私人产权或集体产权的限制或产权设置上应该遵循效率原则,克服外部性的问题,兼顾不同主体之间利益的合理结构,要将农地制度改革与土地资产改革有机结合起来。③ 利贝卡普对这一问题做了很好的制度分析与说明。他把产权的界定看成是一个契约的签订过程,认为"共有资源"的损失是缔结产权契约的主要动力。有诸多理由使租金份额的分配难以达成协议,冲突会

① 张良悦:《农地非农化的困境与出路:基于经济学的分析》,《世界经济文汇》2008 年第6 期。

② Griffin et al.:"Poverty and the Distribution of Land",*Journal of Agrarian Change*,Vol.2 No.3,2002,pp.279-330.

③ 张良悦:《农地功能、制度变革与产权完善》,《改革》2008 年第 1 期。

严重地限制或阻碍对共有资源问题做出制度上的反应。完全补偿的单方面支付往往有利于达成协议,但由于这种支付本身也可能成为一种权利的分配,所以,要在单方面支付上达成一致,就变成了难以克服的问题……即使能设计出一种单方支付方案,也不可能补偿所有相关各方。① 所以,土地要素的资产化,或者说土地资产方面的改革,不在于所有制改革,而在于如何对土地"公共领域"内的发展权进行重新的界定,在于提供合理、有效、公平的制度规则。总的改革思路应该是:限制公权对私权的侵占,承认并尊重私权,通过有效的制度规则来平衡土地开发过程中的私权和公权,做到多方主体共赢的开发结果。

三、公权私权制约下的土地产权改革

(一)公权私权制约下的土地产权的改革方向

中国的土地制度改革包括两个方面:一是农地制度改革,二是土地资产改革。农地政策目前越来越朝着强化产权保护和农地市场化的方向演进,特别是农地和宅基地"三权分置"改革之后,进一步明确了土地承包经营权的物权性质,强化了承包农户的市场流转主体地位。但是,在土地资产化方面的改革却一直停滞不前。

从我们上面的分析思路可以看出,无论是土地公有(包括国有和集体所有),还是土地私有,在土地利用上都有严格的限制,并不能按照土地所有者的意愿"任意"开发。所以,这就没有必要对现有的土地所有制进行改革,而需要在土地开发的规则上对公权和私权的范围与权限进行重新的界定与配置。

在市场经济下,对于特定的财产权主体来说,在具体层面上,无论公有财产、私有财产,在法律上都是一种私权。所以,超越"公有""私有"的概念陷

---

① [美]利贝卡普:《产权的缔约分析》,中国社会科学出版社 2001 年版,第 14 页。

阱,更多从"公权"与"私权"的角度来提出、分析和解决农地问题,具有理论价值和现实意义。① 因此,在我国现行的宪法和法律框架下继续维持土地公有制(包括农村集体所有制)的前提下,不断地对公权进行规范,对涉及土地的各种私权给予确认和保护,是一个基本的改革路径。

公权的改革方向是,限制公权过于膨胀,将公权回归到正确的位置上。公权的内容主要在于行使规划权,即规定土地使用和发展的方向;分区权,即规定具体的开发区域和保护区域;税收权,即对土地资源的资产化进行税收调节;公共利益保护,即农地和生态的保护权。

消除公权的土地财政权,一方面,要实行税源替代,通过财产税为城市政府寻找合理的税收来源,为城市化的发展找到融资的渠道和基础;另一方面,消除地方政府竞争锦标赛的内在冲动,消除经济赶超战略,真正回归到城市集聚经济上来。

私权改革的方式主要是尊重私人财产权利,回应私人对土地开发的权利诉求,利用财产税调节"暴利""暴损"现象,通过教育形成土地共同开发的社会意识。目前,在土地权利束上已经明晰出所有权、承包经营权、承包经营权转让权,下一步改革的主要内容是土地的财产诉求权及其资产置换。

土地发展权的确认及其分配是土地产权改革的一个重要内容,利用土地发展权及其税收去调节土地资产开发的再分配,有利于解决农地非农化中的许多问题。例如,分区与土地开发问题、粮食安全问题、生态环境问题。

土地发展权是从土地所有权中分离出来的一种物权,是指变更现有土地用途、开发强度而获利的权力。既是一种私权,又因公权而产生。首先,土地发展权的基础无疑是土地用途管制和规划,属于公权范畴,因此,土地发展权与公权有着密切的关系。同时,土地发展权的行使还受到公权的限制。一般而言,一块宗地的开发有着明确的规划,如容积率与开发时序的限制。其次,

---

① 　陈林:《中国土地问题的要害不在所有制》,《南方周末》2013 年 6 月 30 日。

土地发展权是一项私权,这正是其进步意义所在。土地发展权的设立尽管从目标上与土地用途管制是一致的,都是为了公共利益的目的,但土地发展权可以转让和交易。从法理上说,土地发展权是从整个地权体系中分离出来的一束权利,代表了权力主体对土地的某种排他性使用方式,符合私权的一系列标准,因此是一项明确的私权①。一旦该权被设立和界定,不管其初始设定是在政府、农民或是村集体手中,都可以经由市场上的自由流转达到优化配置。当然,政府还可以从中征税,进行必要的调节。

(二)土地财产权的改革应逐步推进

在中国,农村土地对农民来说既是一种维生的权利,又是一种保障和发展的权利。但目前,由于土地财权产权主体不清,产权界定滞后,产权交易制度空缺,导致中国农村产权关系的简单化和静态化,无法适应快速发展的城乡经济,必须对中国农村土地制度进行改革。

目前,农村土地已经形成了三种权利束:集体土地所有权、农民土地承包权、土地经营权。农户的土地使用权虽然相对充分,但财产权严重不足,必须赋予农村土地发展权(开发权)。实现城乡土地产权对等,使农村集体土地使用权与国有土地使用权拥有同等的、完整的用益物权属性,从而保障在土地要素的市场化配置中农民的土地权益得到体现。为此要进行如下改革:

一是使土地承包权永久化和物权化,农民的土地承包经营权本质上是一种物权,而不是债权,从而使其具有排他性,能够对自己的土地财产加以保护。这样,就可以促使承包经营权流转,使农民能够在城乡之间自由流动。

二是赋予农民土地保障权和发展权。一方面,赋予农地保障权能够使农民在农地非农化过程中充分参与,避免由于征地而使农民陷入"三无"状况(指失地农民的无地、无业、无保障),赋予农地发展权能够使农民在农地非农

---

① 陈林:《中国土地问题的要害不在所有制》,《南方周末》2013 年 6 月 30 日。

化过程中获得财产诉求权,共享城镇化发展收益;另一方面,赋予农民发展权能够从资产置换的角度,便于不从事农业生产的农民从农业中退出,并能够很好地起到对耕地的保护作用。

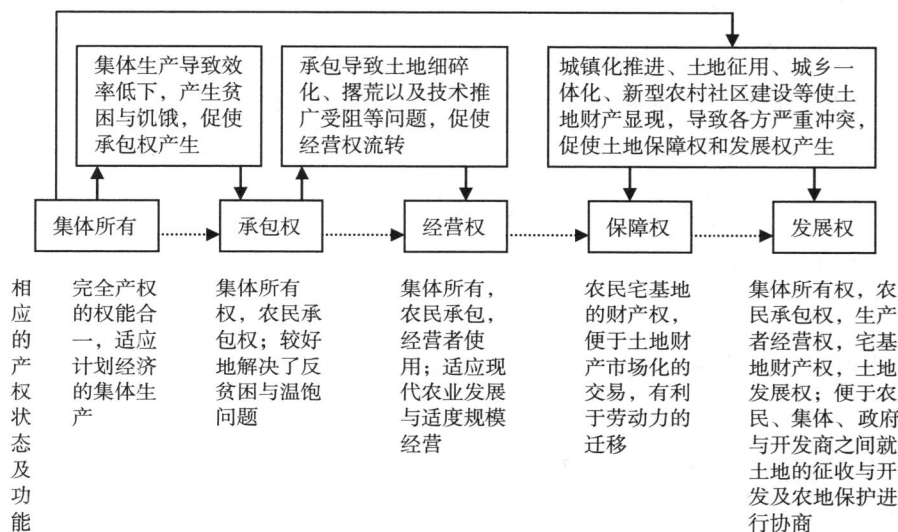

集体生产导致效率低下,产生贫困与饥饿,促使承包权产生	承包导致土地细碎化、撂荒以及技术推广受阻等问题,促使经营权流转	城镇化推进、土地征用、城乡一体化、新型农村社区建设等使土地财产显现,导致各方严重冲突,促使土地保障权和发展权产生		
集体所有	承包权	经营权	保障权	发展权

相应的产权状态及功能

| 完全产权的权能合一,适应计划经济的集体生产 | 集体所有权,农民承包权;较好地解决了反贫困与温饱问题 | 集体所有,农民承包,经营者使用;适应现代农业发展与适度规模经营 | 农民宅基地的财产权,便于土地财产市场化的交易,有利于劳动力的迁移 | 集体所有权,农民承包权,生产者经营权,宅基地财产权,土地发展权;便于农民、集体、政府与开发商之间就土地的征收与开发及农地保护进行协商 |

图5-3　中国农村土地产权制度的演变及经济发展

三是构建土地资产置换的制度与交易环境,便于农村人口向城市流动。城镇化的发展必然伴随着部分乡村形态的消失和农村人口的城市流动。当赋予农民土地永久使用权、财产诉求权与农地发展权之后,随着经济的发展或者进行农地非农化的开发就能够充分保障农民的权益,但是,这些资产权益必须能够进行置换才有意义,才有积累的价值,也才能够真正保障农民的权益。(如图5-3所示)。

本 章 小 结

本章利用制度经济学的产权分析方法,主要从公权视域下土地资产的开发对农地非农化进行一个理论性分析:

（1）从土地利用开发管理制度的角度看,中国农地非农化的主要问题是,没有做到在土地资源开发上公权和私权的相互制约与平衡。其表现是,公权的过度膨胀,私权没有得到应有的尊重。其结果,自然而然是在公权过度膨胀下,在缺乏私权的制约下农地的过度非农化,以及土地的低效利用。但是,不能由此否认公权,任私权在市场配置的基础上"自由"交易。

（2）土地公权包括规划权、警察权、征用权、征税权等,主要是从规划、利用与分配的角度加以规制。土地私权是指在土地开发利用上所有者和使用者所应具有的交易、收益、发展权,私权更加注重土地利用的效率与财富积累。公权与私权的相互制约与平衡主要源于土地的多功能性与土地开发利用的外部性。从发达市场的情况来看,土地资源开发上公权与私权的平衡包括这样几个内容:土地发展规划权、分区权、土地发展权、土地征用权以及有效的共同治理等内容。在农地非农化方面,不仅注重土地的使用效率,也重视土地的资产价值及公平分配;不仅注重土地开发的内容,更重视土地开发的公平与程序。

（3）目前中国农地非农化的有效治理,不在于土地所有制的改革,而在于土地利用管理制度的完善。中国农地非农化没有很好做到公权与私权的制约,主要的问题是:一方面,公权行使过度,私权被严重忽视;另一方面,公权行使内容不完整,私权的滥用没有受到公权应有的制约。公权与私权制衡下的土地资产改革是我国农地非农化改革的可行性方向:在私权改革上,应充分赋予所有者与使用者财产诉求权,并形成在公权规范的基本理念下对私权的行使;在公权的改革上,应消除政府将公权转变为私权的利益动机,回归公权国家和社会利益,以及在保护私权的正当范围内对私人开发利益进行平衡。

第六章　财产税改革与城市建设融资机制构建

中国城镇化的推进和农地非农化的开发,越来越显示出对地方政府财政体制改革和城市发展融资机制建设的必要性。一方面,在城市公共产品的供给上,不仅政府感到力不从心,而且,居民也感到由于城市人口的增加而觉短缺,特别是在教育资源、城市交通、医疗保障等方面,从而倒逼着地方政府形成对"土地财政"的依赖,并由此形成严重的农地非农化问题;另一方面,通过土地出让和融资平台抵押贷款形成的"土地融资"模式不具有可持续性,亟须转换融资模式,即政府土地财富收入从对土地增量价值的捕获上转向土地存量的财产税收上。如果不从财政体制和城市发展融资机制上解决问题,那么,就很难从根本上消除农地非农化的功能附加,也不可能真正做到公权与私权的平衡。本章在前面分析的基础上对这一问题作出简要的分析。

第一节　城镇化发展的融资概述

一、城镇化目标、政府参与与城市建设融资

城市政策的基本目标是城市增长的整体效率和减轻城市贫穷。其背景是

城市商品和服务(包括交通、住宅和公共设施)、劳动力、资本、土地的供给与需求的相互作用。例如,对劳动力的供给能否满足产业发展的需要,劳动力的人力资本提升能否适应产业竞争力的要求。与此相应,对土地、资本、运输、住房和公共设施需求的供给是否适应城市人口的增长,比如,当这些基础设施和公共服务短缺时,就会引起价格上涨,而这些基础商品价格的上涨会反过来间接影响城市产业的集聚与规模效应。所以,这就提出了政府参与的要求,包括制定制度规则对企业和居民进行规范和制约,通过税收和补贴调整企业和居民行为,提供公共产品和服务保障城市的有效运行。

由于基础设施和公共服务是公共产品,具有外部性,由此决定公共部门参与城市增长的管理是不可避免的。城市公共管理的责任原则上包括基础设施、社会投资规划、产品供给规则,以及城市土地利用和许多活动的管理与控制。当然,要实施这些城市管理,必须有足够供给的财政能力,这就需要对公共产品供给的能力构造一个合理的政府融资机制。

首先,无论责任大小,城市政府都应有筹集与他们责任相称的资金的能力与空间。这是一个重要的工具,有助于保证不必损害农村地区而补贴城市地区,并且制约城市过分增长和集中的刺激因素,同时也能促进城市内部的效率和平等,有助于避免国家稀少财政资源的耗尽。"城市财产税、机动车税、使用费和发展费在未来成为平等、有效、政治上可行的工具来为城市公共服务筹资。"①

其次,城市公共服务融资系统必须考虑三个因素:②(1)财政方面,必须筹集资金以支付所提供的服务成本。对税收类型或使用者付费类型的选择必须考虑到财政收入来源相对于成本或收入的弹性,能够长期支付服务的融资模

---

① Bahl,R.W.And J.F.Linn:"Urban finances in developing countries:research issues and findings",*World Bank Research News*,5,1984,pp:3-13.

② [美]埃德温·S.米尔斯主编:《区域和城市经济学手册》第2卷,《城市经济学》,郝寿义等译,经济科学出版社2003年版,第396—397页。

式是首选模式。(2)融资系统的再分配性。城市公共服务成本的最终承担问题实际上涉及社会财富的再分配问题:使用者或纳税人,城市居民或全国人民,服务的受益人或非受益人,这一代人或下一代人等。融资系统使得成本转变成为多种形式的负担。例如,对于个人或家庭的收入而言,个人或家庭所承担的成本是比例的、累进的还是累退的等,都会涉及财富的再分配。(3)资源的配置性。提供城市公共服务的各种实体有五种主要的收入来源:使用者付费,地方政府收入,转移支付收入,贷款、财产收入和企业收入。每个融资系统都会影响资源配置。服务使用者的付费会减少或限制对该项服务的需求。提供免费服务并且依靠税收的融资系统将影响资源配置,例如,依赖于房产税的系统,将倾向于阻碍住房质量提高,贷款(负债)具有不可持续性的问题。选择一项好的融资系统的困难在于人们期望它在如下三个方面都有益:人们希望它能够带来充足的资金收益,使收入在穷人与富人之间再分配,并且引入降低成本、节约资源的替代方式和行为方式。但是,这些目标之间是相互矛盾的,不可兼得。总的原则应该是,在矛盾的选择中,资源配置的考虑应是最基本的。

要强调的是,从根本上说,财产税是城市政府融资机制的基础。财产税的功能主要包括:鼓励公众参与地方政府的事物,并对政府提供的公共产品和服务决策进行监督与施加影响;为地方政府提供稳定的税收来源;是地方政府提供公共产品的融资工具,可以部分实现"溢价回收"的功能。房产税是一种权利税,是对土地使用权利的征税,要获得公共产品的使用必须付税,同时,房地产税又是受益税,即"谁付费,谁受益",可看成是财产所有者为消费地方政府提供的公共服务和产品所必须支付的成本。一般说来,在市场经济国家,财产税在地方政府的税收结构中占有重要的地位。例如,"在美国城市土地利用结构中,除了城市道路外,60%—80%的城市土地用于城市的住宅,整个房地产财富占私人财富总量的55%,房地产税成为美国地方政府重要的税收来源,房地产税占地方税收的75%左右,为基础教育和地方性道路建设和维护提供了最主要的财政支持。"①

二、城市公共产品的需求与供给

城市的发展与公共产品的需求与供给不可分割,一方面,城市的集聚发展必然会提出对公共产品的需求;另一方面,公共产品的有效供给是城市高效运行的基础环境。

(一)城市公共产品

城市公共产品包括城市基础设施和城市公共服务。城市基础设施是城市运行的物质载体。根据世界银行的分类,城市基础设施主要包括:(1)公共设施,包括电力、电信、给排水、卫生设施、排污、固体废物的收集与处理、管道煤气等;(2)公共工程,包括道路、大坝和灌溉以及排水渠道等;(3)交通设施,包括城市与城市之间的交通、城市公共交通、港口、航道和机场等。城市公共服务是指城市基本公共服务,即是指为全体居民提供的基础性服务,是对人的生存发展有着前提性、所必需和发展性的影响,不可或缺。具体包括三个方面:(1)保障人类基本生存的就业、养老、住房保障;(2)满足基本发展权需要的义务教育与文化教育;(3)满足基本健康需要的公共卫生和基本医疗保障。②

(二)城市公共产品的需求

城市公共产品的需求从根本上说缘于城市的集聚效应。集聚效应所形成的城市规模经济使得城市公共产品成为不可或缺的因素,如果没有公共产品的有效供给,城市要素的集聚及城市规模经济效应便无法形成。例如,

---

① 丁成日:《城市增长与对策——国际视角与中国发展》,高等教育出版社 2009 年版,第361 页。
② 中国金融四十人论坛课题组:《城镇化转型:融资创新与改革》,中信出版集团 2015 年版,第57—58 页。

最根本的城市管理规则,没有一定的城市建设规则,不可能保证一个城市的有效管理与运行。城市公共产品的需求是不断发展的,所以,城市公共产品的供给也相应地是不断发展的。城市公共产品需求的发展包括两个方面:一是增量需求,包括不断扩张的城市边界、城市人口。如城市边界扩张,需要道路交通、供水、供电、供热、垃圾处理等基础设施增加,城市人口增加需要城市教育、卫生、社会保障、娱乐设施等公共服务的增加。二是存量需求。存量需求一方面是由于人口的增加导致人均存量的减少需要增加,如随着人口的增加,教育和卫生服务公共产品必须增加;另一方面是城市公共产品的更新需求,随着信息通讯和智能化的发展,智慧城市的建设就需要进行大规模的更新。

(三)城市公共产品的供给

公共产品具有非排他性和非竞争性两个特征,因此,为了保障其有效的供给,由政府实施。由于现代化城市发展对公产品的需求越来越大,使得政府对其有效供给显得力不从心,而且,在供给过程中也会伴有质量和效率问题。于是,在传统的公共物品理论基础上又提出了项目分区理论实施有差异的供给。项目分区理论认为,公共物品由政府提供并不意味着完全需要政府直接生产,也可以按照管理与经营职能分离的原则由市场和政府共同完成,即市场生产和政府购买公共服务,从而提高财政资金效率和公共服务供给效率。依据公共物品和项目分区理论,公共产品(基础设施)可分为非经营性项目、经营性项目和准经营性项目。非经营性项目主要是指无收费机制、无现金流、纯公益性项目,目的是获取社会效益和环境效益。其配置必须由政府调控,如城市空间和绿地。经营性项目是指能通过收费机制,实现投资成本回收并获得经营利润,可通过市场有效配置的项目。其配置可通过市场机制有效解决,如收费公路与桥梁。准经营性项目是指虽有收费机制和现金流,但由于价格机制和相关政策因素难以完成资本的全部回收,如煤气、地铁、电力、供水等具有管网性质的产品。可以由市场提供,但又需要政府的适当补贴或优惠政策。①

三、城市公共产品供给的融资机制

(一)基本理论

城市的发展是特定区域内的大规模、高密度和持续性的投资,自然涉及投资项目的融资机制问题。在城市区域内,私人物品的投资主要由企业和居民个人投资,公共物品的投资则必须由城市政府主导投资。所以,城市发展的融资机制主要是解决城市公共产品的发展。这些投资具有这样三个特点:(1)投资规模大、沉淀成本高、建设周期长和受益周期长;(2)具有社会先行资本特征和较大的正外部效应;(3)具有公共性、系统性和投资建设的渐进性。②虽然城市公共产品由政府主导供给,但是,在具体的供给中又有效率与区域的考虑。就效率来说,可以进一步对公共产品区分为由政府提供和由市场提供;就范围来说,可以区分为全国性公共物品和地方性公共物品,城市的公共物品更主要的是地方性公共物品。

融资的最终来源可归结为社会财富,其方式可通过税收进行,也可通过地租获取。从税收和税源一致、受益范围和责任一致的角度看,以城市基础设施改善带来的财产增值为基本税源的财产税作为融资来源渠道,具有内在逻辑的一致性。城市和房地产价值的上涨,实质上是其所处区位优势发生变化,而这些变化又是由城市政府的公共支出所引致的,财产税理应专款专用,支持城镇化建设。反过来,财产税也会因城镇化投入增大、市政建设水平提高而丰裕,有利于增强地方政府的偿债能力,最终形成城镇化水平不断提升和税源不断扩大之间的正向循环。土地融资是对城市地租的获取。土地既是城镇化不

① 中国金融四十人论坛课题组:《城镇化转型:融资创新与改革》,中信出版集团 2015 年版,第 53 页。
② 中国金融四十人论坛课题组:《城镇化转型:融资创新与改革》,中信出版集团 2015 年版,第 56—57 页。

可或缺的基本要素,也是城镇化红利的集中体现。城镇化过程中的土地价格上涨,本质上是城市化过程中人口、产业集聚、商业繁荣带来的土地价值增值。一个健康稳定持续发展的城镇化过程,必然表现为土地产出增加和地价增值的过程。相应地,政府可以利用城市化过程中土地增值收益为城市发展融资。① 当然,在对这些财富的融资利用上,既可以由政府单方完成,比如通过税收、负债的方式,也可以由政府和消费者共同完成,比如,消费者付费与政府税收和负债。

（二）政府融资方式

从具体的融资方式上看,城市发展的融资包括政府财政拨款、银行贷款、市政债券、资产证券化和公私合作。这些融资方式既反映了城市融资的多样化,也反映了城市发展过程中不同阶段的发展特征。但是,无论采用什么样的融资方式,最终必须由政府以税收或者地租(土地财富价值收入)进行偿还为基础。

政府财政拨款主要是指政府对城市基础设施的固定投资。一般在城市早期发展中,政府通过财政收入先期支持城市发展。

银行贷款也是一种普遍的融资方式。政府通过市场化的方式进行融资,可以发行债券直接融资,也可以通过银行间接融资。一般地,如果在市场上发行债券受到多重因素的约束,就会转向贷款融资。在贷款融资中,既有一般的商业银行,也有政策性银行的专门扶持。

市政债券是城市发展融资的主要渠道。市政债具有市场约束的公开性、偿债来源的透明性和城镇化红利的贴现性特征。与银行贷款相比,市政债在金融市场上的发行需要披露信息和相应级别的评估,既面临市场较强的信誉约束,也有助于对政府有效使用资金的激励。国际上对市政债券分为三类,即

① 中国金融四十人论坛课题组:《城镇化转型:融资创新与改革》,中信出版集团 2015 年版,第56—57 页。

一般责任债、项目收益债和混合债券。

资产证券化是指将具有稳定现金流的优良资产作为发行凭证,将未来收益进行贴现的一种证券融资方式,类似于债务融资工具。资产证券化又可分为项目资产证券化和信贷资产支持证券化。

公私合作(Public Private Partnership,PPP)是新近广泛兴起的一种融资方式,实质上是政府通过给予私营公司长期的特许经营权和收益权,以换取基础设施的建设与运营。一般分为外包类、特许经营类、私有化类公私合作。常见的有项目合作,如建设—转让(BT)、建设—运营—转让(BOT)、建设—转让—运营(BTO);合作管理,如各种方式的技术合作;政策层面的合作,如共同规范教育、交通、技术政策和城市改造等。

第二节　中国城市化土地增量融资机制的困境

一、中国城市土地融资的基本模式

(一)中国政府投融资的沿革

中国城市的发展与我国政府投融资体系紧密相连,中国的投融资体制大致经历了这样一个过程:计划经济下的"拨款制"(1949—1978 年);对计划经济进行改革探索的"拨改贷"(1979—1992 年);市场化导向下的"项目制"(公益性、基础性和竞争性项目,政府严格投资于公益性和基础性项目的边界内)(1993—2003 年);公共经济导向下的"政府融资"(投资于公共产品,地方政府自主融资)(2004 年至今)。2004 年,《国务院关于投资体制改革的决定》明确了建立市场引导投资、企业自主决策的新型投资体制的目标,将政府投资限定在关系国家安全、市场不能有效配置、公益性和基础性,以及科技发展、生态环境和区域经济协调发展等领域,从而使政府投资更加聚焦于公共经济范围。

目前,地方政府主要通过政府融资来履行其公共经济发展的职能。地方政府融资包括内源融资与外源融资。内源融资渠道包括预算安排、公用事业收费、国债转投、财政周转金与财政借款、外国政府或国际组织贷款等;外源融资渠道主要是地方政府债券和以地方政府融资平台公司为载体的地方政府信用融资,包括银行贷款、企业债或公司债、信托融资、公司合作等。无论是内源融资,还是外源融资,土地资源成为地方政府的融资(偿还)的财富基础。

(二)城市土地融资的基本模式

我国城市化的土地融资主要是指,地方政府在城市发展中依靠土地出让收入或抵押收入进行融资的发展模式。这种模式因地方政府可以通过对土地一级市场的垄断获取,具有很大的便利性或者较小的约束性,因而备受地方政府的青睐。又由于土地出让收入形成了地方政府可以完全支配性质的收入,具有财政收入的特性,所以,土地融资模式又称之为"土地财政"。地方政府基于土地财富的政府融资大致可以分为两个阶段:预算外收入与地方政府融资平台。

1. 土地出让收入:预算外资金

地方政府投资在 1979 年的"拨改贷"及 1992 年的"项目制"之后,尽管赋予了投资决策权,但是,在资金来源和融资渠道上仍然受到严重的体制性约束,无法从资本市场和金融部门获取足够的自筹资金。在这样的情况下,地方政府便将资金来源锁定在预算外收入上。

预算外资金是地方政府在正规渠道无法获取资金的情况下对政府财政资金拓展的结果,主要是通过政府的强制权进行融资的一种方式。预算外收入来源一直存在,1994 年的分税制改革在制度上为地方政府预算外收入留下缺口,为地方政府预算外收入提供了制度上的激励,从而使预算外资金加速增长。1996 年,全国范围的审计中,发现预算外资金规模超过 3840 亿元,占当年中国 GDP 的 6%。而当年预算内收入仅为 11.3%(1997 为 12%,1998 年为12.5%左右)。这意味着预算外资金的规模相当于预算内收入的50%以上,占

政府可用财力的比重略高于三分之一。① 1997 年,预算外支出调整之后,90%
以上归属地方政府,使预算外资金进一步膨胀。当然,预算外收入的真正驱动
力仍然是经济发展。预算外收入在支出方面有两个重要的特征:第一,它们是
地方服务的资金来源,有助于弥补部分收支缺口。第二,是地方政府基础设施
投资筹集资金的来源。

表 6-1　中央政府和地方政府预算内和预算外收入比重　　（单位:%）

项目	中央和地方财政收入比重		中央和地方财政支出比重		中央和地方预算外收入比重		中央和地方预算外收入支出比重	
年份	中央	地方	中央	地方	中央	地方	中央	地方
1978	15.5	84.5	47.4	52.6	—	—	—	—
1979	20.2	79.8	51.1	48.9	—	—	—	—
1980	24.5	75.5	54.3	45.7	—	—	—	—
1981	26.5	73.5	55.0	45.0	—	—	—	—
1982	28.6	71.4	53.0	47.0	33.7	66.3	30.9	69.1
1983	35.8	64.2	53.9	46.1	37.2	62.8	34.3	65.7
1984	40.5	59.5	52.5	47.5	39.6	60.4	37.7	62.3
1985	38.4	61.6	39.7	60.3	41.6	58.4	40.9	59.1
1986	36.7	63.3	37.9	62.1	41.2	58.8	40.6	59.4
1987	33.5	66.5	37.4	62.6	40.8	59.2	40.3	59.7
1988	32.9	67.1	33.9	66.1	38.4	61.6	39.3	60.7
1989	30.9	69.1	31.5	68.5	40.3	59.7	39.0	61.0
1990	33.8	66.2	32.6	67.4	39.6	60.4	38.3	61.7
1991	29.8	70.2	32.2	67.8	42.6	57.4	40.9	59.1
1992	28.1	71.9	31.3	68.7	44.3	55.7	43.6	56.4

① 黄佩华:《费改税:中国预算外资金和政府间财政关系的改革》,载[美]理查德·伯德、
罗伯特·埃贝尔、克里斯蒂·沃里克:《社会主义国家分权化——转轨经济的政府间财政转移支
付》,中央编译出版社 2001 年版,第 377 页。

项目 年份	中央和地方财政 收入比重		中央和地方财政 支出比重		中央和地方预算 外收入比重		中央和地方预算外 收入支出比重	
	中央	地方	中央	地方	中央	地方	中央	地方
1993	22.0	78.0	28.3	71.7	17.2	82.8	15.1	84.9
1994	55.7	44.3	30.3	69.7	15.2	84.8	13.2	86.8
1995	52.2	47.8	29.2	70.8	13.2	86.8	15.1	84.9
1996	49.4	50.6	27.1	72.9	24.3	75.7	27.0	73.0
1997	48.9	51.1	27.4	72.6	5.1	94.9	5.4	94.6
1998	49.5	50.5	28.9	71.1	5.3	94.7	4.8	95.2
1999	51.1	48.9	31.5	68.5	6.8	93.2	5.3	94.7
2000	52.2	47.8	34.7	65.3	6.5	93.5	6.0	94.0
2001	52.4	47.6	30.5	69.5	8.1	91.9	6.7	93.3
2002	55.0	45.0	30.7	69.3	9.8	90.2	6.8	93.2
2003	54.6	45.4	30.1	69.9	8.3	91.7	7.9	92.1
2004	54.9	45.1	27.7	72.3	7.5	92.5	9.0	91.0
2005	52.3	47.7	25.9	74.1	—	—	—	—

注:1982 年预算外资金开始建立年度统计报告。

资料来源:《中国统计年鉴》相应年份。

在不同的发展阶段,预算外收入来源的主要渠道是不一样的,国有企业留利、行政性事业收费、政府性基金收入都曾是预算外收入的主要来源。土地出让收入是在我国大规模城市化发展之后,通过对土地出让获取收入用以弥补政府财政资金不足的一种资金来源方式。之初,土地出让收入不仅不纳入预算内管理,也不纳入预算外管理,地方政府对这一部分收入可以更加自主地使用。所以,这一部分非正式预算外收入更适合地方政府的口味,因而对土地的出售就备受青睐。后来被纳入政府基金收入,2015 年实施全面预算之后被纳入政府预算收入。

表6-2　预算外收入分项目来源

（单位：亿元）

年份	合计	行政性事业收费	政府性基金收入	乡镇自筹、统筹基金	国有企业和主管部门收入	其他收入
1978	347.11	63.41	—	—	252.61	—
1980	557.40	74.44	—	—	442.11	—
1985	1530.03	233.22	—	—	1252.73	—
1986	1737.31	294.22	—	—	1399.89	—
1987	2028.80	358.41	—	—	1625.78	—
1988	2360.77	438.94	—	—	1872.89	—
1989	2658.83	500.66	—	—	2103.81	—
1990	2708.64	576.95	—	—	2071.10	—
1991	3243.30	697.00	—	—	2477.53	—
1992	3854.92	885.45	—	—	2878.59	—
1993	1432.54	1317.83	—	—	—	—
1994	1862.53	1722.50	—	—	—	—
1995	2406.50	2234.85	—	—	—	—
1996	3893.34	3395.75	—	272.90	—	—
1997	2826.00	2414.32	—	295.78	—	—
1998	3082.29	1981.92	478.41	337.31	54.67	229.98
1999	3385.17	2354.28	396.51	358.86	50.11	225.41
2000	3826.43	2654.54	383.51	403.34	59.22	325.81
2001	4300.00	3090.00	380.00	410.00	60.00	360.00
2002	4479.00	3238.00	376.00	272.00	72.00	521.00
2003	4566.80	3335.74	287.10	293.14	52.33	598.49
2004	4699.18	3208.42	351.29	213.09	64.12	862.26

资料来源：《中国统计年鉴（2006）》。

地方政府土地出让收入的具体情况，第三章已经做了详细的说明，此处就不再赘述。

2. 政府债务融资：地方政府融资平台

如果说土地出让收入是地方政府内源性融资的话，那么，土地抵押和信用融资则是地方政府的外源性融资。其主要的融资方式和工具就是地方政府债券和以地方政府融资平台公司为载体的政府信用融资。

地方政府债是地方政府通过两类变通的方式在国内债券市场的直接融资,即1998—2004年的国债转贷以及2009年之后的国债转贷,国债转贷资金可以用于城市基础设施建设。国债转贷并不是真正意义上的政府债券,是一种"曲线地方债",是为了规避《预算法》禁止地方政府举债的规定而设置的一种准债券。在国债转贷模式下,债券发行人是财政部,地方政府对债券投资人是主权债,但对财政部是债务人。债券发行主要采用财政部"代发代还"、地方政府发行财政部代还的"自发代还",以及地方政府"自发自还"的模式。截至2014年底,共累积发行地方债券规模16000亿元。①

地方政府融资平台公司融资是地方政府借助于融资平台进行资本化的融资方式,包括土地资本化、政府支出资本化和特许权资本化三种方式。具体的方式包括银行贷款、企业债、公司债、中期票据、信托融资、公私合营等。融资平台公司以政府注入的资产进行抵押质押向银行申请贷款,银行在地方政府出具相应承诺函后,对抵押质押的资产价值进行估算,然后按照估算值的一定比例向平台公司提供抵押质押贷款。地方政府融资平台公司还通过资本市场以"企业债""公司债"的名义筹集地区基础设施建设资金。信托融资是在地方政府授意下由平台公司将能够产生现金流的信托财产以出售的方式转让给特定信托机构,由信托机构向投资者筹措资金,并将信托财产未来可以预期的收益现金流用于向投资者支付到期时的本息。公司合作是地方政府或其授权机构(平台公司)与私营商签订长期协议,授权私营商代替政府建设、运营或管理公共基础设施并向公众提供公共服务的融资模式。②

---

①　课题组:《我国城镇化进程中的地方政府融资》,中国财政科学研究院编:《城镇化、债务融资与风险防控》,中国财政经济出版社2016年版,第47页。

②　课题组:《我国城镇化进程中的地方政府融资》,中国财政科学研究院编:《城镇化、债务融资与风险防控》,中国财政经济出版社2016年版,第47页。

表6-3 地方政府举债方式

债权人类别	政府直接债务		政府担保债务		其他相关债务	
	债务余额（亿元）	比重（%）	债务余额（亿元）	比重（%）	债务余额（亿元）	比重（%）
银行贷款	55252.45	50.75%	19085.18	71.60%	26849.76	61.87%
国债、外债等财政转贷	1326.21	1.22%	1707.52	6.41%	0	0
发行债券	11658.67	10.71%	1673.58	6.28%	5124.66	11.81%
BT	12146.30	11.16%	465.05	1.75%	2152.16	4.96%
应付未付款项	7781.09	7.15%	90.98	0.34%	701.89	1.62%
信托融资	7260.33	7.00%	2527.33	9.48%	414.67	9.46%
其他单位和个人借款	6679.41	6.14%	552.79	2.07%	115939	2.67%
垫资施工、延期付款	3269.21	3.00%	12.71	0.05%	476.67	1.10%
证券、保险业和其他金融机构融资	2000.29	1.84%	309.93	1.16%	1055.91	2.43%
融资租赁	751.17	0.69%	193.05	0.72%	1374.72	3.17%
集资	373.23	0.34%	37.65	0.14%	393.89	0.91%
合计	108859.17	100%	26655.77	100%	43393.72	100%

注:政府直接债务是指政府负有直接偿还责任的债务;政府担保债务是指政府负有担保责任的债务;其他相关债务是指政府负有一定救助责任的债务。

资料来源:审计署2013年第32号公告《全国政府性债务审计结果》,转引自中国财政科学研究院编:《城镇化、债务融资与风险防控》,中国财政经济出版社2016年版,第50页。

表6-3是2013年国家审计署报告的地方政府融资方式及其结构。从融资主体看,融资平台公司、政府部门和机构、经费补助事业单位是政府负有偿还责任债务的主要举债主体,分别占比37.44%、28.40%、16.32%。从融资方式看,银行贷款是最主要的债务融资方式,分别占三类债务融资规模的50.75%、71.60%、61.87%。[①]

从表6-3可以看出,银行贷款与发行债券在地方政府融资中发挥了重要作用。由于我国金融市场结构以间接融资为主,所以,银行信贷自然也成为地

---

① 课题组:《我国城镇化进程中的地方政府融资》,中国财政科学研究院编:《城镇化、债务融资与风险防控》,中国财政经济出版社2016年版,第48—49页。

方融资平台的主要融资渠道。2008 年,全球金融危机之后,"土地财政+银行贷款"的融资模式成为政府信用和市场运作在特定城镇化阶段的主要运作模式。据统计。2009 年末,地方政府融资平台贷款为 7.38 亿元,占人民币贷款余额的 18.5%。截至 2013 年末,全国共有地方政府融资平台 1.14 万余家,平台贷款在人民币各项贷款中占比 12.81%。①

地方融资平台公司发行的企业债券通常称为"城投债",多用于地方基础设施建设或公益性项目。地方融资平台发行债券始于 1992 年的上海城投公司,2005 年发改委将城投债纳入地方企业债管理之后,发行明显增多,但是,其暴发性的发行是在 2008 年的全球金融危机后。2009 年发行 1701 亿元,2012 年发行 8246.1 亿元,2013 年进一步上升到 8286.26 亿元。②

地方政府通过政府融资平台进行土地抵押融资的具体情况已经在第四章做了详细的分析,此处不再赘述。

二、我国城市土地融资的困境

上述所分析的我国城市化的土地融资模式形成了土地财政和土地金融的特征,这种模式的主要困境在于,以土地出让收入为主的内源融资由于土地资源的禀赋约束不具有可持续性;以地方政府融资平台为主的债务融资严重挤出了实体经济的发展,带来严重的资产泡沫和金融风险。

(一)土地财政的过度依赖

在第三章农地非农化的功能附加一章中,我们已经分析了地方政府对土地财政的依赖,并对土地财政的内容进行了简要分析。从我国城市土地融资

---

① 中国金融四十人论坛课题组:《城镇化转型:融资创新与改革》,中信出版集团 2015 年版,第 142 页。
② 中国金融四十人论坛课题组:《城镇化转型:融资创新与改革》,中信出版集团 2015 年版,第 144—145 页。

的困境角度看,地方政府对土地财政的依赖主要表现在对土地出让收入的依赖,土地出让收入成为地方财政的第二支柱(见表6-4、表6-5)。

表6-4　地方政府土地出让收入与财政收入(1999—2013年)

年份	地方本级财政收入(亿元)	土地出让收入(亿元)	土地出让收入占财政收入的比重(%)
1999	5594.87	514.30	9.19
2000	6406.06	595.58	9.30
2001	7803.30	1295.59	16.60
2002	8515.00	2416.79	28.38
2003	9849.98	5421.31	55.04
2004	11893.37	6412.18	53.91
2005	15100.76	5883.82	38.96
2006	18303.58	8077.64	44.13
2007	23572.62	12216.72	51.83
2008	27703.42	10259.80	37.03
2009	32580.74	15900.00	48.80
2010	40610.00	29398.00	72.39
2011	52547.00	33477.00	63.71
2012	61078.29	28886.31	47.29
2013	68969.00	41266.00	59.83

注:土地出让收入包括出让金收入、新增建设用地土地有偿使用费收入、国有土地收益金收入和农业土地开发资金收入。

资料来源:Wind数据库,历年《国民经济和社会发展统计年鉴》《中国国土资源统计年鉴》,转引自中国金融四十人论坛课题组:《城镇化转型:融资创新与改革》,中信出版集团2015年版,第216页。

表6-5　23省(区、市)土地财政依赖度排名(2013年)

(单位:%)

省份	浙江	天津	福建	海南	重庆	北京	江西	上海	湖北	四川	辽宁	广西
比重	66.27	64.56	57.13	56.74	50.89	50	46.72	44.06	42.99	40	38.91	38.09
省份	山东	江苏	安徽	黑龙江	湖南	广东	陕西	吉林	甘肃	河北	山西	
比重	37.84	37.48	36.21	36.10	30.87	26.99	26.73	22.99	22.4	22.13	20.67	

资料来源:《中国国土资源公报(2013)》,转引自中国金融四十人论坛课题组:《城镇化转型:融资创新与改革》,中信出版集团2015年版,第218页。

（二）土地增量融资的不可持续性

地方政府通过土地出让收入获取资金来源可以看成是地方政府的内源性融资。本来这种批租的方式在短期内、少量地增加政府收入也未尝不可，但是，在目前的中国，土地出让收入成为地方政府城市化融资的主要渠道，成为地方财政收入的重要来源。这样就会产生严重的问题。例如，2013 年地方收入总规模 16.65 万亿元，其中，地方本级财政收入 6.89 万亿元，占比 41.4%，中央税收返还和补助 4.80 万亿元，占比 28.8%，以土地出让金为主的政府性基金收入 4.90 万亿元，占比 29.7%。这里面，土地出让收入 3.9 万亿元，相当于地方本级财政收入的 56%。2003—2013 年，土地出让金与地方本级财政收入的比例平均为 50%，2010 年最高达到 72%。[①] 这里我们不禁要问的是，这种融资方式是不是可持续？土地出让收入主要是对土地增量的出售，即每年农地非农化土地数量的出售，受到土地资源总量和经济社会发展的约束。随着我国城市化快速的发展，耕地数量的刚性约束、生态环境改善的刚性需求，农地非农化的数量将会逐年减少。

（三）过度依赖平台融资的潜在金融风险

目前以地方融资平台为主要举债方式的地方债务体系，主要是通过企业化的投融资方式进行，实质上已经游离于财政管理体制之外，使财政资金金融化。同时，政府还债来源几乎全部依赖土地出让收入。所以，财政资金金融化后会极大地加剧金融系统的风险。

首先，地方政府融资平台是一个单纯的融资通道。地方政府设立融资平台的唯一目的就是融资，根本不顾及财政承受能力、项目投资效益、企业经营风险等问题。更有甚者，为了达到向银行融资的目的，部分平台企业不惜采取

---

　① 中国金融四十人论坛课题组：《城镇化转型：融资创新与改革》，中信出版集团 2015 年版，第 151—152 页。

将土地向多家银行融资、甚至做假账的手段。例如,2010 年国家审计局审计之后对融资平台公司进行了清理整顿,截至 2012 年 6 月底,在全国 10682 家统计在列的平台中,70%的平台贷款是现金流全覆盖,18%的平台可以"摘帽退出",成为独立的商业实体。这似乎是一个很好的整理结果。然而,"2012 年底,在 223 家被审计的融资平台公司中,有 94 家年末资产中存在不能或不宜变现的资产 8976 亿元,占其总资产的 37.6%;有 5 家注册资本未到位 56 亿元;6 家虚增资产 371 亿元。61 家'摘帽'融资平台公司中有 55 家未完全剥离原有政府性债务或继续承担公益性项目的建设融资任务;有 18 家融资平台公司以转为'退出类平台'为由,少统计政府性债务 2479 亿元。"①足见其问题的严重性,也足以说明地方政府融资平台的根本功能就是为地方政府进行融资。

其次,地方政府融资平台难以退出政府融资的通道。2010 年,对地方政府融资平台公司整理之后,虽然融资平台不能或不易通过土地在银行直接抵押融资,但仍然在通过银行的表外业务获取银行资金,以"影子银行"的方式进行债务融资。"影子银行"是指不受或少受金融监管机构监管,用以充当储蓄转为投资中介的非银行信用中介机构,主要包括信托公司、财务公司、租赁公司、小额贷款公司、典当行等。"影子银行"的融资来源仍主要是银行,但其融资成本却远远高于银行贷款成本。

第三,地方政府融资平台的债券融资期限严重错配。地方政府债务融资主要用于基础性和公益性的项目,投资回收期限通常在 10 年以上,属于长期债权融资。但是,通过平台融资的债券并不能符合这一要求。据 2013 年国家审计署公布的数据,30 个省(区、市)平均还款期限只有 3.5 年,其中 18 个省(区、市)还款期限在 3—4 年的占比 60%,6 个省(区、市)还款期限在 3 年以下,占比为 20%。

当然融资平台大量的银行贷款用于公共经济的发展,挤出了企业发展的

---

① 王梅、贾康、樊纲:《以阳光化地方政府债券取代影子银行融资》,中国财政科学研究院编:《城镇化、债务融资与风险防控》,中国财政经济出版社 2016 年版,第 73 页。

正常资金,导致后期缺少资金偿还的税收收入与现金流,更是发展中的根本问题。第三章对这一问题已进行了分析,不再赘述。

第三节　由土地增量融资向存量融资的转换

一、新型城镇化融资的基本思路

城镇化是要素集聚的结果,其融资的未来收入保障,本质上是人口、产业在特定空间集聚所带来的土地增值、税收、使用者付费增多等城镇化红利。所以,城镇化融资最终要取决于城镇化质量高低所决定的未来收入规模及其稳定性,具有很强的内生性。基于此,一个好的城镇化融资机制,应该能够在城镇化质量和融资可得性、融资成本之间建立起有效的内在联系,实现二者的良性互动,既不会因此增大财政金融风险,也不会因为过度融资助长粗放式的城镇化。因此,新型城镇化的融资机制必须在服务什么样的城镇化、政府与市场的边界、财政与金融的边界等重大问题上厘清关系,回归城镇化的内生发展轨道。

首先,新型城镇化应该是什么样的城镇化? 简而言之,新型城镇化应该是要素集聚的城镇化,是土地、人口、产业、技术、资本等要素协同发展的城镇化,而不是目前的城市空间扩张的城市化。土地要素是城镇化的空间支撑和生态支撑;产业集聚是城镇化的经济支撑,是城市化发展的动力基础;人口是城镇化的主导因素,既主导着城镇化的发展,又是城镇化发展的目的本身,或者说,是生产方式和生活方式主观方面的集中体现,"城市,让生活更美好!"是最简洁的概括。所以,城镇化在经济发展的推动下,是人口和产业集聚于某一区域,形成了对土地资源的刚性需求。我们目前的城镇化只是高度关注了城镇化空间的外在形式,而忽略了城市化的产业与人口发展,出现了发展的不协调。未来新型城镇化必须高度重视产业与人口的城镇化,回归城镇化发展的内在特征上来。

其次,厘清政府与市场的边界。经济的发展是靠市场驱动的,同样,城市的发展也以市场为基础。市场发展的基础是社会分工以及在此基础上的产品供给与市场容量,市场规模的逐步扩大不断地推动着城市的发展。如果一个城市分工不发达、交易不活跃、产业不发展、经济不繁荣,怎么能够支撑这个城市的物质基础与运行管理? 怎么能够集聚城市人口? 同样,如果一个城市人口相对集聚不足,又怎么能够不断推动创新、促进分工、发展产业、繁荣经济? 这些发展内容必须通过市场(要素和人口集聚的平台)来逐步推进。当然,在城镇化发展到一定程度,提出了对公共经济和公共服务的迫切需求时,政府对城市发展进行有效的规划和管理就成为必要的事情。目前,我国在城市化的发展上,政府的边界外扩,超出了其公共经济和管理的职能,过多地介入了城市经济发展的功能。比如,城市规模、城市等级、城市首位度、城市 GDP 等纳入了城市管理的职能之中,甚至在某种程度上成为首要追求的目标。这样,自然而然地就导致了对城市的过度融资和不理性的融资。

第三,厘清财政与金融的边界。从现象上看,财政资金和金融资金都是资金的运动,似乎没有区别。但是,从本质上看,财政资金具有(政府的)强制性和无偿还性及稳定性的特征,金融资金具有借贷性的根本特征。总体上,政府的财政资金包括税收和负债,税收具有非常明显的强制性和无偿还性特征;虽然负债具有本息偿还的要求,但是,其偿还的基础仍然是政府的税收,或者是政府资本的投资收益。所以,从这一角度看,政府的负债不能完全等同于企业的借贷行为。当然,金融市场的高度发达,金融工具的大量推出,也大大地方便了政府融资,极大地膨胀了政府的债务规模,从而使得政府的财政资金与金融资金难以区分。实际上,这里面对二者边界最基本的划定是政府对公共经济规模供给的匹配。如果政府能够基于税收和消费者付费的基础上提供给公共经济,则政府的资金相应地能够控制在财政边界之内;如果政府主要基于市场融资,且未来税收保障不足的基础上发展公共经济,则政府的资金相应地就进入了金融的边界内。"蒂博特模型"对正常的城市公共产品的提供给予了一般性描述,刻画了城市公共产品供给与城市税收涵养之间的关系。目前我国城镇化的融资机制出现了以"土地财政"为特征的政府财政资金和金融资金的融合,表现为财政资金的金融化,即以土地出让收入或与土地相关税收为基础的抵押融资。这种融资特征不仅不可持续,而且严重侵蚀实体经济,积累金融风险。所以,必须在厘清政府财政资金与金融资金的基础上,回归以财政资金为主导的融资机制上来。

简而言之,新型城镇化的融资机制必须从土地出让收入和土地抵押收入的土地融资模式上退出来。按照一般的发展规律,城市化的融资应转向以财产税为基础的融资模式,即从增量土地财富上转向存量土地财富上。

二、基于财产税存量土地财富的内源融资机制

(一)以财产税为基础的融资机制

国际经验表明,地方税收是城镇化融资的重要基础。就地方税的税收收入结构而言,一些国家以财产税为主,如美国、加拿大财产税收入约占地方政府全部收入的40%;另一些国家的地方税则主要来自于联邦政府和州政府的税收共享,例如德国地方政府分享联邦政府所得税和增值税,约占地方财政全部收入的35%。同时,转移支付也是地方政府的一项重要收入来源。

在地方政府的税收中,无论是发达国家,还是发展中国家,都将财产税(或房地产税)作为主要税种①。这是因为财产税在地方政府的税收中具有这

---

① 财产税是指对居民和法人的财产所课征的税收。财产一般包括动产和不动产,由于对动产的税收具有不稳定性,所以一般所指的财产税是指不动产,又称为房地产税。房地产具有商品和财产双重属性,因此,房地产税收就有三个部分:一是对保有环节的征收;二是对转让行为的征收;三是对转让收益的征收。分别称为不动产保有税、不动产取得税、不动产所得税。按照一般的规则,财产课税是对财富存量的课税,所得课税则是对财富的流量课税,所以,通常意义上的财产税是对房地产保有环节的征税。

样几个优势和功用。①

第一，财产税是对社会财富的存量课税，体现出受益税和权力税的特征。房屋和土地属于有形财产，是社会财富的积淀，是一种存量财富。对财富流量的课税只能限于当期收入，不能对过去的收入再次征税。财产税则不同，只要该项房产存在，就需要每年按照其价值纳税，这就保障了财产税税基的稳定性。财产税的受益税是指，从某种程度上说，因政府公共开支被资本化入房地产中，纳税人与地方政府之间类似于市场上的平等交换关系。即房地产价值与当地政府公共服务水平成正相关关系：房地产价值的税收负担与地方政府支出水平和公共设施及服务成正比；受益程度与市场价值成正比分配。财产是由一系列附加在一个特定目标上的法律权利构成，或者说，财富是制度安排的产物。这样，就可以说财产税不是对物质性的土地和建筑课税，而是对附属在这些物质性的土地和建筑上的不可触摸的权利课税。它表明，只要对土地具有（私人）使用权利，就可以对其进行征收房地产税。

第二，财产税作为地方税种具有稳定性的优势。作为地方政府可选择的税收有这样几种：房地产税、交易税、个人所得税、公司所得税和各种收费。从地方税收所要求的特征和财产税本身所具有的优势两个方面考虑，财产税的最好归属形式应是地方税。一方面，由于房屋等不动产不能随意移动，纳税人难以从税负高的地方转移到税负低的地方来逃避纳税，税基的非流动性及稳定性，使其可以成为地方政府稳定的收入来源。同时，不动产的物质表现使得其税基隐匿比较困难，地方政府更有可能对财产价值做出客观估价，了解居民的偏好，便于征收和监管；另一方面，不动产税明显地体现了"谁受益谁纳税"的付税与收益对等的原则，不动产税的收入在商业周期的短期波动中具有自稳定性功能。

---

① 张良悦：《城市化进程中的土地利用与农地保护》，经济科学出版社 2009 年版，第 145—147 页。

第三,财产税可以减少土地市场扭曲并促进土地更高效的利用。房地产税主要是对土地保有环节的存量增税,增加了土地占有者的持有成本。所以,征收不动产税能够提高土地的占有成本,有效控制闲置的土地,增加土地的有效供给,提高土地利用效率。同时,还可以通过调节财产税的税率促进城市填充式开发。例如,美国匹兹堡市从 1913 年就开始实施房产税的可变税率或双比例税率,即较高的税率适用于土地价值,较低的税率适应于改善价值,从而降低土地集约利用的税负,增加土地粗放利用的税负。这一措施的实施,有效地抑制了土地的闲置、投机和城市发展的蛙跳式扩张。①

总之,财产税作为一种地区性受益税,相当于对享受地方公共服务的用户收费。类似地方公共服务的税收价格,标示着地方公共服务的成本信息,强调地方公共服务与其负担之间的联系。因而,地方政府使用财产税融资,一方面,有助于强化地方居民的纳税人权利意识,强化地方居民对地方政府的财政监督和财政约束,从而有助于规范地方政府的行为,硬化地方政府的预算约束,激励地方政府公共部门的高效决策;另一方面,按照财政资本化的理念,在政府支出配置有效率的前提下,任何收入或支出的增加都有利于提升财产的价值。在一定的情况下,较高的财产税税率意味着较高的地方公共服务水平,意味着财产价值的增值。

(二)中国财产税实施的可行性

1994 年分税制改革的一个不完善之处在于,没有形成与地方经济社会发展需要相适应的地方主体税种,由此导致的问题是,地方财政过度依赖预算外的非税收入。1998 年之后,随着住房商品化、土地使用方式的市场竞争机制,土地资产财富逐步显现出来,居民的财富也逐渐体现在住宅上面。然而,中国房地产税税制却未能得到及时的调整和优化,依旧沿用计划经济时

---

① 中国金融四十人论坛课题组:《城镇化转型:融资创新与改革》,中信出版集团 2015 年版,第 99 页。

期无偿划拨使用的税收制度。例如,"现行的房地产税分别按房产、土地分设税种,并按房地产原值或土地面积等不同标准征收,难以准确、动态地反映房地产价值,税收收入缺乏合理、富有弹性的增长机制,缺乏公平性。同时,减免税收范围较宽,对城乡居民个人自住用房不论价值高低、面积大小均予以免税;财政拨付事业单位均免征房产税、城镇土地使用税。"①所以,中国的城镇化发展亟须在税收机制上进行改革,为地方政府城市发展构建合理的融资机制。

首先,目前实施的土地批租的出让制度不利于土地的有序开发。目前,我国实施的土地出让制度可以看成是一种土地批租制度。根据乔治·亨利的理论,土地税是对地租课税,从理论上讲,对土地课税能够提高土地利用效率。但是,由于土地上的建筑物未被征税,土地的拥有者就有动力来把土地开发作为最有利润的用途。"与基于土地和土地改良的房地产税比较,土地税鼓励和推动建筑和土地改良。由于土地税增加了未来开发土地的持有成本,土地税可能促使地主尽快开发土地。因而,土地税通过影响土地开发的时机而间接地影响土地利用。"②所以,不仅应该对土地租金征税,也应该对土地之上的房产征税,实施财产税制度。

其次,近年来房地产的大力发展已经为城市政府积累了较为完备的税基。1998年以来,城市化和房地产业的快速发展,使社会财富结构发生了根本的变化:一方面是个人财富积累快速增加,另一方面,房屋财产越来越成为个人财富中最主要的部分。这为地方政府实施财产税提供了较好的税基。同时,实施财产税既有利于土地资源的利用,也有利于社会公平。因为,"房地产价值中两大部分主要是由政府和社会来决定和影响的,即土地价值和房地产价值的增值部分。房地产价值的增值不是业主个人行为所致。这部分价值应该

---

① 罗诗、张青、薛刚:《中国房地产税改革研究》,中国财政经济出版社2011年版,第7页。
② 丁成日:《城市增长与对策——国际视角与中国发展》,高等教育出版社2009年版,第321页。

涨价归公。"①这种根本性的社会变革要求中国的税制也必须进行相应的调整,即实施包括个人住宅在内的全面的财产税。如果再豁免住宅财产的房地产税,将与现代化不适应,将极大降低房地产税应有的功能,使纳税主体与地方政府提供服务的受益者脱离。

第三,实施财产税既能为城市政府提供融资来源,又能在一定程度上调节财富再分配。目前,相当一部分人认为开征房地产税的主要目的是调控房价,实施财富的再分配,其实这是一种不正确的看法。财产税的实施首先是为了地方政府获得稳定的税源,其次是有利于土地的有效利用,有利于社会财富的再分配。一般地讲,房地产根据用途可分为:住宅、商业、工业、农地、林地、政府、宗教、文化等。住宅是最主要的,如果仍将住宅列入豁免的范围,那将在政府收入、投资回报(收益税)、社会公平(房产是社会财富的最主要体现)、土地利用(房产投资过热)等方面不利于城市化的发展。

总之,只有将地方政府的税收来源从对土地"增量"的依赖上转到对土地"存量"的依赖上,才能真正减缓农地非农化的压力,解决农地的过速非农化以及附属于其上的功能附加。

本 章 小 结

(1)城市发展对公共产品的需求提出了政府参与的必要性,进而提出了城镇化发展的融资机制问题。城市投资具有规模大、先行性和公共性的基本特征,在融资体系上应充分考虑财政投入、金融分配和资源配置的整体协调,即财政收入、财富分配和使用者付费与地方政府收入等具体的融资来源。政府融资一般分为内源融资与外源融资,具体的包括财政拨款、银行贷款、市政

---

① 丁成日:《城市增长与对策——国际视角与中国发展》,高等教育出版社 2009 年版,第361 页。

债券、资产证券化和公私合作等方式。

（2）我国城镇化的发展总体上表现为以土地租金为基础的融资机制，具体又表现为土地出让收入和土地抵押贷款，现实中称之为"土地财政"与"土地金融"模式。这种模式的主要困境在于，以土地出让收入为主的内源融资由于土地资源的禀赋约束不具有可持续性；以地方政府融资平台为主的债务融资严重挤出了实体经济的发展，带来严重的资产泡沫和金融风险。

（3）城镇化的融资基础在于城市要素集聚所带来城镇化的红利，根本上说，具有内生约束性，应该在城镇化质量和融资可得性、融资成本之间建立起有效的内在联系，实现二者的良性互动。按照一般的发展规律，城市化的融资应转向以财产税为基础的融资模式，即从增量土地财富上转向存量土地财富上。这是我国新型城镇化在构建健康的融资机制与破解农地非农化问题的关键环节。

第七章　总结与政策建议

本书主要从发展方式和制度因素上对城镇化进程中农地非农化问题进行了分析。快速的农地非农化带来的首要问题是粮食安全与生态环境,农地非农化问题的根本原因在于传统的发展方式与运作机制以及制度弊端。这些问题的解决必须从根本上转变发展方式,更新发展理念,实施制度创新。结合长期和短期效应,本章对研究的主要内容做一总结,并提出相应的政策建议。

第一节　高度重视粮食安全与生态保护

一、必须消除农地非农化的附加功能

城镇化是人类社会经济发展的必然产物和趋势,随着工业化生产方式的发展,农地非农化就成为一种"刚性需求",即只有首先从空间领域内满足各种要素集聚的需要,才能满足城镇化的发展,带来要素的集聚效应。但是,由于土地的自然禀赋和多功能特征,在土地总量资源一定的条件下,农业用地与非农业用地呈此消彼长的关系。所以,在考虑非农建设用地的同时,必须考虑土地带给人类的其他功能。由于由农地变为非农地非常容易,而由非农地变为农地几乎是不可逆的,所以,从一开始必须树立"土地资源极为稀缺,严格

控制非农用地,保护耕地与生态环境"的基本理念,从土地总体利用的全局上进行规划,确保规划的权威与严肃性。之后,在土地利用整体规划的指导下,从集约化、效率与土地财富价值的角度,对建设用地进行时序化开发。发达国家的城镇化经验表明,他们将耕地保护和生态环境作为农地非农化的首要关注目标,将城乡规划作为最根本的准则,将税收、分区和管制作为基本的工具,就是为了从整体上获得土地利用的最大化。

中国农地非农化的最大问题是没有在理念上形成农地保护和生态环境的基本目标。虽然我们提出了18亿亩耕地保护的标杆,制定了土地利用制度管理的严格标准,但是,在理念上却是赶超战略与经济增长起支配作用。同时,由于中国是一个发展中经济,资本短缺,投资空间较大,所以客观上就为土地替代资本创造了条件。理念和现实的契合导致了中国城镇化进程中农地非农化的功能附加:土地资源资本化、土地抵押融资、房地产支柱产业、为增长而竞争的政绩工程等。这些附加的功能在客观上放大和加速了农地非农化,并带来了粮食安全的隐患和严重的生态环境问题。目前在推进城镇化的进程中,首先要做的必须是从全局和发展上做好土地利用的总体规划,形成耕地和生态环境保护的基本理念,严格实施农地非农化。据此,我们提出如下建议:

建议1:农地非农化必须基于粮食安全与生态保护的基础上进行总体规划,确保规划的严肃性和权威性,消除农地非农化的各种附加功能,严格按照城镇化发展的实际需求,有次序地实施农地非农化,确保建设用地高效、集约和财富开发最大化。

二、短期内实施城市边界管理,冻结农地非农化

从"城镇化空间土地需求、粮食安全与耕地保护、城乡土地合理配置与生态环境建设"综合平衡的视角来看,目前城镇化对农地的非农化已经远远超出城镇化建设的刚性需求,但对农地非农化需求的机制并没有消除,仍在变相、加速地推进着农地非农化。所以,必须对现有城市进行严格的边界管理,

在一段时间内冻结农地非农化。

首先,目前已有的耕地已经难以从质量上保证粮食安全。我国在粮食安全和耕地保护上实施 18 亿亩耕地的红线管理,以及粮食主产区、粮食高产生产基地等制度性措施。应该说,这些强制性的措施对我国农地的保护起到了重要的作用。但是,从实际情况来看,这些制度措施尽管可以从数量上、从合法的角度加以保证,但能否从质量上保障、能否消除非法的耕地占用则令人质疑。

例如,据课题组在中部粮食主产区调研,某个县域经济的发展,原有十个乡镇都是粮食生产的主要基地,目前,围绕着县域经济已有五个乡镇一半以上的农地非农化,加之其他五个乡镇的非农化数量,估算减少十分之三的耕地不为过。而这些耕地都是土地肥沃、水利设施完备的优质耕地,但在耕地总数量的统计中,作为主产区的耕地数量并没有减少。实际上,作为平原区域的该县耕地后备资源极少,耕地占补平衡的可能性很小,即使考虑到耕地占补平衡,其质量不可能保持不变。然而,可悲的是像这样的县域情况仅仅是一个缩影,并非个案。所以,中国实际耕地数量质量如何,目前急需要进行一次准确的调查。

我们再看农业生产,目前的农业生产主要依靠化肥、农药和水利等外部要素的大量投入。耕地的高复种指数已达极限,耕地的质量正在趋于衰减。近十多年来,粮食生产一直在稳步持续增加,其增加的主要因素在于技术进步,例如,种子的更新、机械化的播种和收割,但这些技术转化又是以耕地的耗竭利用为前提的,这些都为未来耕地的持续利用留下隐患。

其次,我们再看一看生态环境问题。从全域的生态环境看,耕地后备资源的开发直接影响到未利用土地,直接影响生态环境。目前农村村庄的蔓延,再加上过速的农地非农化,耕地也不断在对农村的湿地和坑洼池塘进行侵占,为了获得粮食高产和持续的粮食增产,大力度地施用化肥农药造成土地、空气和地下水的全方位污染。如果再这样持续下去,未来农业生产将会出现严重缺水和土壤严重退化与污染的状况。从局域的生态上看,各个城市为了改善局部生态环境,为环境建设而进行建设,又大规模进行土地的非农化,开发各类植物园区或者生态园区,将环境污染转移农村。其实,乡村是生态环境涵养和修复的主要区域,如果不从城乡一体化的角度,不从城乡产业结构统筹的角度进行规划和开发,单纯的城市生态园区不可能持久。

第三,从已有的农地非农化的存量上看,足以支撑起目前城镇化开发,所以,将农地非农化冻结一段时间并不影响城镇化的发展。这里面的关键是如何对已有的土地进行重新的规划与开发。我们分析指出,地方政府的土地违规违法是农地非农化的一种主要方式和途径,尽管在事后进行了查处,但是,真正复原为耕地的数量很少,大多数违法的耕地都成为非农化土地的既成事实。而且,在现实中建设用地荒废、闲置的不少,房产空置率也非常严重,人口的城市化也不能根本得到解决。所以,从城镇化产业用地到住宅用地都可以由存量用地加以解决。目前,各级地方政府之所以还一直在不断地扩张土地,主要是发展理念和发展方式的问题以及土地财政依赖的结果。在地方政府的发展中,所谓的发展就是"圈地建厂",所谓的政绩工程就是招商引资。但在事后能够成为有活力园区的不过十之有一,能够成活的企业也不过十之有一。多数产业园区都是雷同的产业结构和建成即破产的破旧厂区。

所以,要真正做到农地非农化的合理开发,必须首先处置闲置的非农化土地,从存量土地上做到农地非农化的时序化配置,转变粗放的发展方式。其实,这正是土地储备功能的发挥之所在。因此,目前的城镇化建设应该充分发挥土地储备的作用,使其回归原有功能,首先提高存量和闲置土地的利用效率。为此,我们提出如下建议:

建议2:短期内实施城市边界管理,冻结农地非农化,充分发挥土地储备的再配置功能,将之前已经非农化的但闲置或低效利用的土地重新开发,提高土地利用效率和集约度,提升土地开发价值。

三、通过主体功能区和土地发展权保护耕地

保证国家粮食安全必须保障最基本的耕地资源,已经成为人们的共识,如18亿亩耕地红线。但是,如何保护和利用耕地资源,在以往的研究对策中,多是采用计划经济的思维和行政化的管理方式[①],不可能从根本上消除在耕地保护和粮食生产上地方政府和中央政府的政策博弈,从而也就不能从根本上消除过速的农地非农化。随着工业化、城镇化的推进,从整体上看,粮食生产所需土地和劳动力的稀缺成本或机会成本会随之大幅度提高,高品质的生态环境价值将逐步凸显,这就需要整个社会对土地利用的正外部效应加以弥补。实际情况却是耕地富裕的地区耕地保护带来的生态效益和社会效益被全社会所享用,出现了耕地保护成本与收益的不对称性。结果,外部性问题不仅削弱了农地保护的动力,而且,为了实现地方政府的目标,农地的过速非农化反而成为各地政府的一个政策工具。粮食主产区的农业生产及其附属产品生态环境,具有明显的"公共产品"和"准公共产品"的性质,应该通过公共产品的供给和生态补偿的方式加以解决。党的十八大主体功能区的提出从理论上和发展战略上明确了粮食生产和生态产品"地域性"特征,从而为这些区域的农业发展和生态建设提供了政策依据。这其中,"土地发展权"是一种可资借鉴的市场化的运作机制。[②]

理论上说,任何土地都内含有土地发展权,在未被开发之前,这一权利处

---

① 例如,国务院发展研究中心课题组认为,实现坚守住1.2亿公顷耕地红线的政策目标,必须强化用途管制,进一步落实最严格的耕地保护制度:一是层层落实责任,地方各级政府主要负责人应对本行政区域内的耕地和基本农田保护面积负总责;二是强化耕地占有不平衡的法定责任;三是在全国范围内划定永久基本农田,严格保护,不得占用。参见国务院发展研究中心课题组:《我国粮食生产能力与供求平衡的整体性战略框架》,《改革》2009年第6期。

② 不少学者提出了这一建议,我们也赞同这一做法。例如,丁成日(2007年)、张良悦(2007年)提出了对美国土地发展权的借鉴问题。汪晖等(2011年)通过对"浙江模式"和重庆地票交易制度以及农村宅基地复垦的分析主张实施跨区域交易,陆明和陈钊(2009年)主张土地开发应该与劳动力转移相结合,实现土地资源开发与人口集聚的相对平衡。周立群和张红星(2011年)主张通过土地发展权来适时适度农地非农化。

于"沉睡"状态,一旦经济环境成熟,必将被"唤醒",使其处于显性状态。在目前的制度安排下,由于土地的开发能够获取"暴利",因而,利益驱动往往促使人们去主动唤醒土地发展权。如果大家都这样做,那么,就很容易导致公地悲剧。要控制这一现象的发生,就必须使土地发展权维持"沉睡"的常态,其措施就是对土地发展权的购买(或者跨区转让),保持土地的正常利用。①

土地发展权购买的运作思路如下:第一,国家对"三农"发展的补贴资金、对粮食主产区的扶持资金打包形成粮食主产区的"土地储备金",用于购买土地发展权。第二,"土地储备金"部分来自中央财政对粮食主产区的补贴,部分来自发达地区城镇化发展对粮食主产区土地发展权的购买。发达地区的城镇化可根据经济发展的需要,在购买土地发展权的基础上"自然"发展。第三,对粮食发展区内的地级城市发展进行总体控制,重点发展乡村区域。依据区域内经济发展的自然集聚状态和比较优势,逐步对条件成熟的区域进行乡村更新,走城乡一体化的发展道路。第四,"土地储备基金"一部分用作现代农业发展基金,鼓励土地流转和规模经营;一部分用作新型农村社区的开发启动资金,进行新型农村社区开发;再一部分用作对农村迁移农民的土地资产置换和空心村的土地整治,鼓励人口向社区集中,鼓励土地更好地复垦和规模流转。第五,"土地储备基金"运作组织必须对整个运作过程进行严格的监督,包括耕地保护状况、生态环境质量、乡村建设状况等。如果运作绩效不佳,国家可以问责,直至拒绝对发展权购买的支付。② 根据这一基本思路,我们提出如下政策建议:

建议3:国家应该按照主体功能区的发展规划,重点保护粮食主产区和生态地区的耕地和生态用地,通过土地发展权的政策工具,平衡区域之间的经济发展差距和土地资源开发的增值收益,从"公共产品"的角度保护耕地资源。

---

① 张良悦:《粮食主产区城乡一体化的发展与政策扶持》,《区域经济评论》2014年第2期。
② 张良悦:《粮食主产区城乡一体化的发展与政策扶持》,《区域经济评论》2014年第2期。

第二节　城镇化融资机制的构建

一、城镇化、公共产品与政府融资机制

地方政府的"土地财政"依赖，是农地非农化严重的功能附加，是导致农地快速非农化的重要原因。那么，为什么会形成这一发展局面？归结为一点，就是由于各种制度因素没有形成科学合理的城镇化发展的融资机制。要解决这一问题，就必须从城镇化发展的融资机制上去解决。

城镇化成为现代化的发展趋势主要表现在两个方面：一是能够带来要素的集聚效应和规模经济；二是能够为人们提供更多的公共产品，提高生活品质（或者称之为生活的享乐特征）①。当然，规模经济和集聚效应也是建立在生产性服务公共产品之上的，如典型的具有相同技术的劳动力市场和人力资本的提升。然而，公共产品具有非排他性和非竞争性，容易产生搭便车问题，所以，必须由政府加以提供。当然，政府要供给公共产品，必须有投资能力，这就需要政府为公共产品进行融资。因此，"城镇化—公共产品—政府融资"就成为一个发展的基本逻辑，只有将这一逻辑关系处理好，才能有健康的城镇化，才会有较好的集聚效应和城市生活品质。

理论上讲，城市公共服务的融资来源主要包括：使用者付费，地方政府收入、中央政府税收（转移支付）、贷款（政府负债）、财产收入（房地产税）和企业收入（所得税）。但是，无论是使用者付费，还是税收，或者是贷款，从发达国家实施的情况来看，没有一个是最好的，需要根据经济发展情况进行权衡。对于大多数国家，使用者付费可能是最重要的来源，中央政府税收位居第二，地方税收第三，贷款和地方政府资产收入是相对次要的。

---

①　当一个家庭选择一处具有吸引力的住所来居住和生活时，他消费的是什么？消费的正是舒适。舒适是能够带来快乐的特殊商品、服务或者特征。

目前,我国各地城镇化公共基础设施和公共服务提供的融资渠道主要来源于"土地财政",即土地出让收入和土地抵押收入进行的政府投资。有的城市甚至通过土地资源资产化,提出了"城市经营"的理念与运作模式,各类城建投资公司和地方政府融资平台是其主要的实施工具。然而,这种融资方式,短期内虽然可以获得很好的效果,但是,长期来看具有不可克服的缺陷,主要表现在两个方面:首先,依靠土地出让收入和土地抵押收入,必须不断地有可供出让的土地和可供抵押的土地资源,这就需要不断地进行农地非农化,从而形成"公共基础设施建设—土地出让和抵押收入—农地非农化—城市框架拉大—城市公共基础提供"的恶性循环。其次,对房地产支柱产业的严重依赖。土地出让和土地抵押都需要房地产的开发,否则,没有土地的需求方,土地资产不会显现。同时,城市基础设施投资也需要通过房地产价值来体现,如果不能通过居民的住宅显现出来,则城市的基础设施的投资就成为完全沉淀的投资。所以,土地的出让、开发、价值显现都离不开房地产业。但房地产业的开发空间是有限的,房地产市场的容量是有限度的,当房地产发展到一定的程度之后,就会进入一个市场需求的瓶颈,如果再大量供给就会形成资产泡沫。所以,这两方面决定了城市发展的融资机制是不可持续的。由此,我们提出如下建议:

建议4:要从根本上解决农地的过速非农化,必须坚决摒弃依靠"土地财政"进行融资的传统的城镇化发展模式,必须深化财政体制改革,从公共财政的视角构建科学合理的城镇化发展的融资机制。

二、财产税与地方政府税源

在城镇化的融资机制构建中,财产税是一个重要的收入来源。1994年分税制改革的一个不完善之处,就在于地方政府没有构建与"事权"相对应的"财权",没有构建起与公共财政体系相适应的地方税收体制。其中,财产税(或者说房地产税)是一个一直未能有效发挥作用的税收来源。在目前地方政府的税收体制中,财产税是一个对居民个人住房免征的税种,没有能够很好地发挥城镇功能建设的调节作用。

第一,从税源的稳定性、不可转移性等方面看,财产税是地方政府稳定的税收来源,有利于地方政府收入能力的提升。从国际经验来看,市场经济国家地方政府一般都将财产税作为重要的税收来源。如果我们实施财产税,那将会从源头上为地方政府找到收入的替代来源,有利于地方政府摆脱对土地财政的依赖。

第二,财产税从本质上看是一种受益税,是居民对政府基础设施、公共产品消费的成本支付,有利于地方政府对城市基础设施和公共产品的提供。一般来说,在城镇公共产品的融资体制中,付费制有利于提高公共产品的供给效率。因为,在付费制中,居民能够通过付费更准确地传达出对公共产品消费需求的信息,而政府能够按照消费者的需求,更有针对性地提供公共产品质量,并尽可能地减少供给成本。

第三,财产税是针对居民住房财产持有环节的税收,有利于降低对房地产的投资需求,抑制高房价和地产泡沫,有利于房地产业正常功能的回归。目前,由于居民个人免征财产税,所以投资人在持有环节没有成本,这样,无疑就增大了投资人的预期回报,并促使投资期盼维持高房价的投机动机。高房价除了有助于政府提高土地出让收入和抵押收入以及营业税收外,其最大的问题是容易形成资产泡沫,推高企业成本(特别是工资成本),不利于企业竞争力的提高和研发能力的提升。

第四,财产税是一种对居民财产课征的税收,一定程度上有利于社会财产的调节和再分配。目前,房地产已经成为居民财富的主要体现,居民之间的收入差距在很大程度上主要体现在房地产上,区域之间的收入差异也主要体现在房地产价值上。所以,对居民房地产征税,一定程度上也有利于减缓贫富差距,实现财富的再分配。

此外,在全国范围内实施财产税,有助于提高全体公民对土地资源和土地功能的全面认识和保护理念。目前,在城镇空间的快速扩张和房地产开发的超强增长中,人们对房产财富的追求超过了对环境保护的自觉,很少有人去考虑粮食安全与生态环境。在地级市出现的大量的"空城"和农村出现的普遍的"空心村"便是一个很好的说明,如果能从持有环节的税收上增加所有者的成本负担,将会有利于提高人们对土地资源稀缺和土地多功能的认识。

总之,在地方政府城镇发展的融资机制中,房地产税是一个首选的税种,有利于增加地方政府的税收来源,有利于提高公共产品的供给效率,有利于抑制过热的房地产开发,有利于财富的再分配。从根本上有利于消除地方政府对"土地财政"的依赖,消除农地过速非农化的内在动力。为此,我们建议:

建议5:在城镇化发展融资机制的构建中,建议尽快将覆盖居民个人房产的财产税作为地方政府的主要税种,形成地方稳定的、可持续的收入,便于从源头上消除地方政府对土地财政的依赖。

三、将房产空置率作为房产调控的中间指标

房地产业是城镇化发展过程中的一个特殊的产业,不同的房地产业政策会导致不同的城市发展趋向,所以,必须认真加以对待。

首先,房地产是一个产品市场,为居民提供了安居的场所,是居民安居乐业必需的消费品。但是,这一产品又是与其他产业紧密联系的基础产业,其变动将会直接或间接地影响其他产业的发展。一方面,住宅在一定的区域范围内为劳动力的工作、流动提供了定向性的场所,如果没有住宅和房地产,就没有人口的积聚,也就形不成城市的集聚效应和规模经济。所以,城镇必须围绕着产业发展对住宅业进行相应的规划,围绕着住宅,对交通、基本消费、教育等公共产品进行投资;另一方面,住宅又是一种大额耐用消费品,住宅成本的高低不仅直接影响着居民的生活质量和水平,而且又反过来作为工资成本的影

响因素,间接影响城市产业的发展与企业竞争力的提升。如果城市区域内房价高,则工资水平就高,企业的成本负担相应加重,反之也成立。这样,住宅就从一个基本消费品成为影响其他产业的基础产业。

其次,房地产又是一种资产。作为一种资产,房产是居民财富的象征和体现,是一个理想的投资品。这样,房地产又与财富、金融联系在一起。无论是地租理论,还是积聚经济学说,土地利用效率的高低、土地资产的开发、都需要通过地产的价值来反映。简单地说,城市基础设施和公共产品的价值,最终都会通过资本化的方式将土地的价格凝集在房地产的价值中。所以,房地产的开发就不仅仅是一个住宅空间,而是城市土地开发密度、资本投入强度的反映。如果一个城市土地开发密度低,城市框架大,那么,其土地资产的价值相应就低,房产的价值就低。不仅如此,城市空间的扩张过快,城市基础设施和公共产品的投资规模就会加大,更多的资本品就会沉淀于地产上,间接影响制造业和服务业的资本深化。特殊情况下,对房地产的过度开发会形成"荷兰病"效应,会导致资产的泡沫化。

最后,房地产是居民的主要财产。在现代社会中,住宅是居民财产的主要形式之一,称之为不动产。房地产的价值并不仅仅是土地本身和住宅材料的体现,而是社会经济发展的表现,是城市基础设施和公共服务资本化的反映。政府提供交通、供水、供电等基础设施,提供医院、教育、养老、娱乐等公共服务,主要目的是为了更好地促进城市的规模经济和集聚效应。但这些公共产品的投资必须有稳定的资金来源才能保证。而财产税作为一种持续的、稳定的税源基础,可以作为一种税收方式解决政府的融资问题。这样,房地产作为财产税的税基,又与城市建设和发展联系起来。

从世界各国的发展情况来看,不同的国家和城市,根据本国的发展情况,对房地产的发展采取了不同的政策。例如,德国在对房地产的开发上,限制房地产价格的上涨幅度,荷兰在房地产的开发上,主要由政府供给土地开发,而美国对房地产的开发主要采取金融刺激政策,但同时又主张不宜追求过高的房产拥有率①。我们国家目前处于快速的城镇化阶段,房地产的发展空间较大,且房地产的发展可以带动其他产业的发展,同时还能够起到土地资本化的作用,有助于城市建设和发展的资本积累。但在另一方面,又不宜过于追求资产化效应,应该注意城市地域开发的密度,房地产市场容量以及制造业和服务业发展的质量。基于此,我们认为,目前应该对我国各个城市房地产的基本情况有一个总体的把控,特别是住宅的入住率与消化吸收情况。如果能够将房产空置率作为中间指标,从房产空置率的角度对房地产业进行调控,将是一个更为切合实际的调控措施。为此,我们建议:

建议6:城市化进程中,房地产业是一个关系到城市发展空间、城市基础设施建设、土地资产效应、地方政府融资、城市制造业与服务业发展等诸多方面的一个基础产业,房地产业的政策走向对城市发展的形态有重要的影响,房地产空置率作为调控的中间指标有助于对房地产业发展的整体把控。

第三节　土地产权与土地资产开发

一、土地制度的改革优于所有制改革

农地非农化落脚到最根本的一点是农地产权的交易与增值收益的分割问题。而目前主要的症结是,在市场经济环境下,采用计划经济的方式实施农地非农化,出现了不对接的情况,结果,既没有能够很好地发挥市场机制的基本调节作用,也没有完全按照计划经济的方式完成相应的补偿。其中,最主要的问题是失地农民的补偿不足与农地的过速非农化。那么,应该如何解决? 既

---

① "安居乐业"是工业化前期的一种生活方式,在工业化和高度城市化社会,高房产拥有率并非一种理想的状态。美国学者认为,"过度追求高拥房率可能产生两个负面影响:第一,大量的个人资产沉淀于住房投资上,带来个人创业流动资金的短缺,不利于中小企业的发展;第二,对劳动力的流动形成了制约,不利于房主的创业精神。"参见[美]张庭伟:《1950—2050年美国城市变化的因素分析及借鉴》(上),《城市规划》2010年第8期。

然农地非农化的本质是产权交易,因此,其根源必定是产权与制度,即要么产权不明晰,要么交易制度有问题。围绕这一根源,不同的学者提出了不同的解决思路,大致可分为土地的私有产权学派、农地的永典制、维持现状派。

私有产权学派认为,因为市场机制的基础在于个人产权,所以要构建市场基础上的农地非农化。必须首先实施土地的私有制,这样才能形成土地市场交易的基础,才能更好地保护土地所有者或土地使用者的权益。永典制的本质主要在于使用权,在于农地制度的安排,是从物权的角度对使用者的保护。维持现状并不是强调静止地去保持两种所有制形态,而是强调从产权交易的角度更好地配置利用土地。

土地利用管理制度是指从土地的多功能性出发,为了更好地利用土地,对土地进行总体规划、分区、使用、开发等方面的规则。随着土地利用多功能性的显现,土地开发资产化的显现,土地制度在土地开发利用中的作用将更为关键,将会超越土地公有和土地私有的归属界定。例如,发达市场经济国家在财产基础上主张土地的私有制,但是,在土地的利用上却越来越表现出对私有财产的控制(否定),更多地表现为土地公共利益上的保护。

我们研究认为,中国的农地非农化的根本不在于所有制的改革,而在于制度的完善与实施。第一,在土地的开发利用上,缺少一个权威的严肃的整体规划,既没有宏观的国土开发分区,也没有在微观上更细致的科学分区,整个城镇的发展表现出所有城镇对外蔓延式开发。第二,在实施过程中,地方政府的主导往往冲破了规划的管控,要么对规划按照发展的意图任意修改,要么是有规划但不按规划执行。第三,从世界各国的实践来看,土地是一种禀赋资源,不可再生,具有多功能使用,在效率上可采用市场调节的原则,但是,在功能上必须由政府进行整体的管控。这就是说,世界各国的实践表明,从来没有纯粹的农地非农化市场。所以,土地的开发利用不可能离开政府的参与。第四,即使实施土地私有制的改革,如果没有很好的交易制度,没有国家的宏观调控与微观规制,也不可能解决好土地开发的效率与公平问题。第五,产权和所有权是一种相互演变的过程,从本质上看,产权和所有权都是契约的签订,产权强调交易和资源的配置过程,所有权强调物权的归属。当合理的土地开发制度制定以后,完全可以通过开发过程中的契约谈判形成新的产权形式,进而生成新的所有权形式。相比之下,从制度完善的视角去推动产权和所有权的变革,比之单纯的所有权变革更有优势。综上分析,我们认为,在土地资产开发上,特别是农地非农化上,制度的完善与变革比所有制的改革更重要。据此,我们建议:

建议7:城镇化进程中提高土地资产的开发利用效率,增加耕地保护的力度,重在土地利用管理制度的改革与完善,而不是所有制改革。应从制度上保证土地利用规划的权威性和严肃性,进行科学的分区与时序化开发。

二、土地资产开发中应充分发挥公权与私权的制衡作用

土地资源的多功能性与土地资源的稀缺性决定了土地利用中政府干预的必要性,在现代经济中,由于政府也具有经济人的本性,因而,在对市场干预中又容易出现过度干预造成政府失灵的问题。这就决定了在土地资源利用中必须将市场配置与政府干预恰当地结合起来的问题,这种有效的形式就是公权与私权的相互制衡。

中国在目前的农地非农化过程中,既没有能很好地保护私权,也没能很好地规范公权,总体情况是,过度行使公权,甚至将公权转变为私权;不重视私权的保护,甚至忽视私权的正当诉求。这种情况既来源于政府对土地一级市场的垄断,又反过来强化了垄断势力。但是,在另一方面,由于制度的不完善性,又出现了另一种变异的情况,即土地资产效应公权的弱化与私权的"膨胀"。前者主要是指对土地资产开发增值收益中土地税收权的"缺失",后者则是指对私人土地所有者违法的执行不力。

中国目前在土地开发中的税种并不少,如交易环节和增值环节的营业税、所得税与流转税,持有环节的所得税。但是,问题主要是力度太小,豁免过宽,

执行不力,不能对土地的有效利用实施财政方面的影响与控制。例如,在土地利用上,主要的目的是促使经济发展,土地税收与土地出让收入和招商引资相比几乎可以忽略;在个人住宅上,没有持有环节的房地产税,既诱导了对房产的过度投资,又失去了大量的税收收入。还有在城镇闲置土地的处理上也存在执行不力的问题。

同样的问题也出现在私有的违法开发与"暴利"获取上。由于在土地开发上没有能够很好地尊重私权的利益,没有能够对私有财产进行很好的保护,结果,私权便"起而抗争",私自开发,一个典型的例子是小产权房的开发。无论如何,小产权房的开发是一种"私权"膨胀的结果,没有获得政府规划的批准,这是最根本的问题。私自开发的结果是,部分开发者获得"暴利",但后续的发展如公共基础设施和公共服务提供留给了政府;私自开发具有很强的示范效应。但政府对此没有很好的处置办法,不能杜绝。还有,在合法的开发中没有能够对土地增值收益进行税收调节,导致部分城郊由于开发而形成的"食利阶层"与贫富不均问题。举一个简单的例子,在城郊开发中,有两户人家受到影响,一家是主要依靠农业收入为生的传统的农户,一家则是已经在城市有了非农就业岗位的农村户口农民。传统的农户由于存在就业转换的不确定性,所以,在补偿时提出了职业转换与社会保障的补偿,这是正当的公平补偿。但这种补偿也同样给予了第二个家庭。显然,从财富效应上看,第二个家庭要远远好于第一个家庭,由于没有从财富效应上征税,结果,公平的补偿导致了不公平的差距。国外对农地的保护的措施之一,就是对农场主以土地资产为主的财产进行税收的减免,如果农场主进行土地用途转换,则增值收益必须交税。

目前,在土地利用制度改革上,不少学者主张农村集体建设用地直接入市,十八届三中全会也肯定了这一措施。但是,我们认为,仅仅做出这一改革措施还不够,还必须在政府的规划权和征税权上进一步完善。首先,哪个村庄的农村集体建设用地可以直接入市? 这就需要规划和具体的分区,否则会出现大家竞相争取入市的局面,导致土地的乱开发。其次,农村集体建设用地直接入市有没有开发价值(土地财富的价值),这些开发价值是社会经济发展的结果,还是村庄开发建设的结果? 是不是需要进行征税取得财富的再平衡? 根据这一基本情况,我们认为在土地利用开发中,在制度建设方面,必须重视土地私权与公权的相互制衡。为此建议如下:

建议8:在土地开发制度完善过程中,必须充分重视公权与私权的相互制衡,公权的作用在于克服私权追求过程中的外部效应,保护私权的利益;私权的作用在于追求土地利用的效率和土地财富的价值,限制公权的不正当使用。

三、应加强土地利用中的公民教育

中国农地非农化的一个典型的现象是,城市空间扩张与蔓延,农村区域也扩张与蔓延;城市住宅超前发展,房屋空置率严重,农村房屋建筑周期缩短,空心村普遍;城镇交通堵塞,污染严重等。这里面除了土地统一规划、乡村经济发展、城乡公共产品供给、人口流动障碍等发展战略与制度因素之外,我们认为,就农地非农化问题而言,与全体公民及相关社会组织未能对土地的多功能性、对土地资产开发的合规合理合法形成统一稳定的认识有关。同时,这种认识还与工业化的生产方式与生活方式相关的权利、责任、义务以及规则制度相联系。严肃的规划和管理制度既需要执法者的严格执行,也需要公民的自觉遵守;土地利用与开发重大的问题既需要管理者的高瞻远瞩,也需要公众的危机与忧患意识。所以,在土地开发过程中,通过法治和社会宣传对公民进行有关土地利用与开发的系列教育,纠正土地利用单一的经济增长与资产开发的导向是非常有必要的。当然,我国已经设立了"土地日"的宣传教育活动,但是,目前做得还远远不够,需要进一步深入和系统化。

首先,在土地资源的整体利用与开发上,必须树立土地资源禀赋约束与土地资源的多功能性的认识。从供给上来看,土地是一种稀缺资源,不具有再生性。从利用上看,土地具有多功能性,如农业生产、工业用地、交通设施、住宅建设、生态环境等，而且社会越发展，其多功能表现越突出，越需要总体规划综合利用。目前，中国加速城镇化的一个最大问题是，没有考虑其约束条件（资源和人口），将土地作为城镇化的发展工具。在这种思路支配下，农地快速非农化的结果是：耕地快速消失，粮食安全成为重大隐患；湿地林地消失，生态日益衰退；建设土地低效利用，资源严重浪费；土地资产开发导向，贫富差距逐渐拉大。前国土资源部部长徐绍史在 2011 年全国"土地日"提出了三个"难以为继"的问题，"即过度消耗低效用地的粗放型发展方式难以为继，对大规模后备土地资源的依赖难以为继，忽视城乡土地权利主体平等的模式难以为继。"

其次，在土地资产的开发上，应该形成土地涨价是社会经济发展的结果，必须给予社会与所有者和使用者共同开发的认识；在开发的增值上，必须通过相应的税收进行财富再分配的共享理念；在土地的开发时机上，必须实施紧凑式高密度开发以确保开发价值的开发路径。工业化和城市化的发展，使得土地的私人产权越来越受到社会发展的控制，土地的外部正效应是社会发展的结果，土地的外部负效应必须加以克服。这样，在土地的利用上就有了规划分区和税收。现在，无论是学界还是管理者与公众，对土地资产开发的增值效应非常关注，没有人更多地考虑土地的税收问题。比如，房地产税收问题，更多的研究多关注在实行的困难与可行性，而没有从公民的角度去考虑财产所有人的责任与义务；再如，对政府提出了很多公共服务的基本责任，没有更多地考虑政府有没有这样的能力；还有，粮食安全已经显现，生态环境已经恶化，但人们仍然在追求更多、更大的住宅占有。这些问题的真正解决，有赖于形成一种社会意识，从经济、法律、社会等主导方面自觉地去推进。

最后，对公民和社会组织进行土地利用的教育并不单是进行知识性教育，而是应与市场意识、法治理念、产权交易、制度规则、责任义务等内容的执行与遵守相结合。因为，这些内容是现代社会生产方式和生活方式的基本要素，是一个社会有序运转必不可少的组成部分，所以，一定程度上可以说是一种强制教育。比如,对于税收的责任与义务,必须辅之以严格的法律制度。如果没有税收制度,如何来保证城市公共产品的供给,如何来平衡土地开发收益的不公平性? 这些内容需要以基本的共识,作为现代公民的基本素质来进行教育。

综合上述分析,我们提出如下建议:

建议9:在城镇化进程中,对农地的有效保护和建设用地的合理开发,除科学规划、严格管理之外,还必须在土地多功能用途、粮食安全与生态环境、资产开发效应、城市发展融资机制、居民税收责任与义务等方面进行法律、社会、经济、公民道德等方面的综合教育,以形成土地综合和可持续利用的社会共识。

第四节　农地非农化的前瞻性分析

城镇化是经济发展的结果,生产方式和生活方式的变化是城镇化发展的直接原因,因此,未来生产技术的变革和生活方式的改变,必定会带动城镇化的发展。与此相适应,农地非农化的开发也会发生相应的变化。美国学者张庭伟认为,小汽车走入普通家庭和"二战"后州级高速公路的修建,是影响美国城市发展最重要的因素,改变了美国城市发展的形态,导致了美国城市的郊区化。[①] 后工业化社会,为了提高企业的竞争力,城市中心的"去工业化"改变了传统的产业布局,汽车工业和高速公路改变了人们的生活方式,从而推动城市向郊区发展,城市住宅的工业化生产与超市连锁店的城郊外迁则进一步满足了城市和乡村生活的特征。叶齐茂将城镇化看成是人类社会发展的一个永恒的过程,根据经济发展的状况和需要,按照"城镇化—逆城镇化(郊区化)—

---

① ［美］张庭伟:《1950—2050年美国城市变化的因素分析及借鉴》(上),《城市规划》2010年第8期。

再城镇化"的方向螺旋发展。① 从我国目前的城镇化趋势来看,也存在着欧美国家城市化蔓延的趋势和动力。这些因素主要包括家庭汽车拥有量的不断增加、对生态产品的需求、对生活品位(住房享乐)的提升、物联网和电商带来的新的商业业态。

首先,我国目前已进入工业化的中后期阶段,汽车工业已经成为支柱产业,汽车已经走入寻常百姓家庭,正逐渐成为人们的生活方式。而要满足这种生活方式,就必须不断地为汽车修建公路和停车空间,从而形成城市蔓延的内在动力。所以,我们预测,未来促使农地非农化的主要因素或许不再是"土地财政",也不是经济增长,而是以家庭汽车依赖为主的生活方式。汽车消费的形成将会促使城市的蔓延,由此带来农地的非农化,形成汽车与粮食生产争地现象。

其次,城市交通拥挤、空气与噪音污染将会增加城市生活成本,降低城市生活质量。随着收入水平的进一步提高,生态环境将成为一种稀缺产品,导致人们到郊区或者乡村寻找较适宜的居住环境。同时,目前大规模的房产开发主要集中于城市郊区,这也必将会带动城市人口向郊区集中,导致城市蔓延。另一方面,随着现代农业的发展,农村人口的流动,以乡村更新开发为主要内容的(回归自然)乡村城镇化将逐步展开,城乡一体将成为必然的趋势。可以预测,乡村城镇化将会成为未来城镇化发展的主要内容,未来的农地非农化可能更多地表现为交通用地和乡村的更新建设。

最后,互联网与物联网的高度发达,工业生产方式的整体升级,将会逐步改变人们的购买方式和生活方式,并反过来倒逼生产方式,制造业用地将进一步集约。由于交通和通讯产业的高度发达,以及未来的能源革命,城镇化的扩散效应将会逐步加强,甚至会超过集聚效应。一方面,城市集聚效应将进一步

---

① 叶齐茂:《发达国家乡村建设:考察与政策研究》,中国建筑工业出版社 2008 年版,第371 页。

表现在知识产品上,城市的公共服务将向智慧城市提升;另一方面,人们的享乐特征将进一步表现为城郊和乡村的自然风光。我们预测,农地非农化一方面,会转向城郊和乡村,实施乡村更新建设;另一方面,实施城市土地整治,对原有城市的棕地进行再开发。

总之,上述几种因素都可能推动中国城镇化向郊区和乡村蔓延,使中国城镇化很快进入城乡一体化的发展阶段。由此,我们预测未来农地非农化将逐渐转移至城郊和乡村,主要是居住区和交通用地。这就要求我们必须对此做好规划,实施城乡统筹,城乡一体发展,进行有序的开发和合理的农地非农化。对此,我们做如下建议:

建议10:中国未来城镇化发展的重心将转移至郊区和乡村,城乡统筹发展和城乡一体化将成为新型城镇化的重要内容。对乡村进行更新建设和对城镇进行棕地再开发将成为农地非农化的主要方式。

本 章 小 结

本章主要在前面研究的基础上提出相应的政策建议:

(1)城镇化进程中农地非农化必须给予农地多功能的基础上进行时序化开发,必须做到对耕地和生态用地的优先保护,包括一定时期内实施农地非农化的冻结,从公共产品的角度,对粮食主产区和生态保护区的耕地和生态用地进行优先保护。

(2)通过构建城市发展融资机制来消除农地非农化的功能附加。城市发展融资机制是城市基础设施建设和城市公共产品供给的基本保证,财产税是城市发展融资机制稳定的税收来源。城市开发的价值和财富积累主要体现在房地产的开发上,但房地产的开发必须控制在合理的限度内,房产空置率是一个很好的中间控制指标。

(3)土地本身并没有价值,其价值主要是资本化的体现,是社会经济发展的产物。土地财富与其说是开发的结果,不如说是制度设计的产物。在土地利用开发过程中,制度构建更优越于所有权改革。在目前中国的现实背景下,公权私权制约下的土地资产开发是农地非农化的基本方向,同时为了制度更好地实施,对全体公民进行土地多功能性的知识教育,形成土地利用的社会共识,也是一个关键的环节。

(4)未来城镇化的发展将会更加受到技术进步的冲击和资源约束的制约,汽车工业、工业生产方式的整体升级、互联网与物联网的发展、能源革命等将是不可忽视的因素。它们将从生活方式和生产方式上影响城镇化的内容,也影响农地非农化的方式。未来的农地非农化将主要对郊区和乡村进行更新建设,对城镇棕地进行土地整治利用。

附录：城镇化加速时期农地非农化的特征

一、引言

1998 年前后，我国的城镇化呈现明显加速发展的特征，例如，从常住人口城镇化率来看，1990 年为 26.41%，2000 年为 36.22%，2005 年为 42.99%，2008 年为 45.7%，2010 年为 51.27%。

那么，在快速的城镇化推进中，农地非农化呈现出哪些特征，又带来哪些问题？为此，课题组于 2011 年暑期和寒假，先后两次对河南省各个地市、河北省、重庆市、浙江省部分地市行政村为基本调研单位进行了实地调研。

本次调研共发放问卷 300 份，收回 264 份，回收率为 88%，有效问卷 252 份，有效率为 96%，涉及 114 个行政村，252 户被征地农户，采用分层抽样方法，对所抽取的行政村进行实地调研，每个行政村又随机抽取 1 到 3 户农户进行实地访问。

二、调研情况的基本分析

（一）农地非农化的地域特征

1. 被征地行政村的基本概况

为了较全面地分析城镇化加速进程中农地非农化的基本情况，本次调研在取点上主要考虑四种行政村的情况,根据离中心城市的距离及交通状况分为城中村、近郊村、距离城镇适中的村(在下面分析中简称"适中")、偏远村四种类型。从各区域调研的汇总情况来看(见表1),适中的行政村占46.49%,近郊的占24.56%,能够反映城镇化加速进程中对农地非农化需求的地域趋势特征。同时,为了具有可比性,我们采用村均数据分析。

表1 行政村类型所占样本的比重

行政村位置	汇总	百分比(%)
城中村	21	18.42
近郊	28	24.56
适中	53	46.49
偏远	12	10.53
总计	114	100.00

表2是各类行政村的基本情况。从中可以发现如下四个方面的基本区域特征:

(1)耕地面积:农村耕地面积与村位置有很大关系,距离城市越远,耕地面积越多。从表2调查数据中可知,近郊村均耕地面积为1301.27亩,而偏远村村均耕地面积为1585.96亩,有较明显差别。

表2 各类行政村基本指标状况

村位置	城中村	近郊	适中	偏远	总平均
村均土地面积(亩)	1477.00	1798.76	1891.08	1869.71	1787.04
村均耕地面积(亩)	859.14	1301.27	1466.10	1585.96	1321.72
村均宅基地面积(亩)	393.05	338.83	387.69	275.42	364.50
村均户数	332.29	285.11	437.06	243.67	359.40
村均住房状况较好户数	185.80	202.69	272.48	138.83	225.65
村均住房状况中等户数	105.00	112.63	165.42	127.27	138.27
村均人口数	1309.75	1129.75	2109.59	873.75	1584.70

续表

村位置	城中村	近郊	适中	偏远	总平均
村均非文盲比(%)	85.45	82.32	87.91	77.50	84.98
村均高等教育比(%)	13.80	5.50	6.48	4.64	6.80
村均参加养老保险比(%)	47.50	49.30	61.66	68.42	56.87
村均参加医疗保险比(%)	92.25	96.21	93.94	95.33	94.35

（2）宅基地面积：与耕地面积规律正好相反，城中村村均宅基地面积为393.05亩，而偏远村村均宅基地面积为275.42亩，一方面，这可能与距离城市的远近及村人口有关，距离城市越近，村均人口越多（城中村：1309.75人，偏远村：873.75人）；另一方面，城中村一般是在城镇空间扩张中，通过城市空间蛙跳的方式将其包括进去，既然已无法进行农业生产，主要用于商业和住宅建设，也可能在一定程度上刺激了对宅基地的扩张，以获取资产性收入。

（3）农民教育：距离城市适中的受教育比例最高，为87.91%，而城中村为85.45%，这可能是由于城中村位于城市腹中，就业机会较多，农民不上学同样能生存。当然偏远村受教育比例就更低了，为77.50%，这与偏远行政村贫穷落后有关，很多可能上不起学，于是及早外出打工。

（4）农民养老医疗保险：医疗保险基本与村距离城市位置无关，而养老保险距离城市越远，参保比例越高。

表3是农村第二产业分布状况。农村工业主要以加工业为主，从表中可以看出，距离城市适中，交通便利，有利于发展农村工业，反而城中村的农村工业不多。这主要是由于：一方面，城中村就业机会多，土地机会成本较高，发展农村工业，加工业成本较高；另一方面，城中村土地更多为城市发展的预留空间，大力发展商贸企业和房地产业更为有利。

表3 农村第二产业分布的基本情况

村位置	工厂(家)	从事的主要行业		年收入(万/家)
		行业	百分比	
城中村	72	加工业	11%	48
近郊	92	加工业	22%	58
适中	293	加工业	14.7%	472
偏远	19	纺织	52.6%	53

2. 行政村征地情况分析

在农地非农化的分析中,我们首先关注农地被征收的情况。为了有一个全面的了解,我们在对这一问题的调研中,设置了征地数量、征地方式、征地用途、利用状况、征地补偿价格、征地后农民收入变化情况等基本的农地非农化的指标内容,以及征地过程中是否有违法行为、对征地程序及补偿是否满意、是否出现上访事件等程序性指标。表4是各类行政村这些综合指标的基本情况。

(1)征地面积和价格与村域位置有很大关系。征地数量基本上是呈离中心城市逐步减少的梯度特征,即离中心城市越近,平均征地数量越多,离中心城市越远,平均征地数量越少。这与城镇化发展的一般规律相吻合。但同时,我们也发现,在偏远地区也有大规模征地的现象,这可能与工业化的外迁有关,在一定程度上反映出我国"遍地开花"的城镇化特征(如图1所示)。

征地补偿价格与行政村位置有极强的地域关系,即距离城市越近,价格越高,距离城市越远,价格越低,充分反映出土地开发价值并不是取决于土地的数量,而是其背后社会经济发展的内容(如图2所示)。

表4 各类行政村征地基本情况

村位置	城中村	近郊	适中	偏远	总平均
村均征地（亩）	517.23	245.21	79.16	280.06	274.86
村均补偿价格（万元/亩）	8.20	1.80	1.10	0.90	3.90
利用情况					
①合理利用	64.71%	80%	100%	70%	65.70%
②利用一般	35.29%	16%	0	30%	30%
③闲置待用	0	4%	0	0	4.30%
征地用途					
①建工厂	20.83%	41.68%	16.67%	30%	31.39%
②建住宅楼	20.83%	29.17%	12.50%	20%	19.72%
③建娱乐场所	8.33%	0	45.83%	10%	6.57%
④修路	16.67%	20.83%	25%	40%	24.82%
⑤其他	33.33%	8.33%	0	0	17.52%
征地前主要收入来源					
①务农	41.94%	45.83%	42.86%	45%	43.43%
②打工	29.03%	33.33%	37.50%	15%	30.86%
③经商	12.90%	8.33%	10.71%	15%	10.29%
④承包地	12.90%	12.50%	7.14%	10%	10.86%
⑤征地补偿	0%	0	0	5%	1.14%
⑥社会福利	0%	0	0	5%	0.57%
⑦其他	3.23%	0	1.79%	5%	2.86%
征地后主要收入来源					
①务农	0	5.56%	11.29%	15.80%	7.96%
②打工	44.44%	27.78%	40.32%	42.11%	31.86%
③经商	44.44%	22.22%	24.19%	26.32%	19.91%
④承包地	0	—	6.45%	5.26%	4.42%
⑤征地补偿	11.11%	27.78%	12.90%	5.26%	11.06%
⑥社会福利	0	16.67%	1.61%	0	3.10%
⑦其他	0	0	3.23%	5.26%	4.42%
征地违法					
①有	6.25%	12%	17.78%	27.27%	8.89%

村位置	城中村	近郊	适中	偏远	总平均
②没有	93.75%	88%	82.22%	72.73%	91.11%
征地上访					
①有	11.11%	38.82%	17.78%	27.27%	12.64%
②没有	88.89%	68.19%	82.22%	72.73%	87.36%
征地结果满意度	71.60%	86.98%	77.13%	78.35%	75.18%

（单位：亩）

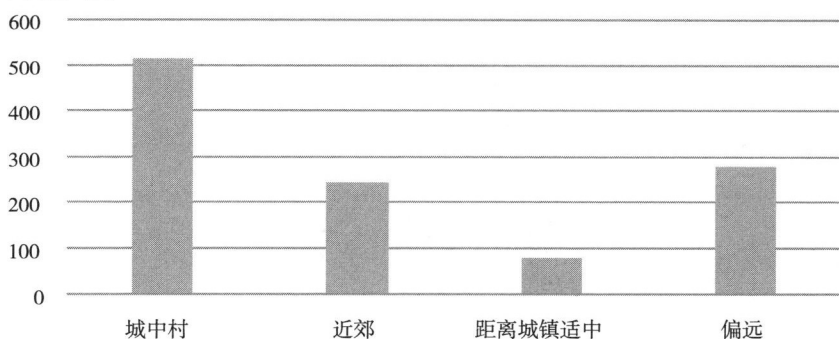

图1　村均征地面积与村位置关系

（单位：万元/亩）

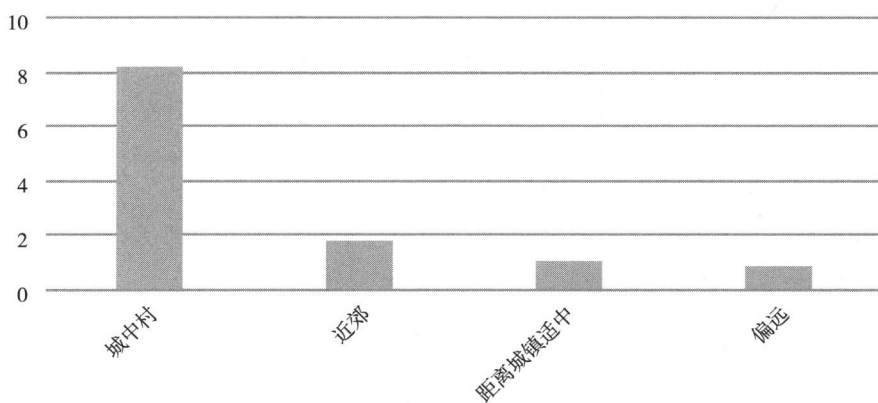

图2　村均征地补偿价格与村位置关系

（2）征地利用整体呈粗放化状态。在土地征用后的利用情况上，除近郊有土地闲置状况外，土地都得到了合理的利用，但是，在土地利用效益上，除离城市适中的行政村外都存在不佳的情况，说明土地利用效益总体粗放的特征。其原因可能是，距离城市近的城中村，土地费用高，利用成本高，或者具有升值预期，暂不利用。距离城市远的偏远农村，房价低，开发价值不高。只有距离城市适中的农村，符合征地开发各种要求（如图3所示）。

（单位：%）

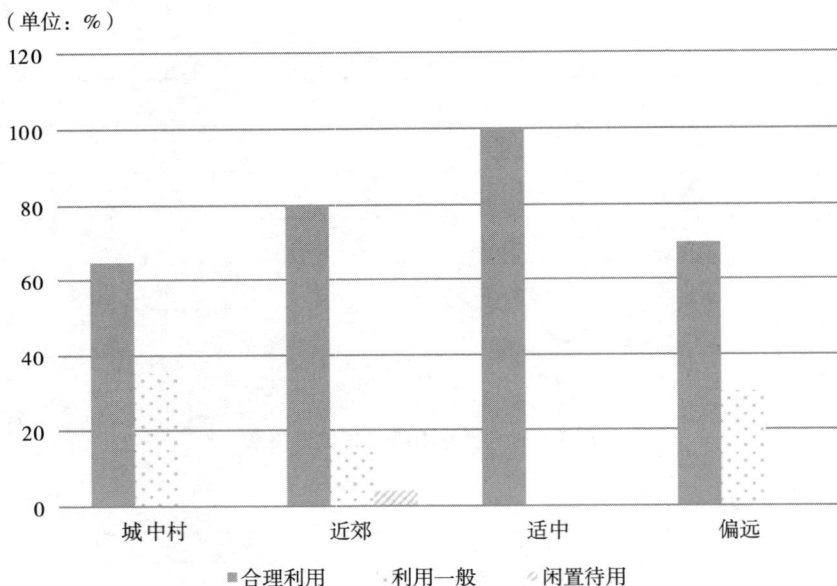

图3　征地利用情况与村位置关系

（3）征地的用途散乱，没有合理的规划。在土地的开发用途方面，圈地建厂和房地产开发在各个形态的行政村中都是主要的内容。其差异表现主要为，城中村征地的用途较分散，主要表现为预留用地（其他）；近郊主要表现为工厂企业，达到41.68%；距离城镇适中的行政村建设娱乐场所的比例最高，达到45.83%；偏远地区主要是用于修路等大型工程，达到40%。从调研的总体情况来看，农地非农化的开发主要是出于经济目的，具有蔓延的特征，并没有体现出科学合理的城市规划发展的理性趋势（如图4所示）。

（单位：%）

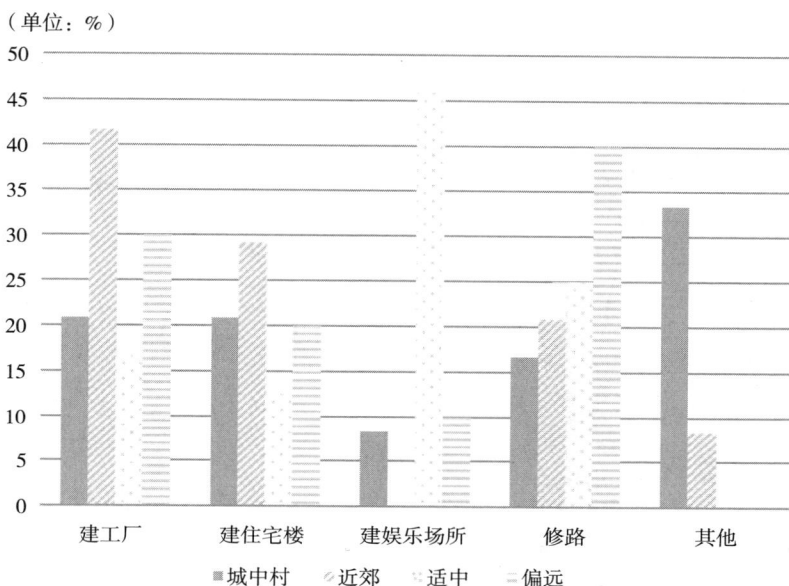

图4 征地用途与村位置关系

（4）征地前后收入来源变化。从调研数据可以看出,首先,务农收入比重在征地前后有较显著的变化,无论是哪一类型的行政村,在征地前,务农收入都是农民收入的一个主要来源,而在征地之后,务农收入都大幅度下降。其次,打工收入比重在征地前后没有明显变化,但农民征地后,打工收入更成为农民收入的主要依赖。再次,通过经商和个体生意获取收入,成为各类行政村在征地后的一个主要来源,这一变化反映出农地非农化,失地农民职业转换的一个途径。最后,值得注意的是,除近郊征地补偿费用和社会福利占总收入的27%和16%外,其他类型行政村的占比都非常低,征地补偿为5%—10%,社会福利几乎为0(如图5所示)。从征地前后收入的变换可以看出,农民收入的波动性较大,或者说收入的风险性较高,农地非农化并没有很好地做到"农民的收入保持不变"这一基本要求。

3. 变相征地——以"土地流转"的名义

土地的违规违法是中国城镇化进程中农地非农化的一种"正常"途径。

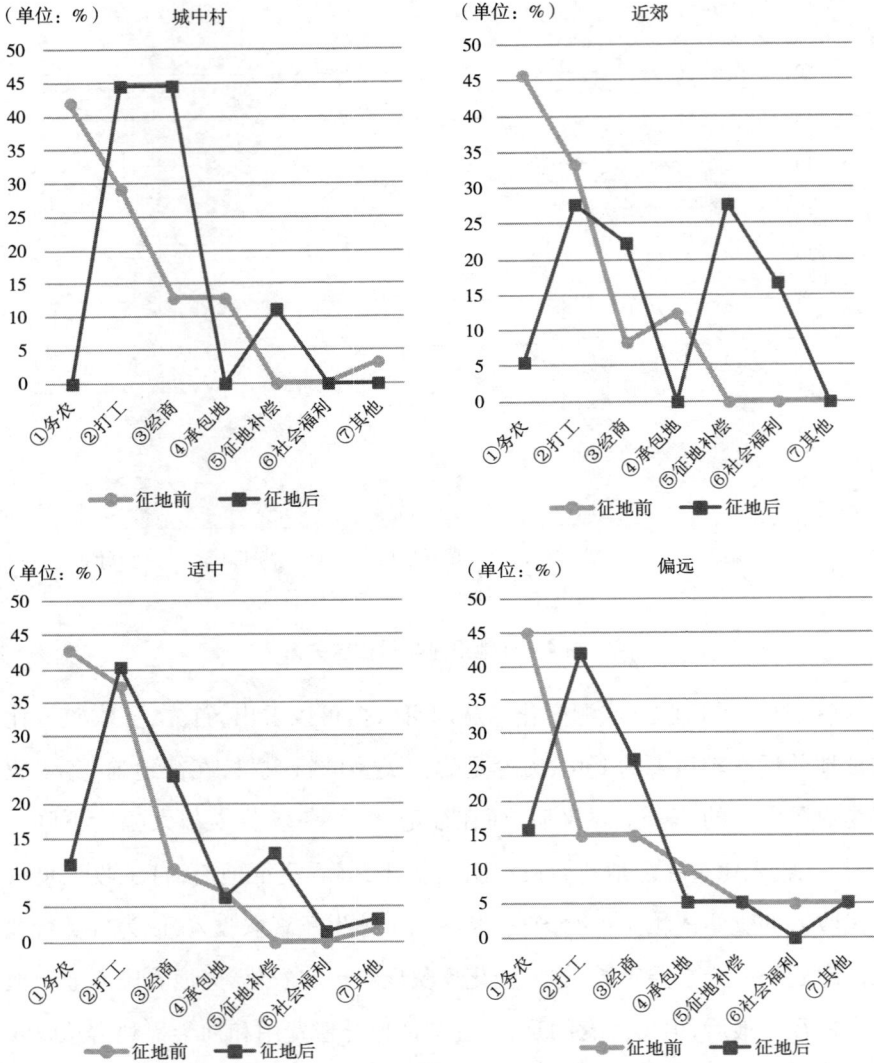

图5　征地前后各类行政村农民收入来源变化情况（城中村、近郊、适中、偏远）

中国的农地非农化并不仅仅是城镇空间扩张的需要,而是地方政府经济发展、区域竞争的需要。在无法获得合法的农地非农化指标时,非法的获取农地非农化便是一种基本的途径,其中,以"土地流转"变相进行农地非农化就是一种形式。其基本的方法是,以土地流转的名义先让企业入驻,之后再逐步农地非农化(见表5)。

表5 各类行政村"以流代征"数据

村位置	城中村	近郊	适中	偏远	总平均
以流代征是否发生					
①有	25%	19.05%	22.22%	18.18%	21.35%
②没有	75%	80.95%	77.78%	81.82%	78.65%
非农开发用途					
①建工厂	28.57%	10%	36.84%	50%	31.82%
②建住宅楼	28.57%	40%	36.84%	25%	34.09%
③建游乐场所	0	10%	0	0	2.27%
④其他	42.86%	40%	26.32%	25%	31.82%
以流代征征地面积(亩)	931	1368	4625	266	7190
补偿方式					
①现金	75%	71.43%	79.17%	88.89%	76.36%
②入股	0	14.29%	4.17%	0	5.45%
③工作安排	25%	14.29%	12.50%	11.11%	16.36%
④其他	0	0	4.17%	0	1.82%
以流代征不满度	35.10%	27.10%	24.40%	28.60%	27.20%
以流代征对农民的效应					
①正值	66.67%	83.33%	68.75%	42.86%	65.40%
②负值	16.67%	16.67%	6.25%	14.29%	13.47%
③没有影响	16.67%	0	25%	42.86%	21.13%

(1)"以流代征"情况普遍。从调研的情况来看,四种类型的行政村都存在着"以流代征"现象,其中城中村回答发生过"以流代征"情况的比例占25%,其他位置的行政村,基本相当,比例在20%左右。"以流代征"进行非农用途村均征地面积最多的是距离城镇适中的村。城中村和近郊"以流代征"进行非农用途村均征地面积差不多,偏远村"以流代征"进行非农用途村均征地面积最少(如图6所示)。

（单位：亩）

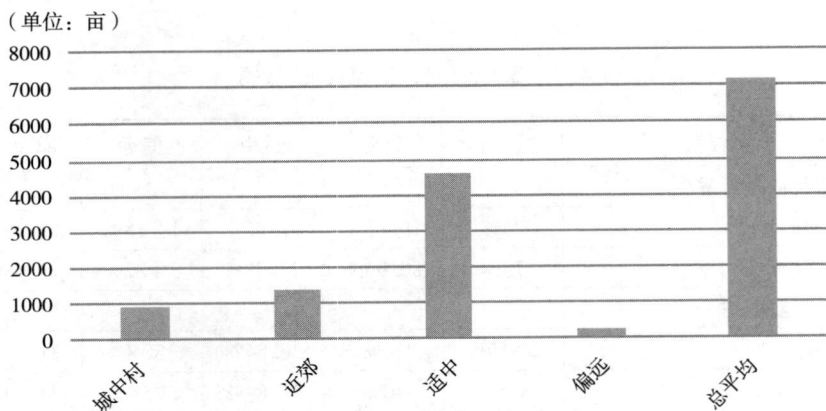

图 6 "以流代征"进行非农转用与村位置关系

（2）"以流代征"非农用途呈多样性。调查显示，建设工厂、房地产开发以及其他用途是"以流代征"非农用途的目的，其中，其他用途主要是指部分有实力的企业先"以流代征"进行圈地，等待土地升值或者其他商业机会。建设工厂与距离城镇位置有很大关系，在偏远村，建设工厂比例高，这可能是由于在偏远农村，"以流代征"的方式更为方便的缘故；距离城镇适中的村，建设工厂的比例次之。至于"以流代征"建住宅楼，基本与村所在位置关系不大。但总体上，"以流代征"进行非农用途开发当中，建游乐场的比例较低，说明在这种土地违法农地非农化的方式中，还不至于太明目张胆地改变土地用途（如图 7 所示）。

（3）"以流代征"非农用途补偿更偏向于现金。在所有补偿方式中，包括距离城镇远近的行政村，以现金补偿方式发生比例最高，其次是安排工作，以土地入股的方式发生比例较低。之所以如此，是现金补偿是成本最低的补偿方式，是一次性、固定的低成本补偿（如图 8 所示）。但在对农民的满意度的调查中，却没有发现严重的问题。城中村不满意度最高，达到 35.1%。距离城市适中不满意度最低，为 24.4%，近郊和偏远村不满意度基本相当，为28%左右。这种现象我们认为，可能与农业的收益低下有关。

（单位：%）

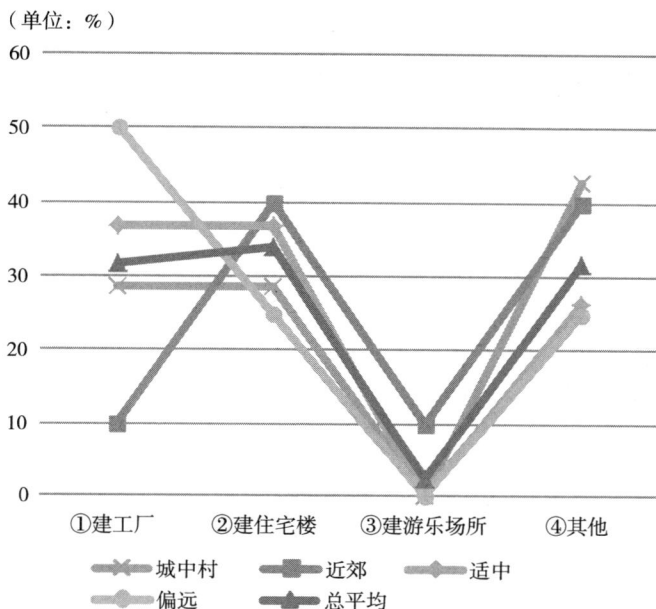

图7 "以流代征"进行非农用途开发与村位置关系

（单位：%）

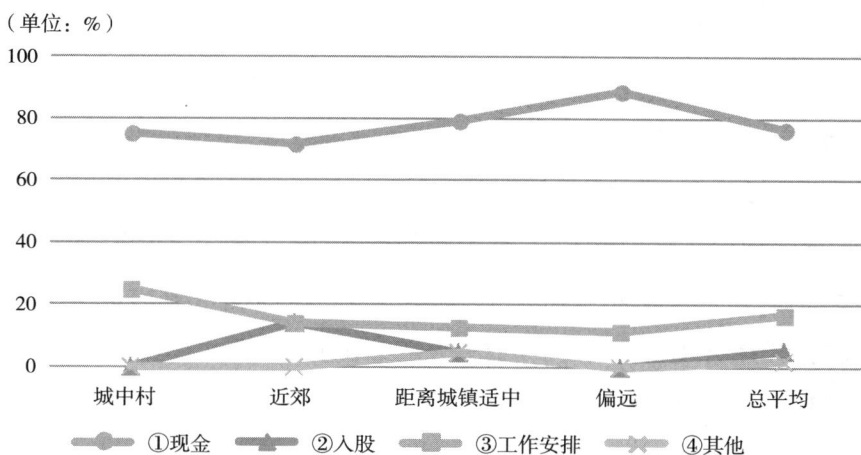

图8 "以流代征"进行非农用途开发补偿方式与村位置关系

（4）"以流代征"对农民的影响。从调研数据显示，"以流代征"对农民具有正值效应，正值效应最明显的是近郊村，达到83.33%。其次是距离城镇适中村，为68.75%。正值效应最低的是偏远村，为42.86%。这表明城镇化的大规模扩张和农地非农化的大肆进行,成为近郊农民的一种期盼:这种期盼不仅是城镇生活的期盼,而且也是土地升值和开发的期盼(如图 9 所示)。

(单位:%)

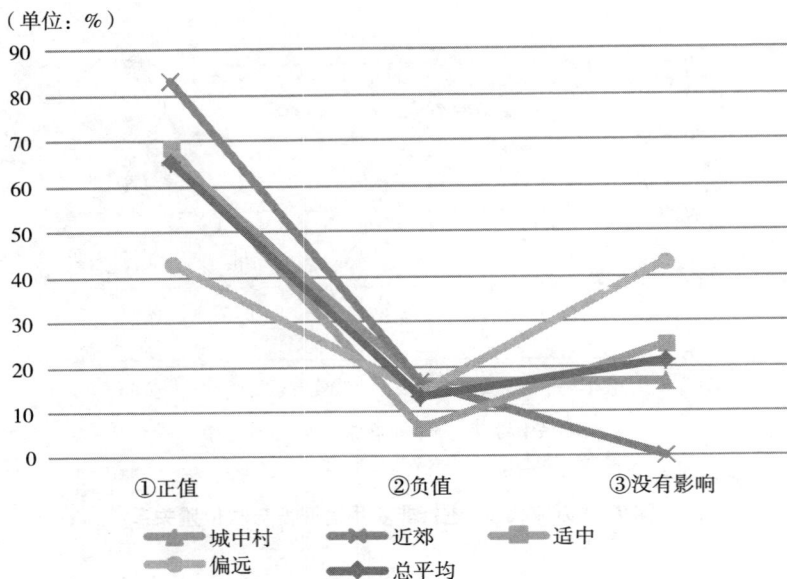

图 9 "以流代征"对农民的效应分析

4. 以"新农村建设"的名义进行征地情况

以"新农村建设"的名义进行征地是土地违法违规的另一种情况,这种情况下,地方政府往往打着新农村建设的名义进行住宅开发。在我们的调研中并没有反映出这一情况,相反,农民在某种程度上还表现出认可的态度,其中主要的问题在于对旧宅的复耕(或整治再利用)问题。

(1)以"新农村建设"的名义合村征地是一种基本的做法(如图 10 所示)。合村征地现象在偏远村出现的比例较高,到达 33.33%;其中最低的为距离城镇适中的村,而城中村合村征地的比例处于平均值。数据显示,合村征地现象进行新型农村社区建设还未全面展开,仍然处于探索阶段(如表 6 所示)。

（单位：%）

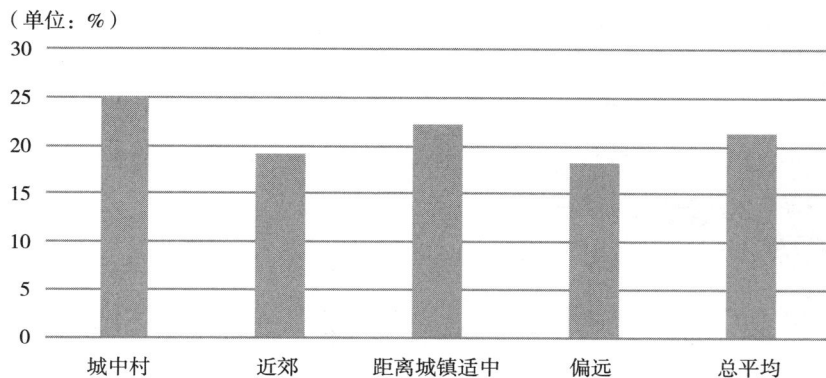

图 10 存在合村征地情况分析

表6 以"新农村建设"的名义征地数据

村位置	城中村	近郊	适中	偏远	总平均
是否有合村征地					
①有	27.27%	31.82%	20.93%	33.33%	25.88%
②没有	72.73%	68.18%	79.07%	66.67%	74.12%
合村满意度	92.00%	47.30%	59.30%	58.50%	58.00%
村均合村征地面积（亩）	4.67	57.07	30.25	36.08	32.74
村均合村征耕地面积（亩）	0.90	48.57	25.25	19.75	26.11
废宅基复垦比例	90.50%	23.95%	29.09%	53.80%	33.84%
合村征地对农民效应					
①正值	66.70%	41.67%	66.67%	42.86%	55.81%
②负值	0	25.00%	14.29%	14.29%	16.28%
③没有影响	33.33%	33.33%	19.05%	42.86%	27.91%

（2）在对合村并点农民满意度的分析中,调查显示,城中村对合村并点满意度最高,达到92%,近郊最低,为47%,距离城镇适中村和偏远村满意度处于均值附近,为58%左右。调研数据显示,农民对合村并点是不排斥的,满意度均值接近60%（如图11所示）。

（3）合村征地面积分析。因城中村土地面积有限,所以合村并点村均征地面积较少;近郊村合村并点村均征地面积最多,达到57.07亩/村（其中征用

（单位：%）

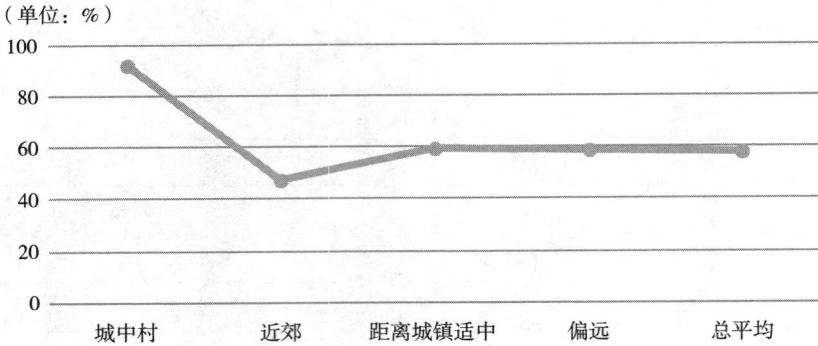

图 11　合村并点农民满意度分析

耕地面积为 48.57%）。距离城镇适中和偏远村村均征地面积处于均值附近，32.74 亩/村左右（耕地：26.11 亩/村）。从调研数据显示，合村并点征用耕地面积较大，平均比例就达到 80% 左右（如图 12 所示）。

（单位：亩）

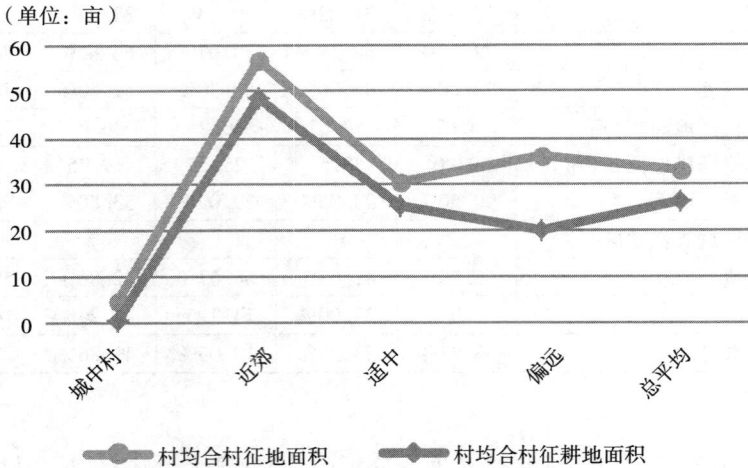

　　●　村均合村征地面积　　　◆　村均合村征耕地面积

图 12　征地面积与村位置关系

　　（4）进行新农村建设，特别是"合村并点"，其目的就是要解决农村建设用地过多，或者农村建设用地浪费的现象。那么，在新农村建设"合村并点"后，有没有对废弃宅基地进行复垦？这也是调研的一个方面。调研发现：城中村由于地价高，出现废弃宅基地的情况几乎没有，复垦（整治再利用）比例较高，为 90.5%;其次是偏远村,复垦比例为 53.8%;近郊和距离城镇适中村处于均值附近,为 33.84% 左右。总的情况来看,复垦比例还较低。所以,我们判断,进行新农村建设,即使不是意图农地非农化,对农村建设用地的整理也没有达到理想的效果(如图 13 所示)。

(单位:%)

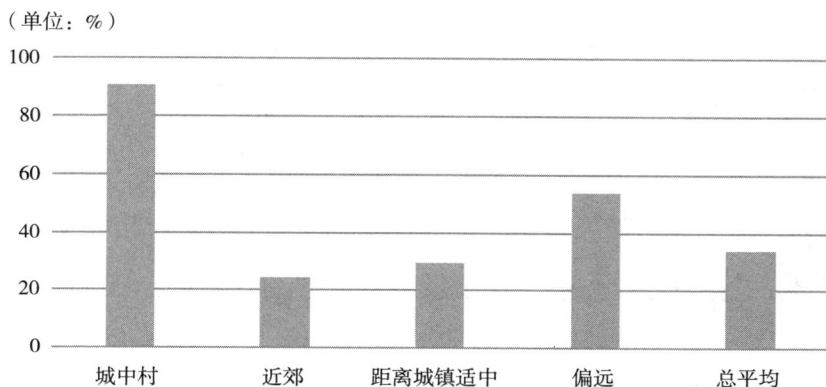

图 13 废宅基复垦分析

(5)合村征地对农民效应。数据显示,合村并点征地,不管距离城市远与近,农民认为是合理的土地使用,具有正值效应,特别是城中村和距离城镇适中村较为明显,达到 66.67% 左右。所以,合理的合村并点,还是能被农民所接受的(如图 14 所示)。

(单位:%)

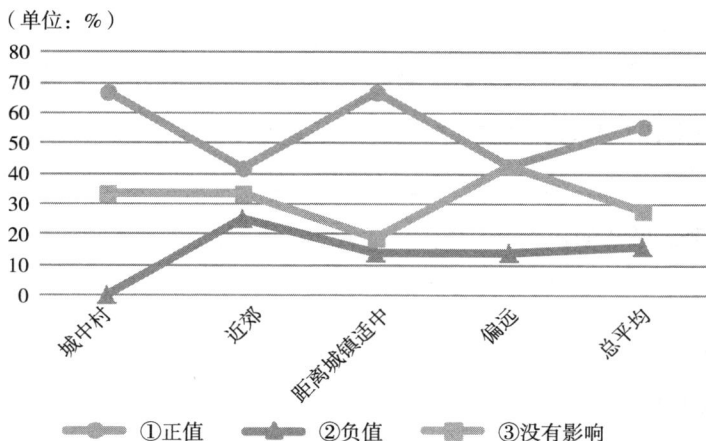

①正值 ②负值 ③没有影响

图 14 合村征地对农民效应

313

5. 城乡建设用地"增减挂钩"

城乡建设用地"增减挂钩"是近年来农地非农化的一种主要途径。"增减挂钩"本义是国土资源部用来解决城市和农村"双蔓延"的一种尝试,但之后却越来越演变为地方政府变相农地非农化的一种主要方式。

表7 因"建设用地增减挂钩"而复垦废弃的建设用地情况

村位置	城中村	近郊	适中	偏远	总平均
有	0	0	9.09%	11.11%	5.19%
没有	5.56%	5.56%	66.67%	11.11%	38.96%
不明	94.44%	94.44%	24.24%	77.78%	55.84%
村均复垦面积(亩)	0	0	8.11	20.83	5.96

(1)是否因"建设用地增减挂钩"而复垦废弃的建设用地。从调研数据显示,很多村对"建设用地增减挂钩"不很明确,特别是农民大部分不了解此政策,对于因"建设用地增减挂钩"而复垦废弃的建设用地情况,主要存在于距离城镇适中村和偏远村,至于城中村和近郊村几乎没有复垦的可能,这也符合实际情况,用城中村和近郊村建设用地的增加,等价减少距离城镇适中村和偏远村的建设用地,以此达到平衡的目的,正是建设用地增减挂钩的政策导向(如表7所示)。

(2)复垦费用结算。从调研数据显示,在距离城镇适中村复垦费用视具体情况而定,在偏远村主要靠国家投入。由于受资金的限制,所以,土地复垦的积极性不高,图15显示,土地复垦面积很低。

6. 农地抛荒调研

农用地的减少不仅仅是由于中心城镇的空间扩张蚕食的结果,同时也与农业的弱势产业、农民收益低下有关。即使农地未被征用,但在农业生产上也没有给予很好地利用。为此,我们在对农地非农化的调研中,也对农用地抛荒现象做了初步调研(如表8所示)。

（单位：%）

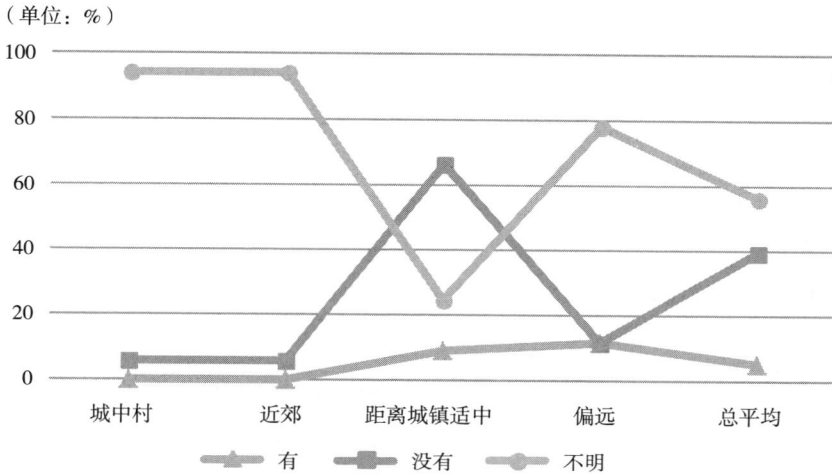

图15 是否因"建设用地增减挂钩"而复垦废弃的建设用地分析

表8 农地荒地数据

村位置	城中村	近郊	适中	偏远	总平均
村均10年前荒地占比	16.30%	28.54%	11.13%	23.06%	16.39%
现在村均荒地占比	0.41%	7.52%	4.62%	3.68%	4.39%
过去是耕地而现在村均抛荒占比	0.45%	1.14%	4.27%	4.46%	3.15%
抛荒的主要原因					
①搬入城中	5.88%	0	2.50%	0	2.30%
②经济效益差,无人耕作	0	0	7.50%	9.09%	2.30%
③生活水平提高	0	0	2.50%	0	1.15%
④受污染后无法耕种	0	0	0	9.09%	1.15%
⑤土地盐碱化严重	0	0	2.50%	0	1.15%
⑥退耕还林	0	0	2.50%	0	1.15%
⑦外出打工	5.88%	4.60%	15%	18.18%	14.94%
⑧不明	88.24%	19.54%	67.50%	63.64%	75.86%

　　(1)农村耕地撂荒的基本情况。与10年前相比,现在村均荒地占比明显降低,说明近几年国家粮食生产补贴政策起到了很好的作用,由10年前的平均弃

耕率 16.39% 下降到目前的 3.15%,对治理荒地情况明显好转。但是,耕地抛荒现象并未根本消除,除城中村之外,其他位置行政村,都存在一定的抛荒现象,平均抛荒率为 3.15%,而且距离城镇越远,抛荒现象越严重(如图 16 所示)。

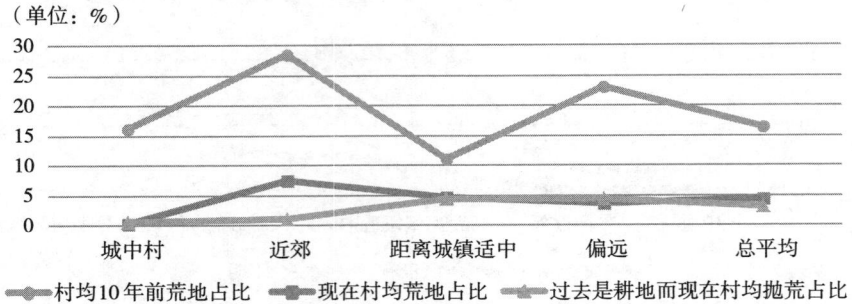

图 16 各类行政村土地撂荒分析

(2)抛荒的主要原因。调查数据显示,首先是由于外出打工而抛荒土地在各种原因中占据主导因素。其次是经济效益差无人耕作。由此可见,近几年随着劳动力的转移,和非农比较利益的驱使,农民工大量转移,导致农村土地抛荒。因此为解决这种抛荒现象,急需解决农村土地承包经营权流转的有效实施,提高适度规模经营程度(如图 17 所示)。

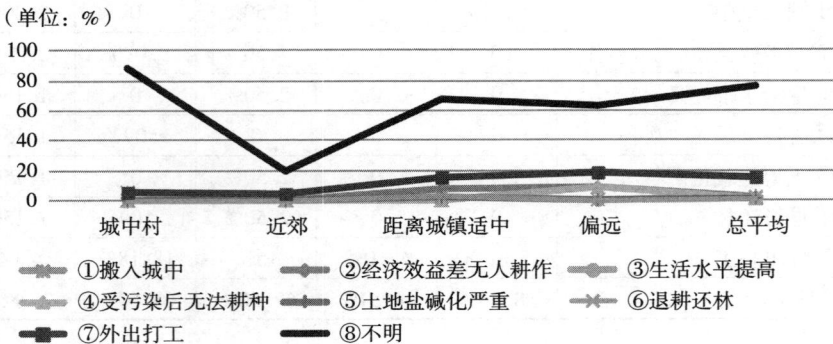

图 17 农用地撂荒原因分析

7. 农民对土地征收的看法

从调研的情况来看,农民对农地非农化问题处于一种混沌状态:不满、合理、保证农民利益、依法征地、希望征地、不明情况都有反应。这里面反映了农民对城镇化的一种心态:首先,希望能够通过农地非农化不再种地,通过农地非农化的方式使土地升值,并能够过上城镇人的生活;其次,一旦进行农地非农化,才发现并没有达到自己的意愿;第三,当部分农民土地被征收之后,或者被租借之后,没有得到想象中的补偿费用,或者在此前后补偿费用有很大差异,农民又感到非常不满。

所以,调研数据显示(如表9和图18所示),不管位于什么位置的行政村,农民认为土地征用对农民有利在所有看法里面是最高的,平均占17.24%,特别是在城中村这个比例最高,达到23.53%。但这并不能说明土地征用对农民就是有利的,因为认为土地征用有利的农民还不足四分之一。在近郊和距离城镇适中村,对土地征用最为担忧的是耕地减少,其次是征后应合理利用。而位于偏远村最为担心的是征后的未来收入和生计问题。

表9 农民对土地征收意见数据

村位置	城中村	近郊	适中	偏远	总平均
农民对土地征收的看法					
(1)补偿少	0	2.78%	2.78%	0	2.30%
(2)不满	11.76%	0	0	18.18%	4.60%
(3)担忧耕地减少	0	11.11%	11.11%	0	4.60%
(4)担忧征后未来无保障	0	0	0	9.09%	4.60%
(5)合理	0	16.67%	16.67%	9.09%	8.70%
(6)仅仅少数人受益	0	2.78%	2.78%	0	1.15%
(7)偏僻,愿意征地	0	0	0	0	1.15%
(8)响应国家政策	23.53%	0	0	9.09%	12.64%
(9)农民自愿为前提	0	0	0	0	1.15%
(10)应保障农民利益	11.76%	16.67%	16.67%	0	10.34%

续表

村位置	城中村	近郊	适中	偏远	总平均
(11)应解决就业	0	5.56%	5.56%	0	3.45%
(12)应协调好征地农民与未征地农民利益差	0	2.78%	2.78%	0	1.15%
(13)应依法征地	5.88%	5.56%	5.56%	0	5.75%
(14)有利	23.53%	16.67%	16.67%	18.18%	17.24%
(15)征后应合理利用	0	11.11%	11.11%	0	5.75%
(16)不明	23.53%	8.33%	8.33%	36.36%	16.09%

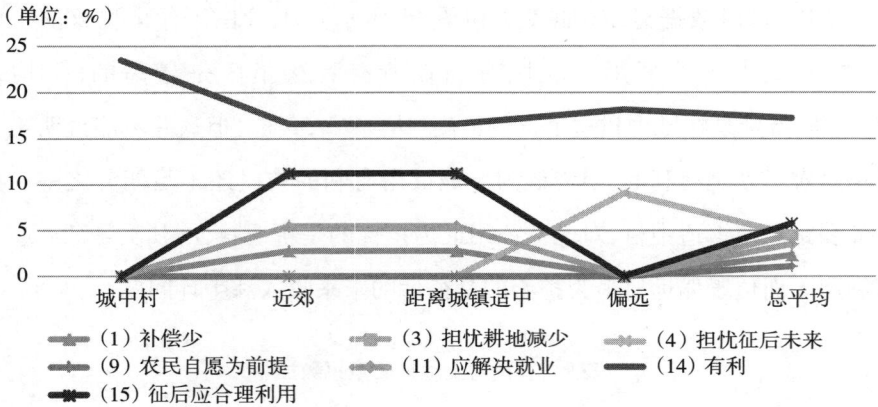

（单位：%）

(1)补偿少	(3)担忧耕地减少
(9)农民自愿为前提	(11)应解决就业
(15)征后应合理利用	

(4)担忧征后未来

(14)有利

图18　农民对土地征收意见分析

（二）农村居民或集体建设用地情况调查

1. 村集体建设用地

表10　村集体组织公共服务征地数据

村位置	城中村	近郊	适中	偏远
村均为公共服务征地（亩）	9.23	3.25	12.68	4.86
补偿方式				
①安排工作	0	0	6.45%	0

村位置	城中村	近郊	适中	偏远
②无补偿	0	14.29%	0	0
③现金	100.00%	85.71%	93.55%	100.00%
补偿价格				
①一次性补偿(万)	5.94	1.44	6.10	1.22
②按亩补偿(元/亩年)	0	1000.00	2697.37	0
村集体其他征地行为				
①有	12.50%	14.29%	8.82%	0
②没有	87.50%	85.71%	91.18%	100.00%

(1)村均公共服务征地的区域特征。距离城镇适中村村均公共服务征地面积较多,达到12.68亩/村;其次是城中村为9.23亩/村;近郊村和偏远村相对较低。这可能与偏远村不重视村公共服务建设有关(如表10和图19所示)。

(单位:亩)

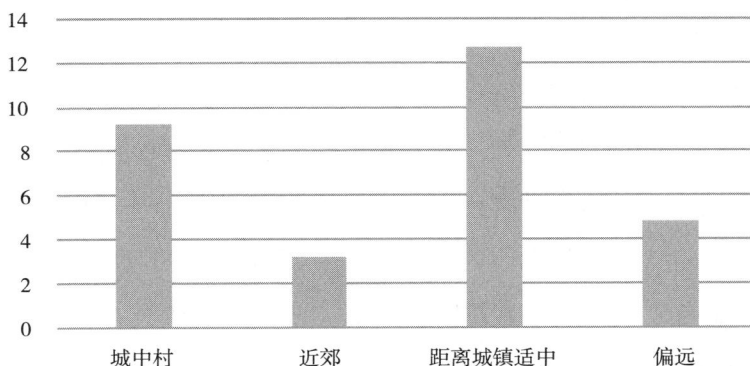

图19 村均公共服务征地面积与村位置关系

(2)村集体建设用地的补偿方式。不管距离城镇远近,村公共服务建设征地的主要补偿方式为现金补偿,距离城镇适中村以安排工作的补偿方式有少量存在。在近郊,有的村为村公共服务建设征地,没有补偿,而是通过调地的方式加以解决(如图20所示)。

（单位：%）

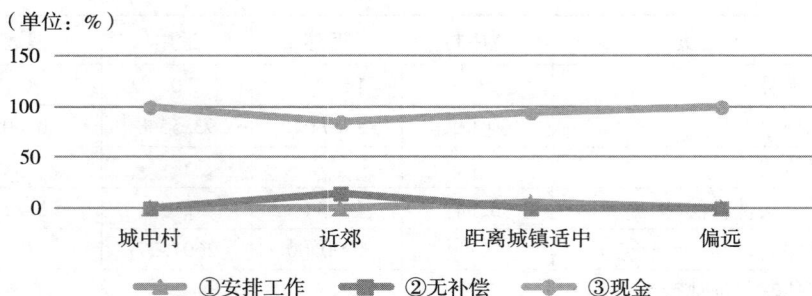

图20　村公共服务建设的补偿方式与村位置关系

（3）村公共服务建设征地的补偿价格。从本次调研数据显示,征地价格补偿有:一是按人补:①每人每年补;②一次性每人补。二是按亩补:①每亩每年补;②一次性每亩补。城中村和距离城镇适中村一次性补偿的价格较高,为6万/亩左右,近郊与偏远村为1.3万/亩。选择按亩每年补偿的,补偿价格最高的为距离城镇适中村,为2697.37元/亩年(如图21所示)。

2. 村民个人建房

（1）村民个人建房审批

审批程序大概有以下几种:①一般审批程序占85%左右:个人申请,村审核,集体表决,上级审批。(在一般审批程序中,大约有60%的偏远行政村,只需本村审批和表决即可,并未经上级审批。)②现在已经禁止建房的占10%左右。③统一建房分配的占5%左右,主要发生在城中村和近郊村。④只允许在原宅基地自建房,禁止在其他地方建房。

（2）村民个人建房占用土地面积。村民自建房村均占用土地面积在城中村和近郊村较多,多达266.16亩。在距离城镇适中村和偏远村村均自建房面积相对较少,平均在20亩左右(如表11所示)。

（3）村民个人建房时对耕地的占用。调研发现,居民认为建房占用耕地的情况在偏远村(37.5%)和近郊村(31.58%)较为严重。在偏远村村均自建房时占用耕地面积达17.33亩,近郊村为13.59亩(如表11所示)。

（单位：万元/亩）

（单位：元/亩年）

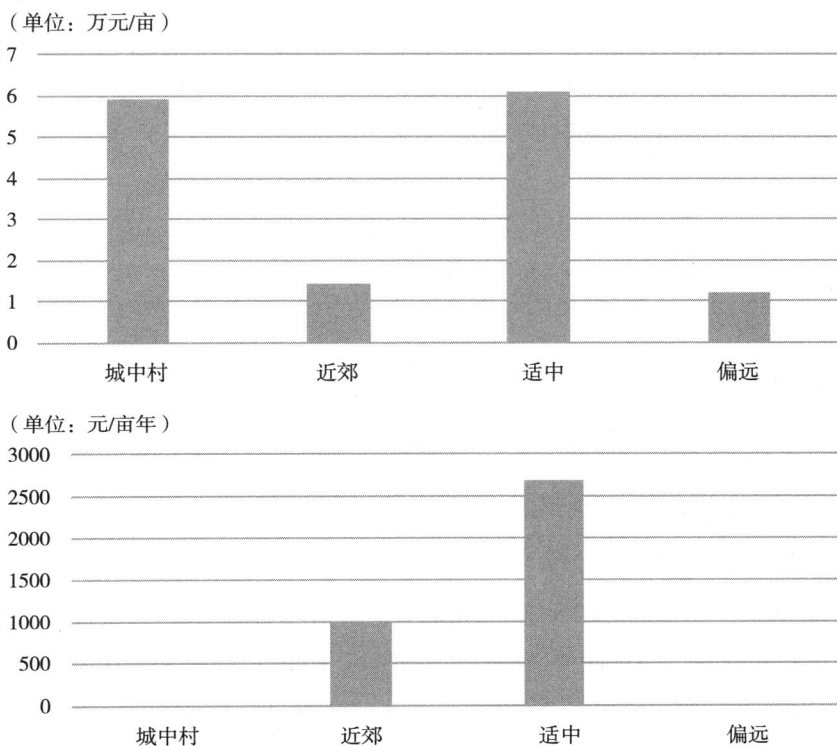

图 21　村公共服务建设征地的补偿价格与村位置关系

村民个人建房时需要占用耕地的程序:①有大约 90% 的村,向村委提出申请,村委向上级反映讨论决定;②当占用少量耕地时,自行解决,而并没有申报审批。

调查还发现,不少行政村不仅存在着村民占用耕地建房的违法现象,还存在着村民之间通过承包地置换进行建房的违法行为。村民自建房需占用他人土地时的交易方式主要有:现金、土地互换和协议。村均自建房需占用他人土地的交易价格:除距离城镇适中村村均交易价格为 2.82 万/亩外,其他两类位置的行政村交易价格相当,偏远村较低,为 0.35 万/亩。

表 11 村民个人建房情况

村位置	城中村	近郊	适中	偏远	总平均
村均自建房面积(亩)	210.04	266.16	22.24	18.09	86.28
自建房时占用耕地面积(亩)	2.95	13.59	9.56	17.33	——
自建房时存在占用耕地比例	7.14%	31.58%	24.44%	37.50%	——
自建房土地违法交易价格(万/亩)	0.47	0.62	2.82	0.35	1.96

在交易过程中有大约 60% 农民是双方协商,签订协议,有的仅仅口头约定。有大约 10% 的农民双方协议的同时,还经有关部门审批或公证。有 5% 的双方协商不成,由村委会出面协调。

3. 农村宅基地增减分析

(1)现在与 10 年前相比,除偏远村村均宅基地减少比超过增加比外,其他位置行政村村均宅基地增加比超过减少比,由此可见农村宅基地仍然有增无减。城中村和近郊的增减基本相当,只是近郊增减的幅度大于城中村;而在距离城镇适中村村均宅基地增加比(16%)明显高于减少比(2.7%),由此可见距离城镇适中村农村宅基地扩大趋势明显(如表 12 所示)。

(2)现在与 10 年前相比,除城中村外,农村宅基地减少的主要原因是打工后定居外地所致,个别地方有文物保护区的城中村,由于保护文物征用农村宅基地,致使农村宅基地减少。这表明,部分行政村劳动力外迁是宅基地减少的主要原因。

表 12 宅基变化

村位置	城中村	近郊	适中	偏远
现在与 10 年前相比,村均宅基地增减比				
增加比	5.69%	9.00%	16.00%	9.50%

村位置	城中村	近郊	适中	偏远
减少比	4.22%	6.79%	2.70%	11.50%
现在与 10 年前相比,村均宅基地减少原因				
①保护文物征用	50.00%	0	0	0
②打工后定居外地	50.00%	100.00%	100.00%	100.00%

(三)基于被征地农民视角的农地非化特征

1. 被征地农户家庭情况

(1)家庭负担情况

农村家庭平均 4.41 人,其中子女平均 1.98 人,回答家庭主要负担占比为:养老 26.68%、教育 42.59%、医疗 15.36%、其他 15.36%,因此,农民的主要负担是子女教育问题。

(2)户均征地情况

在所调研的有效问卷中,涉及的农村家庭 252 户,数据显示,农村家庭平均拥有耕地从 1973 年到 2005 年,呈现严重的下降趋势,从 2005 年至 2011 年,呈现上升趋势,这可能与近几年保护耕地措施有关。从农地非农化趋势上看,征地面积增加的趋势一直存在,2005 年以前征地面积增加的趋势较为平缓,但在 2005 年至 2011 年间,征地面积增加的较快(如表 13 和图 22 所示)。

表 13　家庭耕地和征地情况

年份	家庭平均耕地(亩)	征地面积(亩)	家庭数(户)
1973—1990	6.71	22.90	7
1991—2000	4.92	33.65	9
2001—2005	3.17	60.25	38
2005—2011	4.20	399.79	166

（单位：亩）

1973—1990	1991—2000	2001—2005	2005—2011
6.71	4.92	3.17	4.2

家庭平均耕地

（单位：亩）

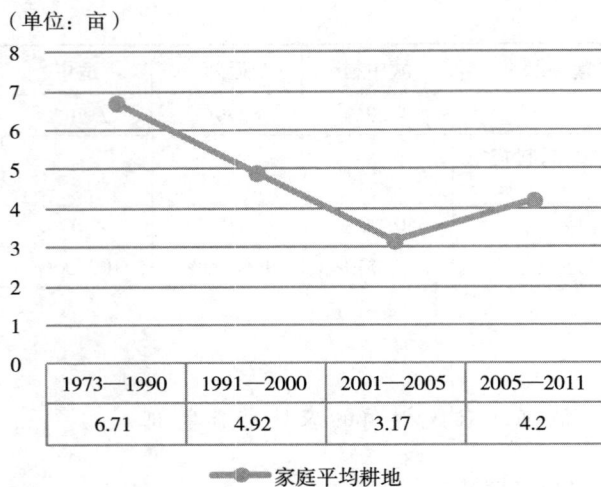

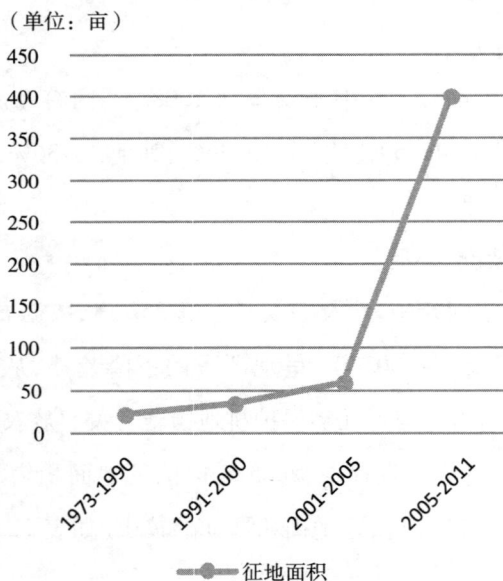

图 22 家庭耕地和征地情况

在回答征地由谁决定，被征地农户认为：省级 5.22%、市级 8.52%、县级 30.49%、乡级 32.42%、村级 23.35%，数据显示县乡决定征地的占比较大。

回答征地的用途为：建工厂 27.74%、建住宅楼 14.52%、建娱乐场所 6.13%、修路 25.16%、其他 26.45%，数据显示征地的用途主要用于建工厂和修路。

回答征地利用情况是:合理利用 52.16%、利用一般 39.19%、闲置待用 8.65%,数据显示征地目前闲置待用率只有 8.65%,但利用效率合理才刚刚过半,为 52.16%,说明我们农村土地征用后的利用效率还不够合理,没有做到节约集约。

(3)征地前后收入变化情况

征地前的主要收入来源:数据显示务农收入是征地前的主要收入来源,占比为 51.22%,其次是打工收入,占比为 30.89%。家庭年均收入,中位数 1.5 万元,均值为 2.09 万元。

征地后的主要收入来源:数据显示打工收入是征地后的主要收入来源,占比为 46.27%,其次是征地补偿和经商,分别占 17.16% 和 14.18%。家庭年均收入:中位数 2 万元,均值为 2.63 万元,家庭年均收入与征地前相比,提高 5000 元左右(如表 14 所示)。

基于农户视角和基于行政村视角(主要采访村干部,如图 5 所示)的数据显示,被征地农民在征地前后的收入来源变化基本是一致的。

表 14　农户被征地前后的主要收入来源对比

收入来源	务农	打工	经商	承包地	征地补偿	社会福利	其他
征地前	51.22%	30.89%	9.49%	1.36%	0	0.54%	6.50%
征地后	2.19%	46.27%	14.18%	1.74%	17.16%	1.00%	7.46%

2. 征地的程序及满意度

(1)征地意愿。被征地农民回答是否愿意被征地的情况是:愿意 49.21%、不愿意 21.65%、做工作后愿意 16.93%、无所谓 12.2%。从调研数据显示愿意被征地的占 49.21%,这可能是由于农业的比较收益较低而土地资产化效应较高的缘故,农民宁愿被征地而获得一笔补偿款。

（单位：%）

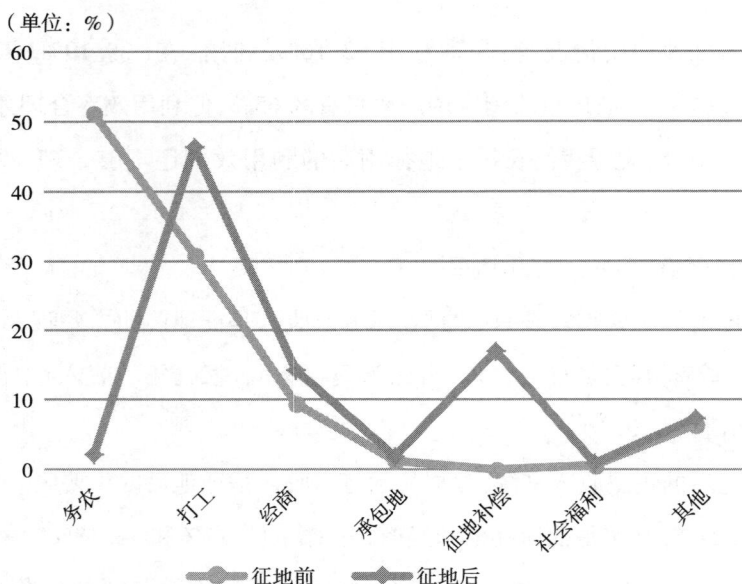

图 23　农户被征地前后的主要收入来源对比

（2）征地合法性。被征地农民回答征地程序是否合法的情况是：合法86.61%、不合法13.39%。这表明在征地过程中，基本还是按照国家政策和法规操作。

（3）征地补偿满意度。被征地农民回答是否满意征地补偿结果的情况是：满意66.14%、不满意33.86%。补偿方式：一次性补偿：平均每户补偿23991.77元；按亩一次补偿：平均每亩补偿18753.12元/亩；按亩每年补偿：大概1500元/亩年；按人一次性补偿：大概在11000元/人；按人每年补偿：给予每人每年400斤口粮的补偿。有三分之一的被征地农民不满意，说明我们过去征地的补偿政策，还需要进一步的完善。

（4）征地对社保的影响。被征地农民回答征地前后对比，您的社会保障变化情况是：提升39.76%、下降13.78%、没有变化46.46%。从数据显示，征地前后农民社保有所改善，但改善得不够明显，特别值得一提的是征地前后社保没有变化的占46.46%，农民被征地后，土地收入减少，如果不提高社保，农民的实际生活质量将会下降。

（5）村干部在征地过程中的作用。被征地农民回答在征地过程中,村干部的立场的情况是:偏向村民 23.74%、偏向政府 16.34%、中间 59.92%。因此,村干部在征地过程主要起中介作用,协调好政府与村民的关系。

（6）征地上访调研。被征地农民回答是否因为征地而上访过的情况是:有 6.98%;没有 93.02%。因此,发生上访的事件并不多。通过我们对极少数的上访过的村民进行走访,问及对上访的结果是否满意时的回答情况为:满意 44.83%,不满意 24.14%,一般 31.03%。不满意和一般的比例占到 55.07%,说明我们对上访情况的处理,还需进一步的完善。

3. 与征地有关的其他调研

（1）农民对土地政策的了解程度。被征地村民回答"您了解征地的有关规定吗?"的情况是:了解 26%,不了解 74%。回答"您了解'城乡建设用地增减挂钩政策'吗?"的情况是:了解 14.18%,不了解 85.82%。从调研数据显示,不了解有关土地政策的农民占 70%以上,说明我们对土地政策的宣传和解释力度还不够。

（2）农民变市民。被征地村民回答"您是否愿意由现在的农民身份变成市民?"的情况是:愿意 33.50%,不愿意 66.50%。这表明农民对农民身份变成市民后的前景,存在很大的忧虑和顾忌。

（3）现行农村土地承包经营制度的合理性。被征地村民回答"您认为现在的农村土地承包制是否合理?"的情况是:合理 78.38%,不合理 21.62%。赋予农村永久的土地承包经营的权利,是农民生活的保障,如同给予市民的社会福利。回答"目前的土地承包制度是否制约您外出务工? 的情况是:有 10.77%,没有 89.23%。"表明尽管土地承包经营制度有其缺陷,制约了农村剩余劳动力的转移,但基本的土地承包经营制度还是深得民心。

（4）现有户籍制度。被征地村民回答"您认为现在的户籍制度合理吗?"的情况是:合理 77.39%,不合理 22.61%。回答"现在的户籍制度对您外出打工有负面影响吗?"的情况是:有 17.90%,没有 82.10%。从数据显示,现在的户籍制度对村民外出打工有一定影响,但并不是很大,但对农民工彻底转移,落户城镇应该有极大影响。

(5)农民的有效收入。被征地村民回答"您认为农民最有效的收入"的情况是:种植业 27.11%,养殖业 20.26%,务工 21.05%,经商 22.63%,其他 8.95%。从数据显示,务农收入(种植业和养殖业)占比 47%,务工收入占比 21%,说明目前,外出务工收入可观,但带有不确定性。虽然农业的比较效益低,但务农收入对于农民还是最可靠最有效的收入方式(如图 24 所示)。

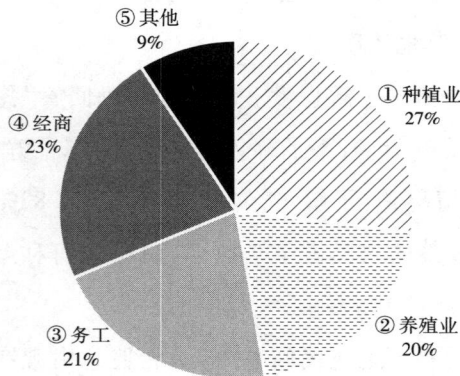

图 24　农民最有效的收入方式

三、基本结论及其评估

基于上述调研基本情况的分析,我们认为城镇化加速时期农地非农化的主要特征有以下四个方面:

1. 农地非农化的盲目性

第一,农地非农化以城镇为中心呈蔓延状态,且土地征用在呈加速态势。第二,土地利用效率不高,呈粗放利用状态,没有能够很好地进行规划。第三,被征用土地的主要用途可归结为三部分:建设企业、建设住宅、修路,说明我国城镇化的主要推动力是工业化,主要目的也是拉动经济增长。第四,变相的农地非农化存在,例如,以"土地流转"进行农地非农化,以"城乡建设用地增减挂钩"的名义进行农地非农化等违法方式。第五,值得注意的是,在城镇化进行农地非农化蔓延时,农村集体建设、农村住房建设等也呈增加的态势。第六,宅基地建房是农村农地非农化的主要驱动力,调研发现,在农村进行违法的住宅建设相当严重,包括在自己的耕地上建房,通过土地承包经营权交换和交易的方式进行。

2. 对农地非农化资产效应追逐的盲目性

第一,大量的农地非农化。在所涉及的调研行政村内都有土地被征用的现象,表明我们的城镇化发展没有很好地发挥规划的作用。第二,土地征用呈加速的态势,且征用的数量越来越大。第三,被征用的土地没有得到合理的利用。地方政府征用土地大多是要建工厂,招商引资,但最后大多是空地一片或空厂一堆。被征用的土地大量荒芜浪费。第四,城镇化经营、修路和房地产成为农地非农化运作的主要经营领域。我们在调研时发现,每个县城都在扩张,每条马路都在加宽,每个县城都有大量的空置住宅。第五,农民也出现了对土地资产化的期盼与追求。通过对农村居民的访谈,我们发现在耕地保护上,农民并没有给予应有的积极性。一方面认为政府征地是无法阻挡的,这说明在农地非农化上的"公共利益"的泛化非常严重;另一方面,他们从内心又希望自己的土地被征用,尽快获得土地开发的资产。

3. 行政村建设用地也在快速膨胀

第一,行政村集体建设用地分成两种情况,一种是通过租借或流转的名义进行集体土地开发,开发之后对外出租,例如厂房或住宅,这主要是城中村或者近郊的情况;另一种情况是在偏远地区集体建设用地增加很少,甚至一些必要的村集体公共设施都缺乏建设。第二,农村居民个人住宅建设呈大规模膨胀之势,形成大量的空心村。这之中既有合法的住宅建设,更有大量的非法的住宅建设。

4. 农民对农地非农化的主要诉求是资产诉求

调研发现,尽管农民在土地征用的公平与合理、合法与程序、被征地之后的补偿等方面存在着种种不满,但是,并没有表现出对土地征用的强烈反对以及对耕地保护的强烈愿望。从土地征用的数量与速度、农民被征地前后收入的变化、农村行政村建设用地的变化以及被征地农民的情况的调查进行综合考察,我们发现,在快速的城镇化进程中,农民土地资产化的意识空前觉醒。在早期,农民可能非常担心被征地之后的就业问题和生活问题,而现在农民(尤其是青年农民)希望土地被征用,从而能够获得不菲的补偿和彻底脱离农业生产。这一变化反映出两个趋势:一是农民外出打工成为其收入的主要来源,对农业收入的依赖在降低,所以,希望通过农地资产化开发来获得城镇生活,这应该是一种进步的认识;二是部分农民非农化就业是一种现实。所以,他们希望从农地中退出来,但苦于没有出路才借助于土地被征用,这是农村劳动力转移的一种制度障碍。

基于上述分析,我们认为在未来的城镇化进程中必须做出如下政策调整:

第一,要严格城镇发展的规划,有计划地进行农地非农化,实施城镇化边界管理,必须尽快阻止城镇和农村的农地非农化蔓延趋势。第二,必须高度重视耕地保护和粮食生产及现代农业的发展。在农地非农化过程中,农民们出于自身的利益并不考虑整体利益,对农地的保护也没有给予应有的重视。同时,出于短期考虑,对在外务工的风险性并没有给予充分的考虑。这些都应该引起决策者的高度重视。第三,尽快实施土地资产化方面的制度改革,一方面,加大土地征用的成本;另一方面,满足部分能够转移到城镇的农民工的资产需求。

参 考 文 献

中 文 文 献

［美］埃德温・S.米尔斯主编:《区域和城市经济学手册》第 2 卷《城市经济学》,郝寿义等译,经济科学出版社 2003 年版。

巴曙松:《地方政府融资平台的发展及其风险评估》,《西南金融》2009 年第 9 期。

［英］保罗・切希尔、［美］埃德温・S.米尔斯:《区域和城市经济学手册》第 3 卷《应用城市经济学》,安虎森译,经济科学出版社 2003 年版。

北京天则经济研究所《中国土地问题课题组》:《城市化背景下土地产权的实施和保护》,《管理世界》2007 年第 12 期。

财政部财政科学研究所(邵源整理):《关于土地财政与财税体制改革问题综述》,《经济研究参考》2010 年第 24 期。

蔡运龙、霍雅勤:《耕地非农化的供给驱动》,《中国土地》2002 年第 7 期。

操小娟:《地方政府土地违法行为的治理与制度创新》,《中国地质大学学报》(社会科学版)2009 年第 2 期。

陈江龙、曲福田、陈雯:《农地非农化效率的空间差异及其对土地利用政策调整的启示》,《管理世界》2004 年第 8 期。

陈思远、曲福田、刘友兆:《农地非农化与人类活动的动力学演化分析》,《中国土地科学》2006 年第 2 期。

陈利根、陈会广:《土地征用制度改革与创新:一个经济学分析框架》,《中国农村观察》2003 年第 6 期。

陈林:《中国土地问题的要害不在所有制》,《南方周末》2013 年 6 月 30 日。

陈莹、王颢、张佳、张友安：《加拿大土地利用规划启示》，《中国土地科学》2003 年第 5 期。

程国强：《全球农业战略——基于全球视野的中国粮食安全框架》，中国发展出版社 2013 年版。

程传兴、高士亮、张良悦：《中国农地非农化与粮食安全》，《经济学动态》2014 年第 7 期。

程传兴、张良悦、赵翠萍：《土地资产置换与农村劳动力城市化迁移》，《中州学刊》2013 年第 9 期。

邓卫、宋扬：《住宅经济学》，清华大学出版社 2008 年版。

段毅才：《论"大产权"和"小产权"——关于产权概念的思考》，《经济研究参考》2005 年第 12 期。

丁成日：《城市增长与对策——国际视角与中国发展》，高等教育出版社 2009 年版。

高峰：《我国住房空置率调查统计制度与方法简析》，《城市》2012 年第 6 期。

郭培章：《中国城市可持续发展研究》，经济科学出版社 2004 年版。

郭励弘：《实施债权人对融资平台的信用评级》，《中国金融》2009 年第 20 期。

国土资源部信息中心：《中国 2003—2004 国土资源安全状况分析报告》，中国大地出版社 2005 年版。

《国家新型城镇化规划（2014—2020 年）》，《人民日报》2014 年 3 月 17 日。

《国家土地督察公告》第 1—9 号，2015 年第 1 号，中华人民共和国国土资源部网站。

国务院发展研究中心和世界银行联合课题组：《中国：推进高效、包容、可持续的城镇化》，《管理世界》2014 年第 4 期。

国务院发展研究中心课题组：《我国粮食生产能力与供求平衡的整体性战略框架》，《改革》2009 年第 6 期。

国外住房空置率统计方法研究课题组：《境外住房空置率定义及统计方法》，《中国统计》2010 年第 12 期。

中华人民共和国审计署：《中华人民共和国审计署审计公告 2011 年第 35 号：全国地方政府性债务审计结果》。

冯兴元：《土地财政、地方政府融资平台与规则》，《国土资源导刊》2011 年第 3 期。

何鹤鸣、张京祥：《转型环境与政府主导的城镇化转型》，《城市规划学刊》2011 年第 6 期。

何元斌:《空置房存在的必然性与控制空置率的必要性分析》,《经济问题探索》2011 年第 5 期。

胡伟艳、张安录、渠丽萍:《人口、就业与土地非农化的相互关系研究》,《中国人口资源与环境》2009 年第 5 期。

黄新华、屈站:《中央政府房地产调控政策决策逻辑的理论解释——基于 1998—2003 年间相关政策文本的研究》,《厦门大学学报》(哲学社会科学版)2014 年第 4 期。

黄祖辉、邵峰、朋文欢:《推进工业化、城镇化和农业现代化协调发展》,《中国农村经济》2013 年第 1 期。

何兴东、丛培芳、董治宝、高玉葆、周启星:《20 世纪末 30a 里全球生态退化状况》,《中国沙漠》2007 年第 2 期。

黄少安、陈斌开、刘姿彤:《"租税替代"、财政收入与政府的房地产政策》,《经济研究》2012 年第 8 期。

金家禾:《土地开发与农地保护》,《中国土地科学》1996 年第 11 期。

金晶、曲福田:《农地非农化的政策演进:1949~2007》,《改革》2010 年第 9 期。

贾康、刘微:《"土地财政"论析——在深化财税改革中构建合理、规范、可持续的地方"土地生财"机制》,《经济学动态》2012 年第 1 期。

蒋省三、刘守英、李青:《中国土地政策改革:政策演进与地方实施》,上海三联书店出版社 2010 年版。

课题组(许航敏、葛小南、孙洁执笔):《地方政府投融资平台:风险控制机制研究》,《经济研究参考》2011 年第 10 期。

课题组(刘尚希、赵全厚、孟艳、封北麟、李成威、张立承):《"十二五"时期我国地方政府性债务压力测试研究》,《经济研究参考》2012 年第 8 期。

刘立峰、许生、王元京、罗松山、林勇明:《地方政府融资研究》,《宏观经济研究》2010 年第 6 期。

[美]利贝卡普:《产权的缔约分析》,中国社会科学出版社 2001 年版。

李尚蒲、罗必良:《我国土地财政规模估算》,《中央财经大学学报》2010 年第 5 期。

李效顺、曲福田、郧文聚:《中国建设用地增量时空配置分析——基于耕地资源损失计量反演下的考察》,《中国农村经济》2009 年第 4 期。

刘正山:《"沦陷"与拯救——"圈地运动"与治理整顿搏击记事》,《中国土地》2004 年第 3 期。

刘煜辉、沈可挺:《中国地方政府公共资本融资:问题、挑战与对策——基于地方政府融资平台债务状况的分析》,《金融评论》2011 年第 3 期。

刘东、张良悦:《土地征用的过度激励》,《江苏社会科学》2007 年第 1 期。

刘守英:《博弈"增减挂钩"》,《中国改革》2011 年第 6 期。

刘守英:《中国的二元土地权利制度与土地市场残缺——对现行政策、法律与地方创新的回顾与评论》,《经济研究参考》2008 年第 31 期。

刘守英、蒋省三:《土地融资与财政和金融风险——来自东部一个发达地区的个案》,《中国土地科学》2005 年第 5 期。

刘国华、傅伯杰、陈利顶、郭旭东:《中国生态退化的主要类型、特征及分布》,《生态学报》2000 年第 1 期。

刘卫东、梁红梅:《近十年我国耕地变化的区域效应及其合理性分析》,《浙江大学学报》(人文社会科学版)2008 年第 6 期。

刘书楷:《国外与台湾地区土地使用管制和农地保护的经验》,《中国土地科学》1998 年第 6 期。

吕炜、许宏伟:《土地财政的经济影响及其后续风险应对》,《经济社会体制比较》,2012 年第 6 期。

龙开胜、陈利根:《经济增长与土地违法的库兹涅茨曲线效应分析》,《中国土地科学》2011 年第 7 期。

罗必良:《分税制、财政压力与政府"土地财政"偏好》,《学术研究》2010 年第 10 期。

罗必良:《公共领域、模糊产权与政府的产权模糊化倾向》,《改革》2005 年第 7 期。

满燕云:《中国地方土地财政概况》,北京大学林肯土地研究院城市发展与土地政策研究中心,2010 年工作论文。

南岭:《私权的公权规制与公权的私权介入》,《开放时代》1999 年第 2 期。

钱忠好:《中国农地保护政策的理性反思》,《中国土地科学》2003 年第 5 期。

仇保兴:《从法治的原则来看〈城市规划法〉的缺陷》,《城市规划》2002 年第 4 期。

曲福田:《西方农地法的特点及启示》,《中国土地科学》2004 年第 2 期。

曲福田、冯淑怡、诸培新、陈志刚:《制度安排、价格机制与农地非农化研究》,《经济学》(季刊)2004 年第 1 期。

任荣荣、满燕云:《中国城市住房的可支付性评价》,北京大学林肯研究中心工作论文,http://new.plc.pku.edu.cn/publictions_ch.aspx。

史大平、王定祥:《城镇化中的农地适度非农化:制度障碍与政策研究》,《农业经济问题》2006 年第 3 期。

史清华、晋洪涛、卓建伟:《征地一定降低农民收入吗:上海 7 村调查——兼论现行征地制度的缺陷与改革》,《管理世界》2011 年第 3 期。

石忆邵:《中国城市化发展态势分析与制度创新》,《城市规划学刊》2011 年第 5 期。

石珩、姜武汉:《土地融资平台的若干思考》,《中国土地》2010 年第 5 期。

苏晓鹏、王兵、冯文丽:《地方政府投融资平台风险预警与化解对策》,《农村金融研究》2009 年第 12 期。

孙弘:《中国土地发展权研究:土地开发与资源保护的新视角》,中国人民大学出版社 2004 年版。

谭荣、曲福田:《中国农地非农化与农地资源保护:从两难道双赢》,《管理世界》2006 年第 12 期。

谭荣、曲福田:《市场与政府的边界:土地非农化治理结构的选择》,《管理世界》2009 年第 12 期。

谭荣:《荷兰农地非农化中政府的强势角色及启示》,《中国土地科学》2009 年第 12 期。

檀文学:《稳定城市化——一个人口迁移角度的城市化质量概念》,《中国农村观察》2012 年第 1 期。

唐建、谭永忠、徐小峰:《中国商住用地价格倒挂及其产生机理》,《中国土地科学》2011 年第 1 期。

陶然、袁飞、曹广忠:《区域竞争、土地出让与地方财政效应:基于 1999~2003 年中国地级城市面板数据的分析》,《世界经济》2007 年第 10 期。

陶然、陆曦、苏福兵、汪晖:《地区竞争格局演变下的中国转轨:财政激励和发展模式反思》,《经济研究》2009 年第 7 期。

陶然、汪晖:《中国尚未完成之转型中的土地制度改革:挑战与出路》,《国际经济评论》2010 年第 2 期。

陶然、刘明兴:《中国城乡收入差距、地方政府开支及财政自主》,《世界经济文汇》2007 年第 2 期。

王小鲁:《中国城市化路径与城市规模的经济学分析》,《经济研究》2010 年第 10 期。

王万茂:《市场经济条件下土地资源配置的目标、原则和评价标准》,《资源科学》1996 年第 1 期。

王忠、揭俐:《农地非农化有效实现的法律保障机制》,《中国国土资源经济》2011 年第 6 期。

王定祥：《农地适度非农化进程中的政府与市场分工》，《改革》2009 年第 10 期。

王世元：《新型城镇化之土地制度改革路径》，中国大地出版社 2014 年版。

王兆华、褚庆泉、王宏广：《粮食安全视域下的我国粮食生产结构再认识》，《农业现代化研究》2011 年第 3 期。

王佳丽、於忠祥：《基于农地非农化理论的农地保护》，《安徽农业大学学报》2008 年第 1 期。

王向东、刘卫东：《土地利用规划：公权力与私权利》，《中国土地科学》2012 年第 3 期。

汪德华：《推进财政支出领域的改革》，《经济研究参考》2014 年第 22 期。

汪晖、陶然：《论土地发展权转移与交易的"浙江模式"——制度起源、操作模式及其重要含义》，《管理世界》2009 年第 8 期。

汪晖、陶然：《如何实现征地制度改革的系统性突破——兼论对〈土地管理法〉修改草案的建议》，PLC 工作论文，http：//new.plc.pku.edu.cn/publications ch.aspx。

文贯中：《用途管制要过滤的是市场失灵还是非国有土地的入市权——与陈锡文先生商榷如何破除城乡二元结构》，《学术月刊》2014 年第 8 期。

魏加宁：《地方政府融资平台的风险何在》，《中国金融》2010 年第 8 期。

魏雅华：《国内房地产空置率解迷》，《价格与市场》2010 年第 11 期。

翁仕友、郑猛：《土地财政的最后盛宴》，《财经》2013 年第 1 期。

熊小林：《统筹城乡发展：调整城乡利益格局的交点、难点及城镇化路径——"中国城乡统筹发展：现状与展望研讨会暨第五届中国经济论坛"综述》，《中国农村经济》2010 年第 11 期。

徐小黎等：《土地利用评价与资源承载研究》，王世元：《新型城镇化之土地制度改革路径》，中国大地出版社 2014 年版。

潇琦、彭春芳：《和谐的城镇化该如何建设？》，《北京房地产》2009 年第 1 期。

叶裕民：《中国统筹城乡发展的系统架构与实施路径》，《城市规划学刊》2013 年第 1 期。

叶齐茂：《发达国家乡村建设：考察与政策研究》，中国建筑工业出版社 2008 年版。

严金明、刘杰：《关于土地利用规划本质、功能和战略导向的思考》，《中国土地科学》2012 年第 2 期。

杨继瑞：《正确处理农村土地流转中的十大关系》，《马克思主义研究》2010 年第 5 期。

杨志荣、吴次芳：《制度收益与发展受益对农地非农化进程的影响差异及其对政策调整的启示》，《中国土地科学》2008年第2期。

杨志勇：《推进政府间财政关系调整》，《经济研究参考》2014年第22期。

杨伟民、袁喜禄、张耕田、董煜、孙玥：《实施主体功能区战略，构建高效、协调、可持续发展的美好家园》，《管理世界》2012年第10期。

杨帅、温铁军：《经济波动、财税体制变迁与土地资源资本化——对中国改革开放以来"三次圈地"相关问题的实证分析》，《管理世界》2010年第4期。

易玲、张增祥、汪潇、刘斌、左丽君、赵晓丽、王洁：《近30年中国主要耕地后备资源的时空变化》，《农业工程学报》2013年第6期。

［美］张庭伟：《1950—2050年美国城市变化的因素分析及借鉴》（上），《城市规划》2010年第8期。

张良悦：《城镇化进程中土地利用与农地保护》，经济科学出版社2009年版。

张良悦：《美国的农地发展权与农地保护》，《经济问题探索》2008年第7期。

张良悦：《农地非农化的困境与出路：基于经济学的分析》，《世界经济文汇》2008年第6期。

张良悦、刘东、刘伟：《土地贴现、资本深化与经济增长》，《财经科学》2013年第3期。

张良悦、刘东：《道是非法却有情：小产权房开发的经济学分析》，《财贸经济》2009第4期。

张良悦：《土地发展权框架下失地农民的补偿》，《东南学术》2007年第6期。

张良悦、刘东：《城市化进程中的若干节点及制度解构》，《改革》2010年第7期。

张良悦：《农地功能、制度变革与产权完善》，《改革》2008年第1期。

张良悦：《粮食主产区城乡一体化的发展与政策扶持》，《区域经济评论》2014年第2期。

张良悦、赵翠萍、程传兴：《地方政府土地违规为何屡禁不止？——地方政府债务的视角》，《世界经济文汇》2012年第6期。

张良悦：《财产税、税源替代与耕地保护》，《财经科学》2009年第6期。

张清勇、郑环环：《中国住宅投资引领经济增长吗？》，《经济研究》2012年第2期。

张瑜编译：《各国土地制度比较研究》，《经济研究参考资料》1989年第96期。

张艳芳、Alex Gardner：《英国土地管理法律制度及借鉴》，《中国国土资源经济》2014年第4期。

张车伟、程杰：《收入分配问题与要素资本化——我国收入分配问题的"症结"在哪里？》，《经济学动态》2013年第4期。

赵全厚:《中国地方政府融资及其融资平台问题研究》,《经济研究参考》2011 年第 10 期。

赵其国、周生路、吴绍华、任奎:《中国耕地资源变化及其可持续利用与保护对策》,《土壤学报》2006 年第 4 期。

赵璧、朱小丰:《地方政府投融资平台综述》,《经济研究参考》2011 年第 10 期。

中国经济增长与宏观稳定课题组:《城市化、产业效率与经济增长》,《经济研究》2009 年第 10 期。

中国土地财政研究课题组(苏明、唐在富、满燕云、颜燕执笔):《中国土地财政研究》,《经济研究参考》2014 年第 34 期。

中国土地政策改革课题组:《中国土地政策改革:一个整体性行动框架》,《改革》2006 年第 2 期。

中国经济增长与宏观稳定课题组:《城市化、产业效率与经济增长》,《经济研究》2009 年第 10 期。

中国土地政策综合改革课题组:《强化中国城乡土地权利:整体性法律框架与政策设计》,《改革》2008 年第 3 期。

中国金融四十人论坛课题组:《城镇化转型:融资创新与改革》,中信出版集团 2015 年版。

中国财政科学研究院:《城镇化、债务融资与风险防控》,中国财政经济出版社 2016 年版。

周立群、张红星:《农地适度非农化:寻求合理的实现机制》,《学术月刊》2011 年第 2 期。

周其仁:《农地产权与征地制度——中国城市化面临的重大选择》,《经济学》(季刊)2004 年第 1 期。

周诚:《土地经济学原理》,商务出版社 2003 年。

周诚、唐忠:《市地立体观》,《土地资源永续利用与土地使用管制——1998 海峡两岸土地学术研讨会论文集》,1998 年。

邹德慈:《中国特色的城镇化》,《小城镇化建设》2012 年第 12 期。

温明矩、唐程杰:《中国耕地后备资源》,中国大地出版社 2005 年版。

英 文 文 献

American Farmland Trust,"Transfer of development rights", *American Farmland Trust*,

Junary, 2001.

Barlowe Raleigh: *Land Resource Economics*, Fourth Edition, Prentice-Hall, Inc. New Jersey, 1986.

Barrese James T.: "Efficiency and Equity Consideration in the Operation of Transfer of Development Rights Plans", *Land Economics*, Vol.59, No.2, 1983, pp.235−241.

Barrows, Richard L., and Bruce A. Prenguber: "Transfer of development rights: an analysis of a new land use policy tool", *American Journal Agricultural Economics*, No.57, 1975, pp.59−57.

Braden, John B.: "Some Emerging Right in Agricultural Land", *American Journal of Agricultral Economics*, Vol.64, No.1, 1982, pp.19−27.

Bray C.E.: "Agricultural Land Regulation in Several Canadian Provinces", *Canadian Public Policy*, Vol.6, No.4, 1980, pp.591−604.

Daniels Thomas L.: "Coordinating Opposite Approaches to Managing Urban Growth and Curbing Sprawl: A synthesis", *American Journal of Economics and Sociology*, Vol.60, No.1, 2001, pp:229−243.

European Environment Agency: *The European Environment: state and outlook* 2005, http://ww.eea.eu.int/enquiries.

Fischel William A.: "Eminent Domain and Just Compensation", *The New Palgrave Dictionary of Economics and the Law*, London: Macmillan, 1998.

Fogg Alan.S.: "Development Value and the Law: The United Kingdom and Australian Experience", *The International and Comparative Law Quarterly*, Vol.27, No.4, 1978, pp. 794−819.

Gardner, B. Delworth: "The Economics of Agricultural Land Preservation", *American Journal of Agriculture Economics*, Vol.59, No.5, 1977, pp, 1027−1036.

George G. Sause, Jr.: "Land Development-value Problems and the Town and County Planning Act of 1947", *The Journal of Finance*, Vol.10, No.4, 1955, pp.518−519.

Griffin Keith, Rahman Khan Azizur and Ickowitz Amy: "Poverty and the Distribution of Land", *Journal of Agrarian Change*, Vol.2 No.3, July 2002, pp.279−330.

Guenzler, Darla Lynn: "Using Conservation Easement to Achieve Regulatory Objectives", *Ph.D of University of California*, Berkeley, 2004.

Hagman, donald G., and Misczynski, Dean J., Ed: "Windfalls for Wipeout: Land Value Capture and Compensation", Chicago: American Society of Planning Officials, 1978.

Kades Eric: "Windfalls", *The Yale Law Journal*, Vol.108, No.7, 1999, pp.1489−1568.

Keith D.Wiebe and Ruth Meinzen-Dick: "Property rights as policy tools for sustainable development", *Land Use Policy*, Vol.15, No.3, 1998, pp.203−215.

Lichtenberg Erik, Ding Chengri: "Assessing Farmland Protection Policy in China", *Land Use Policy*, No.25, 2008, pp, 59−68.

Logan, J. R. and Molotch, H. L.: *Urban fortunes: The Political Economy of Place*, University of California Press, Berkeley, 1987.

McConell et al.: "How well can market for development right work? Evaluating a farmland preservation program", *working paper*.

Molotch Harvey: "The City as a Growth Machine: Toward a Political Economy of Place, *The Amercian Journal of Sociology*, Vol.82, No.2, 1976, pp.309−332.

Panne Gerben Van Der: "Agglomeration Externalities: Marshall Versus Jacobs", *Jouanal of Evolutionary Economics*, Vol.14, 2004, pp.593−604.

Pfeffer M.J. and Lapping M.B.: "Farmland Preservation, Development Rights and the Theory of Growth Machine: The Views of Planner", *Journal of rural studies*, Vol.10, No.3, 1994, pp.233−284.

Raup P.M.: "Economic Development and Competition for Land Use in the United States", *Journal of Farm Economics*, Vol.39, No.5, 1957, pp.1514−1526.

Salamon, Lester M., Ed.: *The Tools of Government: A guide to the New Governance*, New York: Oxford University Press, 2002.

Sax Joseph: "Taking, Private Property and Public Rights", *The Yale Law Journal*, Vol. 81, No.2, 1971, pp, 49−186.

Vereijken P.H.: "Transition to multifunctional land use and agriculture", *NJAS*, Vol.50, No.2, 2002.

Ellickson Robert C.: "Property in Land", *The Yale Law Journal*, Vol.102, No.6, 1993, pp.1315−1400.

责任编辑：宰艳红
封面设计：石笑梦
版式设计：胡欣欣

图书在版编目（CIP）数据

城镇化进程中农地非农化问题研究/张良悦 著. —北京:人民出版社,2021.12
ISBN 978－7－01－022800－6

Ⅰ.①城…　Ⅱ.①张…　Ⅲ.①农业用地-非农化-农地制度-研究-中国
Ⅳ.①F321.1

中国版本图书馆 CIP 数据核字(2020)第 249182 号

城镇化进程中农地非农化问题研究

CHENGZHENHUA JINCHENG ZHONG NONGDI FEINONGHUA WENTI YANJIU

张良悦　著

人民出版社 出版发行
（100706　北京市东城区隆福寺街 99 号）

北京汇林印务有限公司印刷　新华书店经销

2021 年 12 月第 1 版　2021 年 12 月北京第 1 次印刷
开本:710 毫米×1000 毫米 1/16　印张:21.5
字数:295 千字

ISBN 978－7－01－022800－6　定价:76.00 元

邮购地址 100706　北京市东城区隆福寺街 99 号
人民东方图书销售中心　电话（010）65250042　65289539